W0348383

LE MÉDECIN PERSONNEL DU ROI

DU MÊME AUTEUR CHEZ ACTES SUD

L'Extradition des Baltes, 1985.
L'Ange déchu, 1986.
Ecrits sur le sport, 1988.
Le Second, 1989.
L'Heure du lynx, 1989.
La Bibliothèque du capitaine Némo, 1992.
Hamsun, 1996.

Ouvrage traduit avec le concours
du Centre national du livre

Titre original :
Livläkarens besök
Editeur original :
Norstedts Förlag, Stockholm
© Per Olov Enquist, 1999

© ACTES SUD, 2000
pour la traduction française
ISBN 2-7427-3943-2

Illustration de couverture :
Bronzino, *Portrait d'un sculpteur* (détail),
Paris, musée du Louvre

PER OLOV ENQUIST

LE MÉDECIN PERSONNEL DU ROI

roman traduit du suédois
par Marc de Gouvenain et Lena Grumbach

BABEL

Les Lumières sont la victoire de l'homme sur son infantilisme volontaire. L'infantilisme est l'absence de capacité à utiliser son propre esprit sans la direction d'autrui. Cet infantilisme est volontaire quand il a pour cause non pas l'absence d'esprit mais l'absence de courage à utiliser cet esprit. Les Lumières n'ont pour nécessité que la liberté, une liberté qui implique de faire usage en toute circonstance de son esprit. Car la vocation de chacun est de penser par lui-même.

EMMANUEL KANT (1783)

Le roi m'a confié que c'était une femme qui, de mystérieuse façon, dirigeait l'Univers. De même qu'il existait un cercle d'hommes qui avaient été désignés pour faire abondamment le mal dans le monde, et que parmi eux il en était sept, auxquels il appartenait, qui étaient tout particulièrement désignés. S'il se prenait d'amitié pour quelqu'un, c'était parce que celui-ci appartenait également à ce cercle d'élus.

U. A. HOLSTEIN, *Mémoires.*

Première partie

LES QUATRE

Chapitre 1

CELUI QUI FOULE AU PRESSOIR

1

Le 5 avril 1768, Johann Friedrich Struensee fut engagé comme médecin personnel du roi du Danemark Christian VII, et quatre ans plus tard il fut exécuté.

Dix ans après cette exécution, le 21 septembre 1782, alors que l'expression "le règne de Struensee" était déjà devenue une locution courante, Robert Murray Keith, représentant anglais à Copenhague, envoya à son gouvernement le compte rendu d'un épisode dont il avait été le témoin. Il qualifiait cet épisode de déconcertant.

D'où son rapport.

Il avait assisté à une représentation au Théâtre de la Cour à Copenhague. S'y trouvaient également le roi Christian VII et Ove Høegh-Guldberg, détenteur *de facto* du pouvoir politique au Danemark et, en pratique, souverain absolu.

L'homme s'était octroyé le titre de "Premier ministre".

Le compte rendu concernait la rencontre de l'envoyé Keith avec le roi.

Pour commencer, il fait part de ses impressions sur l'aspect physique du roi Christian, âgé de trente-trois ans seulement : "Il est en apparence déjà un vieil homme, très petit, amaigri, le visage creux, et dont les yeux brûlants témoignent de l'état de maladie de son esprit." Avant même le début de la représentation, le roi Christian, "aliéné" est le terme qu'il emploie, avait erré au milieu de l'assistance, marmonnant et le visage parcouru d'étranges tressaillements.

Guldberg ne cessait de garder sur lui un œil attentif.

Ce qui avait étonné Keith était la relation qui existait entre le souverain et son ministre, relation qu'on aurait pu décrire comme celle qui s'établit entre un garde-malade et le malade, ou comme la relation entre deux frères, ou comme si Guldberg avait été un père accompagnant un enfant désobéissant ou malade ; Keith utilise néanmoins l'expression "presque affectueusement".

Cela dit, il écrit aussi que les deux êtres semblent unis de manière "quasi perverse".

Cette perversion ne résidait pas dans le fait que ces deux êtres, dont il savait que tous deux avaient joué des rôles d'importance durant la révolution danoise, dans des camps opposés à l'époque, fussent désormais dans une telle dépendance réciproque. La "perversion" résidait dans la manière qu'avait eue le roi de se comporter comme un chien craintif mais obéissant, et Guldberg comme son propriétaire sévère mais affectueux.

Sa Majesté s'était comportée comme si elle avait été pleine d'une obséquiosité angoissée, craignant apparemment les coups. La Cour n'avait affiché aucun respect à l'égard du monarque, mais l'avait plutôt ignoré, ou s'était écartée en ricanant à son approche, comme pour éviter le désagrément de sa présence.

De la présence d'un enfant pénible dont ils étaient lassés depuis longtemps.

Le seul à s'être occupé du roi était Guldberg. Le roi n'avait pas cessé de se tenir à trois ou quatre mètres derrière Guldberg, l'avait suivi avec docilité, visiblement soucieux de ne pas être abandonné. Par moments, Guldberg avait adressé au roi de petits signaux, mouvements de la main ou mimiques. Cela dès que le roi marmonnait trop haut, avait un comportement inadéquat, ou s'éloignait trop de Guldberg.

A de tels signes, le roi Christian s'était empressé d'obéir et de "revenir à petits pas sautillants".

Un moment, comme les marmonnements du roi étaient devenus particulièrement forts et dérangeants, Guldberg s'était approché de lui, l'avait pris doucement par le bras, et lui avait chuchoté quelque chose. Le roi s'était alors mis à s'incliner, mécaniquement, à plusieurs reprises, avec des mouvements saccadés, convulsifs pouvait-on dire, comme si le roi du Danemark avait été un chien désireux de montrer à son maître adoré son affection et son entière soumission. Et il avait continué à s'incliner jusqu'à ce que Guldberg, par un nouveau chuchotement, fasse cesser l'étrange gesticulation de la royale personne.

Guldberg avait alors gentiment tapoté la joue du roi, et en avait été récompensé par un sourire exprimant tant de gratitude et de soumission que les yeux de l'envoyé Keith "s'étaient emplis de larmes". La scène, écrit-il, était à un tel point chargée de tragédie et de désespoir que c'en était presque insupportable. Il avait remarqué la gentillesse de Guldberg ou, comme il l'écrit, "son attention responsable pour le petit roi malade", et l'absence chez cet homme de l'attitude méprisante et moqueuse qu'affichait le reste de l'assemblée. Guldberg paraissait être le seul à assumer la responsabilité du roi.

Une expression revient cependant plusieurs fois dans le compte rendu : "comme un chien". On traitait le monarque absolu danois comme un chien. La différence étant que Guldberg faisait preuve d'une responsabilité apparemment affectueuse pour ce chien.

"De les voir ensemble – tous deux de constitution étonnamment petite et malingre – fut pour moi une expérience choquante, car l'entier pouvoir du pays, dans les formes autant que concrètement, était détenu par ces deux étranges nabots."

Le compte rendu s'attarde cependant avant tout sur les événements qui eurent lieu durant cette représentation théâtrale et sur ceux qui suivirent.

Au milieu de la représentation – celle d'une comédie de l'auteur français Gresset, intitulée *Le Méchant* –, le roi Christian s'était soudain levé de sa place au premier rang, était monté sur scène, et avait commencé à jouer comme s'il avait été l'un des acteurs. Prenant des poses, il avait lancé ce qu'on aurait pu appeler des répliques, dans lesquelles on avait pu discerner les mots "tracasserie" et "anthropophagie". Keith avait tout particulièrement remarqué ce dernier mot, qu'il savait signifier "cannibalisme". Le roi, de toute évidence, s'était profondément engagé dans le jeu dont il se considérait un acteur ; Guldberg avait réagi en montant sur scène avec calme, pour prendre aimablement le roi par la main. A l'instant, ce dernier s'était alors tu, et s'était laissé raccompagner à sa place.

L'assistance, presque exclusivement composée de gens de la Cour, semblait habituée à ce genre d'interruption. Aucune réaction d'embarras n'était apparue. Seuls des rires çà et là s'étaient fait entendre.

Après la représentation, on avait servi du vin. Keith s'était à ce moment retrouvé près du roi. Le monarque s'était retourné vers Keith, qu'il avait manifestement reconnu comme étant l'envoyé anglais, et, en bégayant, il avait essayé de lui expliquer le propos fondamental de la pièce. "Cette pièce, m'a dit le roi, parlait de la malveillance dont faisaient à tel point preuve ces gens de la Cour, qu'ils en ressemblaient à des singes ou à des diables ; ils se réjouissaient des malheurs des autres et enviaient leurs succès, attitude qu'à l'époque des druides on appelait le cannibalisme, l'anthropophagie. Voilà pourquoi nous nous trouvions parmi des cannibales."

Venant d'un aliéné, cet "éclat" du roi avait été remarquablement bien formulé sur le plan linguistique.

Keith avait simplement hoché la tête, l'air intéressé, comme si tout ce que le roi lui disait était intéressant et sensé. Il avait néanmoins noté que l'analyse que le roi Christian lui avait faite du contenu satirique de la pièce n'était pas totalement erronée.

Le roi avait parlé en chuchotant, comme s'il avait confié à Keith un secret important.

Tout ce temps, à quelques mètres de distance, Guldberg avait contemplé leur conversation avec attention, ou inquiétude. Lentement, il s'était rapproché d'eux.

Voyant cela, Christian avait essayé d'abréger la conversation. Et d'une voix plus forte, comme lançant une provocation, il s'était écrié :

— Ils mentent ! Ils mentent ! Brandt était un homme sage, malheureusement impulsif. Et Struensee était un homme bien. Ce n'est pas moi qui les ai tués. Vous comprenez ?

Keith n'avait fait que s'incliner sans rien dire. Christian avait alors ajouté :

— Mais il vit ! On croit qu'il a été exécuté ! Mais Struensee vit, vous le savez ?

Guldberg, à ce moment, était arrivé suffisamment près pour entendre les dernières paroles. Il avait fermement saisi le roi par le bras et dit, affichant un sourire figé mais apaisant :

— Struensee est mort, sire. Nous le savons, n'est-ce pas ? N'est-ce pas que nous le savons ? Nous nous sommes mis d'accord là-dessus, n'est-ce pas ?

Le ton était aimable, avec une note de réprimande. Christian avait alors immédiatement entamé ses étranges inclinaisons mécaniques, puis les avait interrompues pour demander :

— Pourtant, on parle du règne de Struensee ? N'est-ce pas ? Pas du règne de Guldberg. Le règne de Struensee !!! Etonnant, non !!!

Durant un instant, Guldberg avait contemplé le roi en silence, comme s'il avait été à court de réponses, ou n'avait su quoi dire. Keith avait remarqué qu'il paraissait tendu, ou exaspéré ; puis Guldberg s'était maîtrisé et avait dit calmement :

— Sa Majesté doit se calmer. Nous sommes d'avis que Sa Majesté doit gagner sa chambre pour y dormir. Nous le pensons vraiment.

Il avait ensuite fait un geste de la main, et s'était éloigné. Christian avait repris ses inclinaisons maniaques, mais s'était arrêté, comme perdu dans ses pensées, s'était tourné vers l'envoyé Keith et avait dit, d'une voix parfaitement calme et sans la moindre trace d'exaltation :

— Je suis en danger. C'est pourquoi je dois maintenant rejoindre mon bienfaiteur, qui est la Maîtresse de l'Univers.

Quelques minutes plus tard, il avait disparu. Tel était l'épisode que, dans son intégralité, l'envoyé anglais Keith rapportait à son gouvernement.

2

Il n'existe aujourd'hui au Danemark aucun monument à Struensee.

Au cours de son passage au Danemark, un grand nombre de portraits de lui furent exécutés : gravures, crayons et huiles. Aucun portrait n'ayant été réalisé après sa mort, la plupart sont idéalisés, et aucun n'est infamant. Cela aussi est normal : avant sa visite, il ne détenait aucun pouvoir, il n'y avait donc aucune raison de l'immortaliser et, après sa mort, personne ne désira se souvenir de son existence.

Pourquoi d'ailleurs faudrait-il ériger des monuments ? Une statue équestre ?

De tous les souverains du Danemark, si souvent immortalisés à cheval, il fut sans doute le plus habile cavalier, et celui qui aimait le plus les chevaux. Quand il fut mené à l'échafaud, à Østre Fælled, le général Eichstedt, sans doute pour manifester son mépris ou une subtile cruauté à l'encontre du condamné, arriva chevauchant Margrethe, la jument personnelle de Struensee, un cheval blanc pommelé à qui lui-même avait donné ce nom inhabituel pour un cheval. Pourtant, si l'acte avait été conçu pour infliger plus de douleur au condamné, le but fut manqué. Struensee s'était illuminé, s'était arrêté, avait levé la main, avec le désir de caresser le museau du cheval, et un faible sourire, de bonheur – si cela était en cet instant possible – s'était inscrit sur son visage, comme s'il avait pensé que le cheval était venu là pour lui dire adieu.

Il avait voulu caresser le museau de son cheval, mais il n'avait pas pu l'atteindre.

Pourquoi, cela dit, une statue équestre ? On n'en dressait qu'aux vainqueurs.

On aurait pu envisager une statue équestre de Struensee à Fælleden, où il fut exécuté, représenté sur sa jument Margrethe qu'il aimait tant, sur ce terrain qui existe encore, utilisé pour diverses manifestations et fêtes populaires, à côté du parc des Sports. Un terrain pour le sport et les fêtes qui ressemble presque aux parcs royaux que Struensee ouvrit un jour à un peuple qui ne lui en concevra que peu de gratitude. Fælleden existe donc encore, vaste espace merveilleux où Niels Bohr et Heisenberg firent un soir d'octobre 1941 leur célèbre promenade et eurent la mystérieuse conversation dont le résultat fut que Hitler ne put jamais construire sa bombe atomique ; une des bifurcations de l'histoire. Fælleden est là, même si l'échafaud a disparu, tout comme le souvenir de Struensee. Et il n'existe pas de statue équestre à la mémoire d'un perdant.

Guldberg non plus n'eut droit à sa statue équestre.

Il fut pourtant le vainqueur, celui qui brisa la révolution danoise ; mais on n'offre pas une statue équestre à un petit parvenu qui s'appelait Høeg avant de prendre le nom de Guldberg, et qui n'était que le fils d'un entrepreneur en pompes funèbres de Horsens.

Tous deux, d'ailleurs, étaient des parvenus, mais rares sont ceux qui ont laissé des traces aussi nettes dans l'histoire ; si l'on apprécie les statues équestres, ils en méritent tous les deux. “Personne ne parle du règne de Guldberg” : la réflexion est évidemment incorrecte.

Car Guldberg eut effectivement son règne. Tout compte fait, il fut vainqueur. La postérité allait réellement parler du “règne de Guldberg”. Celui-ci dura douze années.

Puis, comme d’autres, il prit fin.

3

Guldberg avait appris à supporter le mépris avec calme.

Il connaissait les ennemis. Ils parlaient de Lumières mais répandaient l’obscurité. Ce que voulaient dire ses ennemis était sans doute que le règne de Struensee ne pourrait jamais prendre fin. Voilà ce qu’ils pensaient. C’était caractéristique de leur infamie ignorant tout de la réalité. On *souhaitait* qu’il en fût ainsi. Pour sa part, il avait toujours su se maîtriser, comme cette fois où un envoyé anglais avait été témoin. On était bien obligé de se maîtriser, quand on manquait soi-même d’allure.

Guldberg n’avait guère d’allure. Son rôle dans la révolution danoise, et durant la période qui suivit, n’est cependant pas insignifiant. Guldberg souhaita toujours qu’une biographie qui lui serait consacrée commençât par “Guldberg était le nom d’un homme qui…”. Avec le ton des sagas islandaises. Dans lesquelles on ne jugeait pas la grandeur d’un homme selon son apparence extérieure.

Guldberg mesurait 1,48 mètre, sa peau était grise et vieillie avant l’heure, parcourue de petites rides apparues dès son jeune âge. Il semblait prématurément transformé en un vieillard ; d’où le mépris et l’ignorance dont il fut d’abord l’objet, puis la crainte qu’il inspira.

Quand il fut détenteur du pouvoir, on apprit à faire abstraction de l’insignifiance de son aspect. Une fois le pouvoir obtenu, il se fit portraiturer avec une mâchoire de fer. Les meilleurs portraits de lui furent réalisés du temps où il était au pouvoir. Ils sont des interprétations de son personnage intérieur : grand, doté d'une mâchoire de fer. Les portraits mettent en valeur son éclat, son érudition et sa dureté ; pas son aspect extérieur. Cela correspondait à l'ordre des choses. Telle était, selon lui, la mission de l'art.

Ses yeux étaient gris de glace comme ceux d'un loup. Il ne clignait jamais des yeux et regardait fixement son interlocuteur. Avant qu'il brise la révolution danoise, on l'appelait "le Lézard".

Puis on cessa de le faire.

Guldberg était le nom d'un homme, d'une taille extérieure réduite, mais plein d'une grandeur intérieure ; cette fois, le ton est juste.

Pour sa part, il n'employait jamais l'expression "la révolution danoise".

Sur les portraits qui existent d'eux, tous deux ont de grands yeux.

Sachant que l'on considérait les yeux comme les miroirs de l'âme, les yeux ont été peints très grands, trop grands, on les dirait prêts à leur sortir du visage. Ils sont brillants, alertes, les yeux sont importants, insistant de manière presque grotesque. L'intérieur est exposé dans leurs yeux.

Reste au spectateur à interpréter ces yeux.

Guldberg lui-même aurait repoussé avec dégoût l'idée d'une statue équestre. Il détestait les chevaux et les craignait. Jamais de sa vie il n'était monté sur un cheval.

Ses livres, sa carrière d'écrivain, ce qu'il avait créé avant d'entamer sa carrière de politicien, et ce qu'il avait fait ensuite, lui suffisaient comme monument. Sur tous les portraits de Guldberg, il est représenté en homme fort, épanoui, pas le moins du monde prématurément vieilli. Détenteur du pouvoir, il dirigeait lui-même ses représentations ; il ne lui était pas nécessaire de donner des indications sur le caractère désiré des portraits. Les peintres se résignaient sans qu'on leur en ait donné l'ordre, comme d'habitude.

Il estimait que peintres et portraitistes étaient au service de la politique. Il leur incombait de personnifier des faits qui, dans le cas présent, étaient que la vérité intérieure était obscurcie par une insignifiance extérieure.

L'insignifiance fut cependant longtemps d'une certaine utilité. Guldberg, durant la révolution danoise, fut celui que protégeait son insignifiance. Les gens d'importance périrent, et s'entre-tuèrent. Resta Guldberg, insignifiant, néanmoins le plus grand dans la forêt d'arbres abattus qu'il pouvait contempler.

L'image de grands arbres abattus le séduisait. Dans une de ses lettres, il parle de la relative petitesse des grands arbres en période de croissance, et de leur chute. Des siècles durant, on avait abattu les grands arbres du royaume du Danemark. Cela concernait surtout les chênes, que l'on abattait pour la construction navale. On laissait un royaume dépourvu de chênes d'importance. Dans ce paysage dévasté, Guldberg se dit grandir, tel un buisson qui s'élève au-dessus des souches des grands arbres abattus et vaincus.

Il ne l'écrit pas, mais le sous-entendu est évident. Voilà comment la grandeur surgit de l'insignifiance.

Il se considérait comme un artiste qui a renoncé à son art et opté pour le domaine de la politique. D'où son admiration et en même temps son mépris pour les artistes.

Sa thèse sur *Le Paradis perdu* de Milton, publiée en 1761 du temps où il était professeur à l'Académie de Sorø, est une analyse qui s'élève contre les descriptions fictives du ciel ; fictives dans le sens où la poésie prend des libertés vis-à-vis des faits objectifs établis par la Bible. Milton, écrit-il, était un poète magnifique, mais dont on doit corriger les tendances spéculatives. Il s'octroie des libertés. Ladite "poésie sacrée" s'octroie des libertés. En seize chapitres, il réfute avec ardeur les arguments exprimés par les "apôtres de l'émancipation de la pensée" qui "brodent". Ils créent la confusion, sapent les digues et répandent partout la saleté de la poésie.

La poésie ne doit pas altérer les documents. La poésie est un salisseur de documents. Il ne parlait alors pas des arts plastiques.

Les artistes étaient souvent ainsi, qu'ils s'octroyaient des libertés, lesquelles pouvaient mener à l'inquiétude, au chaos et à la saleté. Raison pour laquelle les poètes pieux devaient eux aussi être corrigés. Il admirait cependant Milton, bien qu'à contrecœur. Il le qualifie même de "magnifique". Milton est un poète magnifique, qui s'octroie des libertés.

Guldberg méprisait Holberg.

Sa thèse sur Milton fit, du coup, son bonheur. La pieuse reine douairière, qui en appréciait la piété et la finesse d'analyse, la prisait à tel point qu'elle fit engager Guldberg comme précepteur du prince héritier, le demi-frère du roi Christian, un faible d'esprit au sujet duquel on employa souvent le mot débilité.

C'est ainsi qu'il commença sa carrière politique : par une analyse des relations entre les faits – les affirmations claires de la Bible – et une fiction intitulée *Le Paradis perdu*, de Milton.

4

Non, pas de statue équestre.

Le paradis de Guldberg était celui qu'il avait conquis sur le chemin qui l'avait mené de l'entrepreneur en pompes funèbres de Horsens et au château royal de Christiansborg. Un chemin qui l'avait endurci et lui avait appris à haïr la saleté.

Son paradis, Guldberg l'avait conquis par lui-même. Pas hérité. Conquis.

Durant quelques années, il fut poursuivi par une vilaine rumeur ; on avait fait une interprétation malveillante de sa modeste apparence extérieure, cette apparence qui pourtant finit par être corrigée et par grandir grâce aux peintres, dès que lui-même prit le pouvoir, en 1772. La rumeur prétendait que, quand il avait quatre ans et que sa voix avait bouleversé et rendu tout le monde admiratif, il avait été castré par ses parents aimants mais pauvres, qui avaient appris qu'en Italie de grandes possibilités étaient offertes aux chanteurs. Pour leur plus grande déception, il refusa cependant, après ses quinze ans, de chanter, et cela pour choisir le domaine de la politique.

Tout cela était faux.

Son père était un modeste entrepreneur en pompes funèbres de Horsens, qui n'avait jamais assisté à un opéra, ni n'avait à aucun moment rêvé de revenus provenant d'un enfant castré. La diffamation, Guldberg le savait pertinemment, venait des chanteuses d'opéra italiennes de la cour de Copenhague, qui toutes étaient des putains. Tous les partisans des Lumières et autres blasphémateurs, surtout ceux du Cercle d'Altona – cette fosse aux serpents des Lumières –, se servaient des putains italiennes. C'était d'elles que venait toute la saleté, ainsi que cette sale rumeur.

Son étrange vieillissement prématuré, dont les manifestations n'étaient pourtant qu'extérieures, était apparu tôt, vers l'âge de quinze ans, et les médecins ne lui trouvaient aucune explication. Il détestait donc aussi les médecins. Struensee était médecin.

Pour ce qui concerne la rumeur sur "l'opération", il n'en fut débarrassé que lorsque le pouvoir lui fut confié, et que par conséquent l'homme ne paraissait plus insignifiant. Il savait que l'assertion selon laquelle il était "coupé" emplissait son entourage d'une sensation de malaise. Il avait appris à vivre avec.

Il savait cependant prendre bonne note du sens des assertions, fussent-elles erronées. Sa vérité personnelle profonde était que ses parents lui avaient confié le rôle d'entrepreneur en pompes funèbres, mais qu'il y avait renoncé.

Lui-même s'était octroyé un rôle de politique.

L'image qu'en 1782 l'envoyé anglais dresse du roi et de Guldberg est donc stupéfiante mais dotée d'une vérité intérieure.

L'envoyé semble étonné de "l'amour" que Guldberg porte à un roi dont il a volé le pouvoir, et dont il a anéanti la réputation. Mais Guldberg lui-même ne s'était-il pas étonné des expressions que revêtait l'amour ? Des manières dont on pouvait décrire celui-ci ? Il n'avait cessé de se poser ces questions. Ces gens si beaux, si grands, si brillants, ces gens qui possédaient la connaissance de l'amour ; et pourtant si aveuglés ! La politique était de la mécanique, pouvait être analysée, être construite, n'était en un certain sens qu'une machine. Mais ces gens forts, éminents, ceux qui connaissaient l'amour, avec quelle naïveté ne permettaient-ils pas au jeu politique d'être obscurci par l'hydre de la passion !

Ah, cette confusion permanente entre sentiment et raison que faisaient ces intellectuels des Lumières ! Guldberg savait que le point tendre et vulnérable sur le ventre du monstre se trouvait là. Une fois, il s'était rendu compte à quel point il avait failli être exposé à cette contagion du péché. C'était venu de "la petite putain anglaise". Il en avait été forcé de s'agenouiller.

Jamais il ne l'oublierait.

C'est dans ce contexte qu'il parle de la forêt des chênes immenses, des arbres que l'on a abattus, et de l'insignifiant buisson qui demeure seul vainqueur. Il décrit là ce qui s'est passé dans la forêt abattue, et la manière dont lui-même, mutilé et insignifiant, obtint le droit de grandir et de régner d'un endroit où il assistait au déroulement de tout, entre les troncs couchés sur le sol de la forêt.

Et il était persuadé d'être le seul à voir.

5

Il faut considérer Guldberg avec respect. Il est encore presque invisible. Il ne va pas tarder à se rendre visible.

Il regarda et comprit vite.

A l'automne 1769, Guldberg écrit dans une note que la jeune reine est devenue pour lui "une énigme de plus en plus grande".

Il l'appelle "la petite putain anglaise". Il connaissait bien la souillure de la Cour. Il connaissait l'histoire. Frédéric IV était pieux et avait d'innombrables maîtresses. Christian VI était piétiste mais vivait dans la débauche. Frédéric V fréquentait la nuit les bordels de Copenhague, passait son temps en soûleries, jeux et conversations libidineuses et grivoises. La boisson l'avait tué. Les putains s'agglutinaient autour de son lit. Partout en Europe il en allait de même. Cela avait commencé à Paris, puis s'était répandu comme une maladie dans toutes les cours. Partout la souillure.

Qui donc défendait la pureté ?

Enfant, il avait appris à vivre avec les cadavres. Son père, dont le métier était de s'occuper des cadavres, lui avait permis de l'aider dans son travail. Combien de membres raides et froids n'avait-il pas touchés et portés ? Les morts étaient purs. Ils ne se vautraient pas dans la saleté. Ils attendaient le grand feu purificateur qui allait les délivrer, ou les torturer jusqu'à la fin des temps.

Il avait déjà vu de la saleté. Mais jamais autant qu'à la Cour.

Quand la petite putain anglaise était arrivée, pour être mariée au roi, Mme von Plessen avait été désignée première dame d'honneur. Mme von Plessen était restée pure. C'était son rôle. Elle voulait protéger la jeune fille de la saleté de la vie. Pendant longtemps elle avait réussi.

Un incident du mois de juin 1767 avait particulièrement révolté Guldberg. Il faut savoir que, jusqu'à cette date, aucune relation sexuelle n'avait eu lieu entre les altesses royales, bien qu'ils fussent mariés depuis sept mois.

Dans la matinée du 3 juin 1767, Mme von Plessen s'était plainte à Guldberg. Sans se faire annoncer, elle était entrée dans la pièce qu'il utilisait pour son activité de précepteur, et sans détour elle avait entrepris de se lamenter sur le comportement de la reine. Guldberg dit avoir considéré Mme von Plessen comme un être particulièrement repoussant mais qui, du fait de sa pureté intérieure, présentait une certaine valeur pour la reine. Mme von Plessen sentait. Pas une odeur d'étable, de sueur ou d'autre émanation, mais une odeur de vieille femme, comme de la moisissure.

Elle n'avait pourtant que quarante et un ans.

A l'époque de cet incident, la reine, Caroline Mathilde, était âgée de quinze ans. Mme von Plessen, fidèle à son habitude, était entrée dans la chambre de la reine pour lui tenir compagnie, ou jouer aux échecs, et par sa présence soulager la solitude de la reine. La reine était allongée sur son lit, un très grand lit, et fixait le plafond. Elle était entièrement habillée. Mme von Plessen avait demandé à la reine pourquoi elle ne lui parlait pas. La reine était restée longtemps silencieuse, n'avait remué ni son corps entièrement vêtu ni sa tête, n'avait pas répondu. Puis, pour finir, elle avait dit :

— Je souffre de mélancolie.

Elle avait demandé à la reine ce qui pesait à tel point sur son cœur. Et la reine avait fini par dire :

— Mais il ne vient pas. Pourquoi ne vient-il pas ?

Il faisait froid dans la chambre. Mme von Plessen avait un instant regardé fixement sa maîtresse puis avait dit :

— Il plaira certainement au roi de venir. Jusque-là, Madame doit apprécier d'être exempte de l'hydre de la passion. Vous ne devriez pas regretter.

— Que voulez-vous dire ? avait demandé la reine.

— Le roi, avait alors précisé Mme von Plessen avec l'extraordinaire sécheresse que sa voix savait si bien produire, le roi va sûrement vaincre sa timidité. Jusqu'alors, la reine peut se réjouir d'être à l'abri de sa passion.

— Pourquoi me réjouirais-je ?

— Lorsque vous en serez infestée, elle ne sera que tourment ! s'était exclamée Mme von Plessen, laissant échapper une rage inattendue.

— Disparaissez ! avait dit la reine après un surprenant moment de silence.

Offensée, Mme von Plessen avait alors quitté la pièce.

L'indignation de Guldberg a cependant pour origine l'incident qui se produisit plus tard le même jour.

Guldberg était assis dans le couloir entre l'antichambre gauche de la chancellerie de la Cour et la bibliothèque du secrétariat du roi et faisait semblant de lire. Il n'explique pas cette attitude. La reine apparut alors. Il se leva, s'inclina. Elle fit un geste de la main, ils s'assirent tous les deux.

Elle portait la robe rouge clair qui laissait nues ses épaules.

— Monsieur Guldberg, avait-elle dit à voix basse, puis-je vous poser une question très personnelle ?

Il avait hoché la tête, sans comprendre.

— Il m'a été rapporté, chuchota-t-elle, que dans votre jeunesse on vous a libéré de... du tourment de la passion. Je voudrais alors vous demander...

Elle s'était interrompue. Il était resté silencieux, mais il avait senti une rage inouïe jaillir en lui. Mobilisant toute son énergie, il avait cependant réussi à garder son calme.

— Je voudrais seulement savoir...

Il avait attendu. Pour finir, le silence était devenu si insupportable que Guldberg avait répondu :

— Oui, Madame ?

— J'aimerais savoir… si cette libération de la passion est… un grand calme ? Ou… un grand vide ?

Il n'avait rien répondu.

— Monsieur Guldberg, avait-elle chuchoté, est-ce un vide ? Ou un tourment ?

Elle s'était penchée vers lui. Les rondeurs de sa poitrine s'étaient trouvées tout près de lui. Il avait ressenti en lui un trouble "dépassant toute raison". Il l'avait immédiatement percée à jour, et la pénétration des desseins de cette fille allait lui être de la plus grande utilité durant les événements qui eurent lieu plus tard. La malveillance de cette fille était évidente : sa peau nue, les rondeurs de ses seins, le grain lisse de sa peau si jeune, tout cela était très près de lui. Ce n'était pas la première fois qu'il comprenait qu'à la Cour on répandait des rumeurs malveillantes sur la raison de son insignifiance corporelle. Comme il se sentait désemparé devant ces attaques ! Quand il lui était impossible de faire valoir que les castrats ressemblaient à des bœufs obèses, enflés et boursouflés, et qu'ils n'avaient certainement pas cette netteté physique grise, acérée, mince et presque desséchée qu'il possédait pour sa part !

On parlait de lui, et cela était parvenu jusqu'à l'oreille de la reine. La petite putain qui le considérait comme quelqu'un d'inoffensif, à qui l'on pouvait se confier. Et, avec toute l'intelligence de sa jeune malveillance, elle se penchait maintenant tout près de lui, lui permettant de voir ses seins dans leur presque totalité. Elle semblait vouloir l'éprouver, vérifier s'il y avait encore de la vie en lui, si ses seins avaient une attirance capable de faire resurgir en lui les restes éventuels de ce qu'il avait d'humain.

Oui, si cela pouvait attirer les restes d'homme en lui. D'être humain. Ou simplement d'animal.

Elle le considérait ainsi. Comme un animal. Elle s'exposait devant lui comme pour dire : je sais. Pour dire qu'elle le savait mutilé et méprisable, plus tout à fait humain, plus à portée de main du désir. Et cela, elle le faisait maintenant, en pleine connaissance de cause, avec de mauvaises intentions.

Au cours de cet incident, elle avait approché son visage tout près de celui de Guldberg, et sa poitrine dénudée hurlait l'affront qu'elle lui faisait. Tout en essayant de retrouver la maîtrise de lui-même, il pensa : Que Dieu la punisse, qu'elle souffre éternellement du feu de l'enfer. Qu'un pieu d'expiation soit introduit dans son sexe lubrique, et que son intimité malveillante ait pour récompense le tourment et la douleur éternels.

Son émotion fut si forte que des larmes lui montèrent aux yeux. Et il craignit que cette jeune créature lubrique ne s'en aperçoive.

Et pourtant, il l'avait peut-être mal interprétée. Car, en effet, il décrit comment ensuite elle lui toucha la joue, rapidement, l'effleura comme un papillon, puis chuchota :

— Pardonnez-moi. Oh, pardonnez-moi, monsieur… Guldberg. Je ne voulais pas.

M. Guldberg se leva alors précipitamment puis s'en alla.

Enfant, Guldberg avait eu une très belle voix. Jusque-là, tout est véridique. Il détestait les artistes. Il détestait aussi la souillure.

Il se souvenait des cadavres rigides comme étant propres. Ils ne créaient jamais le chaos, eux.

La grandeur et la toute-puissance de Dieu se manifestaient dans le fait qu'il avait désigné également les petits, les faibles, les chétifs et les méprisés pour être ses instruments. Tel était le miracle. Tel était l'incompréhensible miracle de Dieu. Le roi, le jeune Christian, semblait petit et peut-être atteint d'aliénation. Mais il avait été désigné.

Tout pouvoir lui avait été octroyé. Ce pouvoir, cette désignation, venaient de Dieu. Et cela n'avait pas été offert aux beaux, aux forts, aux brillants ; c'étaient eux, en fait, les parvenus. Le plus faible était désigné. Voilà le miracle de Dieu. Guldberg l'avait compris. Dans une certaine mesure, le roi et Guldberg étaient des facettes du même miracle.

Cela l'emplissait de satisfaction.

Il avait vu Struensee pour la première fois à Altona en 1766, le jour où la jeune reine y avait fait halte, sur son chemin de Londres à Copenhague, en route pour son mariage. Struensee était là, dissimulé dans la foule, entouré de ses amis des Lumières.

Mais Guldberg l'avait vu : grand, beau, et libertin.

Guldberg, un jour, était sorti de l'anonymat.

Qui a vécu insignifiant, et qui un jour ensuite est sorti de l'anonymat, sait que tous les anonymes peuvent devenir des alliés. Ce n'était qu'un problème d'organisation. La politique signifiait de l'organisation, savoir inciter les anonymes à écouter, puis raconter.

Il avait toujours eu foi en la justice, et avait compris que le mal devait être anéanti par un homme tout petit et ignoré, sur lequel personne ne comptait sérieusement. Telle était sa force intérieure. Dieu l'avait désigné, et avait fait de lui un nabot aussi terne qu'une araignée car les voies du Seigneur étaient impénétrables. Mais les actes de Dieu étaient emplis de ruse.

Dieu était le premier politicien.

Dès son jeune âge, il avait appris à haïr la saleté, et le mal. Le mal c'était les libidineux, ceux qui méprisaient Dieu, les gaspilleurs, les athées, les libertins, les buveurs. Ils étaient tous à la Cour. La Cour était le mal. D'où le fait qu'il n'avait cessé d'afficher un petit sourire aimable, résigné pouvait-on dire, quand il contemplait le mal. Tout le monde s'imaginait que le petit Guldberg regardait les orgies avec envie. Le petit Guldberg a sûrement envie d'en être, se disaient-ils, mais il en est incapable. Il lui manque – l'instrument. Il se contente de regarder.

Leurs petits sourires dédaigneux.

Pourtant, ils auraient dû observer ses yeux.

Un jour, pensait-il, viendra l'heure du contrôle, quand la conquête du contrôle aura eu lieu. Alors, aucun sourire ne sera plus nécessaire. Alors viendra le temps de la taille, de la pureté, alors les branches stériles de l'arbre seront coupées. Alors enfin le mal sera castré. Alors viendra le temps de la pureté.

Et le temps des femmes libidineuses sera échu.

Il ne savait cependant pas que faire des femmes libidineuses. On ne pouvait en effet pas les châtrer. Les femmes libidineuses allaient peut-être s'effondrer et se dissoudre dans la pourriture, tel un champignon d'automne.

Il aimait cette image. Les femmes libidineuses allaient peut-être s'effondrer et se dissoudre dans la pourriture, tel un champignon d'automne.

Son rêve était la pureté.

Les radicaux d'Altona étaient impurs. Ils méprisaient les castrés et les petits, et rêvaient secrètement des mêmes pouvoirs que ceux qu'ils prétendaient combattre. Il les avait percés à jour. Ils parlaient de lumière. De flambeaux dans les ténèbres. Mais leurs flambeaux ne généraient que des ténèbres.

Il s'était rendu à Altona. Que ce Struensee soit venu d'Altona était significatif. Paris était la fosse aux serpents des encyclopédistes, mais Altona était pire. On aurait dit qu'ils cherchaient à glisser un levier sous la maison du monde : et le monde s'ébranlait, laissant remonter à la surface la moiteur et les exhalaisons. Pourtant, Dieu tout-puissant avait choisi l'un de ses plus petits, le plus méprisé, lui-même en l'occurrence, pour affronter le Mal, sauver le roi et trancher la saleté de celui que Dieu avait désigné. Et, comme l'avait écrit le prophète Isaïe, *Quel est donc celui qui vient d'Edom, de Boçra en habit éclatant, magnifiquement drapé dans son manteau, s'avançant dans la plénitude de sa force ? "C'est moi qui parle avec justice, qui suis puissant pour sauver."*

Pourquoi ce rouge à ton manteau, pourquoi es-tu vêtu comme celui qui foule au pressoir ? "A la cuve j'ai foulé solitaire, et des gens de mon peuple pas un n'était avec moi. Alors je les ai foulés dans ma colère, je les ai piétinés dans ma fureur, leur sang a giclé sur mes habits, et j'ai taché tous mes vêtements. Car j'ai au cœur un jour de vengeance, c'est l'année de ma rétribution qui vient. Je regarde : personne pour m'aider ! Je montre mon angoisse : personne pour me soutenir ! Alors mon bras est venu à mon secours, c'est ma fureur qui m'a soutenu. J'ai écrasé les peuples dans ma colère, je les ai brisés dans ma fureur, et j'ai fait ruisseler à terre leur sang."

Et les derniers seront les premiers, comme le disait la Sainte Ecriture.

C'était lui que Dieu avait appelé. Lui, le petit Lézard. Et une grande crainte allait s'abattre sur la terre lorsque le plus Humble et le plus Méprisé tiendrait en ses mains les rênes de la vengeance. Et la colère de Dieu allait tous les frapper.

Dès que le Mal, et la passion, seraient tranchés, il réhabiliterait le roi. Et même si le Mal avait blessé le roi, celui-ci deviendrait comme un enfant, de nouveau. Guldberg savait que, fondamentalement, Christian avait toujours été un enfant. Il n'était pas un malade mental. Et, lorsque tout serait fini, et que l'enfant élu de Dieu serait sauvé, le roi le suivrait de nouveau, comme une ombre, comme un enfant, humble et pur. Il serait de nouveau un enfant pur, et l'un des derniers serait de nouveau l'un des premiers.

Il allait défendre le roi. Contre eux. Car le roi était lui aussi l'un des tout derniers, et des plus méprisés.

Mais on n'érige pas de statue équestre à celui qui foule le raisin.

6

Le jour de la mort du roi Frédéric, le père de Christian, Guldberg s'était trouvé à son chevet.

Le monarque était mort au matin du 14 janvier 1766.

Les dernières années, le roi Frédéric était devenu de plus en plus lourd de sa personne ; il buvait sans arrêt, ses mains tremblaient et sa chair était devenue enflée et pâteuse, grise, son visage avait pris l'aspect de celui d'un noyé, comme si on avait pu détacher des morceaux de son visage. A l'intérieur de cette masse, ses yeux se dissimulaient, pâles et sécrétant une humeur jaunâtre comme si le cadavre avait déjà commencé à se liquéfier.

Le roi, saisi d'inquiétude et d'angoisse, exigeait sans cesse que des putains partagent son lit pour apaiser ses craintes. Avec le temps, plusieurs des pasteurs présents à son côté s'étaient indignés de la situation. Ainsi ceux à qui l'on avait ordonné de lire à son chevet des prières destinées à conjurer les royales angoisses s'étaient-ils déclarés malades. Du fait du relâchement de son corps, le roi n'était plus en mesure de satisfaire aux envies de sa chair ; pourtant, il exigeait que les putains raflées dans la ville soient dévêtues et entrent dans son lit. Les pasteurs, de ce fait, firent remarquer que les prières, et plus particulièrement le rituel des saints sacrements, tournaient au blasphème. Le roi recrachait le Corps Sacré du Christ, mais buvait copieusement, tandis que les putains caressaient son corps avec un dégoût mal dissimulé.

Le pire était que la rumeur concernant l'état du roi s'était répandue parmi le peuple, amenant les pasteurs à se considérer comme salis par les ragots.

La semaine précédant sa mort, le roi avait très peur.

Il utilisait ce mot simple, “peur”, au lieu de “angoisse” ou “crainte”. Ses accès de vomissements étaient plus rapprochés maintenant. Le jour de sa mort, il ordonna que Christian, le prince royal, vînt à son chevet.

L'évêque de la ville exigea alors que toutes les putains en soient éloignées.

Le roi avait commencé par contempler longuement et en silence son entourage, constitué des valets de chambre, de l'évêque et de deux pasteurs, puis, d'une voix si étonnamment emplie de haine qu'ils en avaient tous reculé, il s'était écrié qu'un jour les femmes seraient avec lui au royaume des cieux, tandis qu'il espérait que tous ceux qui étaient alors attroupés autour de lui, en particulier l'évêque d'Aarhus, seraient frappés des éternels tourments de l'enfer. Le roi, cependant, avait mal apprécié la situation : depuis la veille, en effet, l'évêque d'Aarhus était retourné dans sa paroisse.

Puis le roi avait vomi et, difficilement, s'était remis à boire.

Une heure plus tard, à nouveau en rage, désirant lui donner sa bénédiction, il avait mandé son fils.

Christian, le prince royal, avait été conduit auprès de lui vers neuf heures. Il était venu accompagné de Reverdil, son précepteur suisse. Agé à l'époque de seize ans, Christian avait regardé son père avec horreur.

Le roi avait fini par s'apercevoir de sa présence, et lui avait fait signe d'approcher, mais Christian était resté comme pétrifié. Reverdil l'avait alors pris par le bras pour l'amener devant le lit de mort du roi, mais Christian, agrippé à son précepteur, avait prononcé quelques mots inaudibles. Les mouvements de ses lèvres étaient nets, il essayait de dire quelque chose, mais aucun son ne sortait.

— Viens… ici… mon fils… bien-aimé…, avait alors murmuré le roi et, d'un violent revers du bras, il avait balayé la cruche de vin vide.

Christian n'obéissant pas à son ordre, le roi s'était mis à crier, d'une voix forte et plaintive et, comme l'un des pasteurs lui demandait s'il souhaitait quelque chose, le roi avait dit :

— Je souhaite… bordel de Dieu… bénir ce petit… cette petite… chose !

Un bref instant plus tard, sans résistance, Christian s'était laissé mener au chevet de son père. Le roi avait saisi la tête et la nuque de Christian, essayant de l'attirer plus près de lui.

— Comment… arriveras-tu… à t'en tirer, petite… chose…

Puis le roi avait semblé avoir du mal à trouver ses mots, mais un moment plus tard la parole lui était revenue.

— Pauvre créature innocente ! Il va te falloir devenir dur… dur… DUR !!! Et l'es-tu, dur… pauvre… ? Tu dois devenir… invulnérable !!! Sans quoi…

Christian avait été incapable de répondre, maintenu comme il l'était par la main qui l'écrasait contre le torse nu du roi. Celui-ci haletait bruyamment maintenant, comme s'il n'arrivait pas à respirer, mais ensuite, dans un sifflement, il avait dit :

— Christian ! il faut que tu deviennes dur… dur… dur !!! Sinon ils vont t'engloutir !!! Sinon ils vont te dévorer… te briser…

Puis il se laissa retomber sur l'oreiller. Le calme régnait à nouveau dans la chambre. On n'entendait plus que le bruit des violents sanglots de Christian.

Et le roi, qui fermait maintenant les yeux, la tête sur l'oreiller, avait ensuite dit à voix basse et presque sans bafouiller :

— Tu n'es pas assez dur, petite chose. Je te bénis.

Un liquide jaune s'écoulait de sa bouche. Quelques minutes plus tard, le roi Frédéric V était mort.

Guldberg assistait à tout, et se souvenait de tout. Il vit Reverdil, le professeur suisse, prendre la main du garçon, comme si le nouveau roi n'avait été qu'un petit enfant, et le mener par la main, comme un enfant, manière d'agir qui étonna tout le monde et dont on allait beaucoup parler plus tard. Ils quittèrent la chambre ainsi, traversèrent le vestibule, passèrent devant le corps de garde qui présenta les armes, et sortirent dans la cour du château. On était maintenant au milieu de la journée, vers midi, le soleil était bas, un peu de neige était tombée durant la nuit. Le garçon sanglotait toujours, désemparé, et serrait la main de Reverdil comme dans une crampe.

Au milieu de la cour, ils s'arrêtèrent brusquement. Beaucoup de gens les regardaient. Pourquoi s'arrêtaient-ils ? Où allaient-ils ?

Le garçon était petit et malingre. La Cour, qui venait d'apprendre la nouvelle de la disparition tragique et inattendue du roi, avait afflué dans la cour d'honneur. Une centaine de personnes se tenaient là, silencieuses et en attente.

Guldberg se trouvait parmi elles, toujours le plus insignifiant. Toujours sans qualité particulière. Présent uniquement de par le droit que lui conférait son titre de précepteur du prince royal débile, Frédéric ; sans aucun autre droit, sans pouvoir, mais convaincu que de grands arbres allaient tomber, qu'il avait le temps, et pouvait attendre.

Christian et son professeur se tenaient immobiles, apparemment très perplexes, et n'attendant rien. Eclairés par un soleil bas, ils se tenaient dans la cour d'honneur couverte d'une mince couche de neige et n'attendaient rien, tandis que le garçon ne cessait de verser des larmes.

Reverdil tenait fermement la main du jeune roi. Qu'il était petit, ce nouveau roi du Danemark ! Un enfant, vraiment. Guldberg ressentait un chagrin infini en les contemplant. Quelqu'un avait pris au côté du roi la place qui lui revenait. Restait désormais à beaucoup travailler pour conquérir cette place. Son chagrin était immense. Mais ensuite il se maîtrisa.

Son heure allait venir.

Voici comment les choses se passèrent quand Christian reçut la bénédiction.

L'après-midi même, Christian VII fut proclamé nouveau roi du Danemark.

Chapitre 2

L'INVULNÉRABLE

1

Le précepteur suisse était maigre et bossu, et rêvait des Lumières comme d'une aurore calme et superbe ; imperceptible pour commencer, puis qui viendrait, et le jour serait levé.

Il se l'imaginait ainsi. Dans la douceur, le calme, et sans résistance. C'était ainsi que les choses auraient toujours dû être.

Il s'appelait François Reverdil. Cet homme qui se trouvait dans la cour du château.

Reverdil avait pris la main de Christian parce qu'il avait oublié l'étiquette et avait seulement ressenti du chagrin en voyant pleurer ce garçon.

D'où leur présence là, immobiles, dans la cour du château, dans la neige, après que Christian avait reçu la bénédiction.

Dans l'après-midi du même jour, au balcon du château, Christian VII fut déclaré roi du Danemark. Reverdil se tenait à son côté, en retrait. On avait mal pris que le nouveau roi agite les mains en riant.

On estimait cela inconvenant. Aucune explication ne fut donnée sur le comportement du roi.

Engagé en 1760 comme précepteur du prince Christian, héritier de la couronne, alors âgé de onze ans, le professeur suisse François Reverdil réussit longtemps à cacher qu'il était d'origine juive. Ses deux autres prénoms – Elie et Salomon – n'avaient pas été inscrits sur son contrat d'engagement.

La précaution était sans doute inutile ; il n'y avait pas eu de pogroms à Copenhague depuis plus de dix ans.

Le fait que Reverdil était un adepte des Lumières n'avait pas non plus été notifié. Il estimait le renseignement inutile, voire dangereux. Ses convictions politiques ne concernaient que lui.

La prudence était son principe de base.

Ses premières impressions du garçon furent très positives.

Christian était "attachant". Il était frêle, de petite taille, presque efféminé, mais son allure et son esprit étaient séduisants. Son intelligence était vive, il se déplaçait avec souplesse et élégance, et il parlait couramment trois langues : le danois, l'allemand et le français.

Au bout de quelques semaines seulement, l'image se compliqua. Le garçon paraissait s'être très vite attaché à Reverdil, dont il disait déjà au bout d'un mois qu'il "ne lui inspirait pas la moindre frayeur". Et, comme Reverdil le questionnait sur ce mot déconcertant de "frayeur", il crut comprendre que la peur était l'état naturel du garçon.

Avec le temps, "attachant" ne suffit plus à couvrir la totalité de l'image du garçon.

Au cours des promenades obligatoires, accomplies sans autres participants et destinées à fortifier le garçon, ce dernier, âgé de onze ans, exprimait des sentiments et des jugements que Reverdil trouvait de plus en plus effrayants. Ceux-ci, de plus, étaient enrobés d'un étrange pathos. Ainsi le désir de devenir "fort" ou "dur", que Christian répétait de façon maniaque, n'exprimait-il nullement le souhait d'acquérir une constitution physique solide, mais bien autre chose. Il désirait faire "des progrès", mais il n'était pas non plus possible d'interpréter cette notion de façon rationnelle. Son langage semblait constitué d'un grand nombre de mots formés selon un code secret, impossibles à décrypter par un non-initié. Ce langage codé n'était jamais employé lors de conversations en présence d'une tierce personne, ou de la Cour. Mais, en tête à tête avec Reverdil, Christian utilisait son langage codé de manière quasi maniaque.

Les mots les plus étonnants étaient "chair", "anthropophage" et "punition", utilisés en dépit du bon sens. Quelques expressions devinrent néanmoins assez vite compréhensibles.

Quand ils retournaient à l'étude après les promenades, il arrivait ainsi au garçon de dire qu'ils allaient maintenant vers "une sévère vérification", ou "un interrogatoire serré". En termes juridiques danois, l'expression était alors synonyme de "torture", pratique à cette époque aussi bien autorisée que couramment utilisée par la juridiction. Sur le ton de la plaisanterie, Reverdil avait un jour demandé au garçon s'il se voyait tourmenté par des pincettes et autres tenailles.

Surpris, le garçon avait répondu par l'affirmative.

Bien sûr.

Reverdil mit un certain temps à comprendre que cette expression n'avait rien d'un mot de code dissimulant un quelconque secret, mais qu'elle n'était qu'une information objective.

On le torturait. C'était normal.

2

La tâche du précepteur était de former un despote danois aux pouvoirs illimités.

Il n'était cependant pas le seul à avoir cela pour mission.

Reverdil prit ses fonctions cent ans jour pour jour après le renversement de 1660 qui avait considérablement diminué les pouvoirs de la noblesse pour restituer au roi sa souveraineté. Reverdil inculquait aussi au jeune homme l'importance de sa position, qui faisait de lui le détenteur de l'avenir du pays. Par discrétion, il omettait cependant de parler au jeune prince du contexte général : ce déclin de l'autorité royale au cours des derniers règnes, et la dégénérescence de ses prédécesseurs, qui avaient donné les pleins pouvoirs à une Cour qui contrôlait désormais son éducation, son instruction et sa manière de penser.

"Le garçon" – c'est le mot qu'utilisait Reverdil – semble n'avoir éprouvé que de l'inquiétude, de l'aversion et du désespoir face à son futur rôle de roi.

Le roi était souverain, mais le corps des fonctionnaires exerçait concrètement tout le pouvoir. Tous admettaient cette situation. La pédagogie, pour ce qui concernait Christian, était adaptée à ce but. Dieu avait octroyé le pouvoir au roi. Celui-ci, à son tour, ne se servait pas du pouvoir mais le déléguait. Que le roi n'utilise pas son pouvoir n'était pas une évidence. La condition *sine qua non* était qu'il soit aliéné, profondément alcoolique, ou peu enclin au travail. S'il n'entrait pas dans ces catégories, il fallait briser sa volonté. L'apathie et la dégénérescence du roi étaient donc soit innées, soit provoquées par une éducation appropriée.

Christian étant doté d'intelligence, son entourage en avait déduit qu'il fallait recourir à l'éducation pour provoquer l'apathie. Reverdil décrit les méthodes employées sur "le garçon" comme "une pédagogie systématique visant à provoquer l'impuissance et la dégénérescence, et cela dans le but de maintenir l'influence des véritables détenteurs du pouvoir". Il devine vite qu'à la cour du Danemark, pour atteindre le résultat qui a pu être observé chez les rois précédents, on est prêt à sacrifier la santé mentale du jeune prince.

Le but était de créer "un nouveau Frédéric" à partir de cet enfant. On voulait, écrira-t-il plus tard dans ses Mémoires, "du fait de la déchéance royale créer un vide du pouvoir qui leur permettrait d'exercer impunément le leur. On ne prévoyait pas alors que dans ce vide du pouvoir un médecin nommé Struensee viendrait un jour en visite."

C'est Reverdil qui emploie l'expression "la visite" du médecin. Il n'essaie pas d'être ironique. Il observe plutôt la destruction du garçon avec un regard lucide, et avec colère.

Pour ce qui concerne la famille de Christian, on sait seulement que sa mère était morte quand il avait deux ans et qu'il n'avait connu son père que sous la forme d'une mauvaise rumeur. Le responsable et planificateur de son éducation, le comte Ditlev Reventlow, était pour sa part intègre.

Reventlow était une forte nature.

Son opinion sur l'éducation était qu'il s'agissait "d'un dressage que pouvait entreprendre le paysan le plus sot, pourvu qu'il eût un fouet à la main". Raison pour laquelle le comte Reventlow avait un fouet à la main. Il attachait une grande importance à la "soumission mentale" et au fait que "l'indépendance devait être brisée".

Il n'hésitait pas à employer sur le petit Christian ces méthodes, qui n'avaient d'ailleurs rien d'inhabituel dans l'éducation des enfants à cette époque. Ce qu'il y avait d'exceptionnel, et qui amena les contemporains à juger le résultat comme exceptionnel, était que ce genre d'éducation n'était pas de mise au sein de la noblesse ou de la haute bourgeoisie. En l'espèce, celui qui devait être brisé, à l'aide d'un fouet bien réel, par le dressage et la soumission mentale, afin d'être privé de toute indépendance, était le souverain du Danemark, élu de Dieu.

Une fois cassé, soumis, toute sa volonté brisée, le souverain allait recevoir tout le pouvoir, et le céder à ses éducateurs.

Bien plus tard, longtemps après la fin de la révolution danoise, Reverdil, dans ses Mémoires, se demande pourquoi il n'est pas intervenu.

Il ne trouve aucune réponse. Il se décrit comme un intellectuel, et son analyse est claire.

Aucune réponse, pourtant, à cette question précise.

Reverdil débuta comme professeur subalterne en langues étrangères : l'allemand et le français. A son arrivée, il dresse le bilan de la pédagogie des dix premières années.

C'est vrai : il était un subalterne. Le comte Reventlow décidait des principes d'éducation. Puisqu'il y avait absence des parents.

"C'est donc avec chagrin que je quittais le château quotidiennement pendant cinq ans ; je voyais à quel point on s'évertuait à détruire la capacité mentale de mon élève, pour qu'il n'apprenne rien de ce qui touchait à sa mission de régner et à son droit au pouvoir. Il n'avait reçu aucun enseignement concernant la législation civile de son pays ; il ne connaissait rien de la manière dont les différentes administrations de l'Etat se répartissaient le travail, ni des particularités du gouvernement de ce pays, ni de la notion que le pouvoir émanait de la couronne et se ramifiait vers les différents fonctionnaires de l'Etat. On ne lui avait jamais parlé des relations qu'il lui faudrait entretenir avec les pays voisins, il ignorait tout des forces navales et terrestres du pays. Le Grand Maître de la Cour, qui dirigeait son éducation et qui quotidiennement contrôlait mon enseignement, était devenu ministre des Finances sans abandonner son poste de contrôleur suprême, mais il n'enseignait à son élève rien de ce qui concernait son ministère. Les sommes que le pays allouait au pouvoir royal, la façon dont elles parvenaient au Trésor, leurs affectations, tout ceci était totalement inconnu de la personne qui, un jour, allait régner sur elles. Quelques années plus tôt, son père le roi lui avait offert une ferme ; mais le prince n'y avait même pas engagé un gardien, n'avait pas dépensé le moindre ducat de sa propre initiative, ni planté le moindre arbre. Le Grand Maître de la Cour et ministre des Finances Reventlow dirigeait l'exploitation selon son propre désir et, quand il en parlait, disait à juste titre «mes melons, mes figues…» !"

Ce rôle qu'au cours de l'éducation du prince allait jouer le comte Reventlow – ministre des Finances et gentilhomme campagnard – fut fondamental, constate le précepteur. Cela permit à Reverdil, dans une certaine mesure, de résoudre l'énigme que lui posait le langage codé du garçon.

Les particularités physiques du prince devenaient en effet de plus en plus marquées. Une inquiétude semblait lui tenailler le corps : il inspectait sans cesse ses mains, tripotait son ventre, se tapotait la peau du bout des doigts et murmurait qu'il allait bientôt "faire des progrès". Il allait alors atteindre "l'état de perfection" qui lui permettrait de devenir "comme les comédiens italiens".

Les notions de "théâtre" et de "Passauer Kunst" se mêlent chez le jeune Christian. Aucune logique dans tout cela si ce n'est la logique que les "interrogatoires sévères" provoquent chez le garçon.

Parmi les nombreuses idées bizarres qui florissaient dans les cours européennes à l'époque, il y avait la croyance qu'il existait des moyens de rendre l'homme invulnérable. Le mythe avait été créé durant la guerre de Trente Ans en Allemagne ; un rêve d'invulnérabilité qui devait jouer aussi un rôle important parmi les souverains. Aussi bien le père de Christian que son grand-père embrassaient la croyance en cet art – appelé Passauer Kunst.

La croyance en ce "Passauer Kunst" fut pour Christian un trésor secret qu'il dissimulait au plus profond de lui-même.

En permanence, il scrutait ses mains, son ventre, pour voir s'il avait fait des progrès, s'il "avançait" vers l'invulnérabilité. Les cannibales autour de lui étaient des ennemis qui le menaçaient en permanence. S'il devenait "fort", et son corps "invulnérable", il pourrait devenir insensible aux mauvais traitements de l'ennemi.

Les ennemis étaient tout le monde, mais plus particulièrement le despote Reventlow.

Le fait qu'il mentionne "les comédiens italiens" comme des modèles divins est lié à ce rêve. Les acteurs de théâtre apparaissaient au jeune Christian comme divins. Les dieux étaient durs, et invulnérables.

Ces dieux jouaient aussi leur rôle. Et de ce fait restaient extérieurs à la réalité.

A l'âge de cinq ans, en effet, il avait assisté à une représentation par une troupe italienne de passage. La noble prestance des comédiens, leur stature et leurs costumes somptueux avaient fait sur lui une impression si forte qu'il en était arrivé à les concevoir comme des êtres supérieurs. Ils étaient divins. Et si lui, qu'on disait aussi être l'élu de Dieu, faisait des progrès, il allait pouvoir s'unir à ces dieux, devenir comédien, et être ainsi délivré du "tourment du pouvoir royal".

Il vivait continuellement sa charge comme un tourment.

Avec le temps, apparut aussi l'idée qu'il avait été échangé quand il était petit. En réalité, il était fils de paysan. C'était devenu chez lui une idée fixe. L'élection était un tourment. Les "interrogatoires sévères" étaient un tourment. Puisqu'il avait été échangé, n'aurait-il pas dû échapper à ces tourments ?

L'élu de Dieu n'avait rien d'un être humain ordinaire. Il cherchait par conséquent de plus en plus fébrilement des éléments prouvant qu'il était un être humain. Il cherchait un signe ! Le mot "signe" revient sans cesse. Il cherche "un signe". S'il pouvait trouver des preuves qu'il était un être humain, et non un être élu, il serait délivré de ce rôle de roi, du tourment, du manque de confiance en lui-même et des interrogatoires sévères. Si, par ailleurs, il pouvait se rendre invulnérable, comme les comédiens italiens, il pourrait peut-être survivre aussi en tant qu'élu.

Voilà comment Reverdil interprétait la manière de penser de Christian. Il n'en était pas sûr. Ce dont il était sûr, c'était qu'il contemplait l'image qu'un enfant déchiré avait de lui-même.

Que le théâtre fût irréel, et par conséquent la seule vie qui existât réellement, se confirmait de plus en plus pour Christian.

L'idée – et Reverdil avait là du mal à suivre le raisonnement d'une logique peu évidente –, l'idée était que si seul le théâtre était réel, tout devenait compréhensible. Les gens sur la scène se déplaçaient comme des dieux, et répétaient des mots qu'ils avaient appris ; cela c'était le naturel. Les comédiens étaient le réel. Pour ce qui le concernait, on lui avait par la Grâce de Dieu attribué le rôle de roi. Ceci n'avait rien à voir avec la réalité, c'était de l'art. C'était la raison pour laquelle il n'était pas utile qu'il ressente de la honte.

A part cela, la honte était son état naturel.

Au cours d'une des premières leçons, effectuée en français, Reverdil s'était rendu compte que l'élève ne comprenait pas le mot "corvée". Essayant, pour l'expliciter, de ramener aux expériences du garçon, il lui avait décrit la part de théâtre dans son existence. "Je dus alors lui apprendre que ses déplacements ressemblaient à une mise en branle de l'armée, que des inspecteurs étaient dépêchés dans tous les districts pour informer les paysans de leur obligation de présence, certains avec des chevaux, d'autres simplement avec de petites charrettes ; et que ces paysans devaient attendre pendant des heures et des jours sur les routes et aux stations prévues, qu'ils perdaient beaucoup de leur temps pour rien, que la présence de ces gens était commandée et que rien de ce qu'il voyait de cette manière n'était réel."

Le Grand Maître de la Cour et ministre Reventlow, apprenant cet écart d'enseignement, avait eu un accès de rage et avait hurlé que l'explication était de la plus totale inutilité. Le comte Ditlev Reventlow hurlait souvent. D'une manière générale, son comportement en tant que contrôleur de l'instruction du prince avait surpris le précepteur suisse et juif qui, cependant, pour des raisons compréhensibles, n'osait pas s'opposer aux principes du ministre des Finances.

Rien n'était cohérent. La comédie était l'état normal. On devait apprendre, mais pas comprendre. Il était l'élu de Dieu. Il était au-dessus de tous et, en même temps, le plus insignifiant d'entre eux. La seule constante était qu'il était régulièrement frappé.

Reventlow avait la réputation d'être "intègre". Estimant que l'apprentissage était plus important que la connaissance, il insistait beaucoup pour que le prince apprenne des phrases et des affirmations par cœur, comme pour une pièce de théâtre, justement. Que le prince comprenne ce qu'il apprenait était par contre sans importance. Prenant pour modèle le théâtre, l'enseignement essayait de consister avant tout en récitation par cœur de répliques. Malgré son intégrité et sa dureté de caractère, M. Reventlow avait fait venir pour le prince des costumes appropriés, confectionnés à Paris. Quand ensuite le garçon était exhibé et qu'il savait réciter sans aide ses répliques, le ministre des Finances était satisfait ; ainsi, avant chaque représentation de l'héritier du trône, pouvait-il s'écrier :

— Regardez ! Maintenant on va montrer ma poupée !

Souvent, écrit Reverdil, ces représentations étaient douloureuses pour Christian. Ainsi, un jour où il devait montrer ses connaissances en pas de danse, le laissa-t-on dans l'ignorance de ce qu'il devait faire. "La journée fut pénible pour le prince. On l'injuria, on le frappa, et il pleura jusqu'au moment où devait se dérouler le ballet. Dans sa tête, ce n'était que mélange de ce qui se passait et de ses idées fixes : il se figurait qu'on le menait en prison. Les honneurs militaires qui lui furent témoignés au portail, les roulements de tambour, les gardes entourant son carrosse, renforçaient en lui cette conviction et gonflaient son angoisse. Tous ses repères furent bouleversés, le sommeil l'abandonna pour de nombreuses nuits et il pleurait continuellement."

"Continuellement", justement, M. Reventlow intervenait dans l'enseignement, surtout quand l'apprentissage s'adoucissait pour devenir ce qu'il appelait des "conversations".

"Dès qu'il se rendait compte que l'étude «dégénérait» en conversations, qu'elle se déroulait calmement et sans bruit et qu'elle intéressait mon élève, Reventlow, de l'autre côté de la pièce, criait de sa voix tonitruante et en allemand : «Votre Altesse royale, dès que je ne contrôle pas tout, rien ne se fait !» Puis il s'approchait de nous, faisait répéter la leçon au prince, et ajoutait à celle-ci ses propres commentaires, en le pinçant durement, en lui tordant les mains et en lui administrant de violents coups de poing. Le garçon, alors perturbé, prenait peur, et sa récitation devenait moins bonne. Les reproches se multipliaient, les coups s'intensifiaient, tantôt parce qu'il avait répété trop mot à mot, tantôt parce que trop librement, tantôt parce qu'il avait oublié un détail, tantôt parce qu'il avait répondu juste, puisqu'il arrivait souvent que son tortionnaire ne connût pas la bonne réponse. L'exaspération du Grand Maître de la Cour croissait alors et, pour finir, il criait à travers le palais qu'on lui amenât le bâton *(«stok»)* dont il se servait sur l'enfant, et dont très longtemps il continua à se servir. Ces scènes révoltantes étaient connues de tous, puisque l'on pouvait les entendre jusque dans la cour du château où les courtisans étaient réunis. La foule assemblée là pour saluer le

Soleil Levant – c'est-à-dire l'enfant qui présentement subissait une correction et criait, et que j'avais appris à connaître comme un bel enfant agréable – entendait tout, tandis que l'enfant, les yeux écarquillés et remplis de larmes, essayait de lire sur le visage de son tyran ce que celui-ci souhaitait et quels mots il voulait l'entendre employer. Au déjeuner, le Mentor continuait à attirer l'attention sur lui, posant des questions au garçon et accueillant les réponses avec force grossièretés. Ainsi l'enfant était-il exposé au ridicule devant ses serviteurs, et apprit-il à devenir familier de la honte.

Le dimanche n'était pas non plus un jour de repos ; à deux reprises, M. Reventlow amena son élève à l'église, répéta les principales lignes du prêche à l'oreille du prince, le pinçant et le bousculant régulièrement du coude pour indiquer l'importance particulière de certaines phrases. Après quoi, le prince fut obligé de répéter ce qu'il avait entendu et, s'il avait oublié ou mal compris, il fut battu avec la juste vigueur qu'exigeait chacun des sujets."

C'était cela, "l'interrogatoire sévère". Reverdil note que Reventlow maltraitait souvent si longtemps le prince royal que "de la bave apparaissait sur les lèvres du comte". Sans transition, tout le pouvoir allait ensuite être donné au garçon, par Dieu, qui l'avait élu.

C'est la raison pour laquelle il cherche un "bienfaiteur". Il n'a pas encore trouvé ce bienfaiteur.

Les promenades étaient les seules occasions dont disposait Reverdil pour expliquer, sans surveillance. Mais le garçon paraissait de moins en moins sûr de lui et de plus en plus perturbé.

Rien ne semblait être cohérent. Durant ces promenades, que parfois ils faisaient seuls, parfois suivis de valets de chambre "à une distance d'environ quinze aunes", la confusion du garçon prenait toute son ampleur.

On pourrait dire : son langage commençait à abandonner son codage. Reverdil arrivait aussi à noter que ce qui dans la conscience linguistique du garçon se référait au mot "intégrité" était associé aux mauvais traitements, et à l'impudeur de la Cour.

Dans ses tentatives forcenées pour essayer de trouver une cohérence à tout, Christian expliquait qu'il avait compris que la Cour était du théâtre, qu'il devait apprendre ses répliques, et qu'il serait puni s'il ne les connaissait pas mot pour mot.

Mais était-il un seul être, ou deux ?

Les comédiens italiens, qu'il admirait, avaient un rôle dans leur pièce, ainsi qu'un autre rôle "à l'extérieur" quand la pièce était terminée. Mais, voulait savoir le garçon, pour lui-même, son rôle ne cessait-il jamais ? Quand se trouvait-il "à l'extérieur" ? Devait-il en permanence s'efforcer de "s'endurcir", de faire des "progrès" et de se trouver "à l'intérieur" ? Si tout n'était que répliques qu'il fallait mémoriser, et puisque Reverdil avait dit que tout était mis en scène, que sa vie devait simplement être apprise et "montrée", pouvait-il alors jamais espérer pouvoir sortir de cette pièce de théâtre ?

Les comédiens, les Italiens qu'il avait vus, étaient cependant deux êtres : l'un sur la scène, l'autre à l'extérieur. Et lui-même, où se trouvait-il ?

Il n'existait aucune logique dans son raisonnement qui, pourtant, était compréhensible d'une autre manière. Il avait demandé à Reverdil ce qu'était un être humain. Et, dans ce cas, s'il en était un lui-même ? Dieu avait envoyé sur terre son fils unique, mais Dieu l'avait aussi élu, lui, Christian, pour être le monarque absolu. Dieu était-il aussi l'auteur de ces répliques qu'il apprenait maintenant ? La volonté de Dieu était-elle que ces paysans commis d'office durant les voyages qu'il entreprenait fussent ses partenaires sur la scène ? Ou, sinon, quel était son rôle ? Etait-il le fils de Dieu ? Qui, dans ce cas, avait été son père Frédéric ?

Dieu, avait-il aussi élu son père, et l'avait-il rendu aussi "intègre" ou presque que M. Reventlow ?

Existait-il quelqu'un au-delà de Dieu, un Bienfaiteur de l'Univers, qui pourrait avoir pitié de lui dans ses instants d'extrême détresse ?

M. Reverdil lui avait répondu sèchement qu'il n'était pas l'oint du Seigneur, qu'il n'était pas non plus Jésus-Christ, que lui-même, Reverdil, n'embrassait évidemment pas la foi en Jésus-Christ, puisqu'il était juif ; et que, en aucune circonstance, il ne devait jamais se permettre de dire qu'il était le fils de Dieu.

Ce serait blasphémer.

Le successeur au trône avait alors objecté que la reine douairière, piétiste dans la lignée des Frères moraves, avait dit que le véritable chrétien baignait dans le sang de l'Agneau, que les plaies étaient des grottes où le pécheur pouvait se cacher, et que là se trouvait le salut. Comment tout cela était-il possible ?

Reverdil lui avait dit d'abandonner immédiatement ce genre de pensées.

Christian répétait avoir peur d'être puni, considéré l'importance de sa faute ; tout d'abord de ne pas savoir les répliques et, deuxièmement, d'affirmer relever de la Grâce du Seigneur quand, en réalité, il n'était qu'un garçon de ferme qui avait été substitué. Alors, ses spasmes revenaient, les doigts qui tâtaient le ventre, les mouvements de jambes, le geste de la main en l'air, puis un mot proféré, répété comme un appel au secours, ou une prière.

Oui, peut-être était-ce sa manière de prier : le mot revenait, comme le geste de la main en l'air, ou vers quelqu'un, dans cet univers qui paraissait au garçon si confus, si effrayant et si dénué de cohésion.

— Un signe !!! Un signe !!!

Les monologues entêtés de Christian continuaient. Comme s'il refusait d'abandonner. Si l'on était puni, était-on délivré de la culpabilité ? Existait-il un Bienfaiteur ? Vu qu'il s'était rendu compte à quel point sa honte était grande, et ses erreurs nombreuses, qu'en était-il alors du rapport entre la culpabilité et la punition ? De quelle manière serait-il puni ? Tous ceux qui autour de lui forniquaient, buvaient et étaient intègres, tous ceux-ci faisaient-ils eux aussi partie de la pièce de théâtre de Dieu ? Jésus était bien né dans une étable. Pourquoi alors était-il si impossible que lui-même ait été échangé, alors qu'il aurait pu vivre une vie différente chez des parents aimants, parmi les paysans et les animaux ?

Jésus était fils d'un charpentier. Qui donc était-il, lui, Christian ?

M. Reverdil se sentait pris d'une inquiétude grandissante, mais s'efforçait de répondre de manière calme et raisonnable. Il sentait cependant que la confusion du garçon augmentait, et devenait de plus en plus inquiétante.

Jésus, avait demandé Christian au cours d'une promenade, n'avait-il pas chassé les marchands du Temple ? Les pécheurs et les fornicateurs !!! Il les avait chassés, eux les intègres, alors qui donc était Jésus ?

— Un révolutionnaire, avait répondu M. Reverdil.

Lui appartenait-il alors, à lui, Christian, s'était entêté à demander l'enfant, en tant que souverain absolu élu de Dieu, dans cette Cour où l'on forniquait et s'enivrait et péchait, de tout casser et de tout briser ? Et de chasser, et de casser... briser... les intègres ? Reventlow, n'est-ce pas, était intègre ? Un Bienfaiteur, maître peut-être de tout l'univers, pouvait-il éprouver de la pitié, et se donner le temps de faire cela ? De briser les intègres ? Reverdil pouvait-il l'aider à trouver un Bienfaiteur qui pourrait tout briser ?

— Pourquoi désires-tu cela ? avait demandé Reverdil.

Alors, le garçon s'était mis à pleurer.

— Pour atteindre à la pureté, avait-il répondu un moment plus tard.

Ils avaient marché longuement en silence.

— Non, avait finalement répondu M. Reverdil, ta tâche n'est pas de briser.

Mais il savait qu'il n'avait pas répondu à la question.

3

Le jeune Christian parlait de plus en plus souvent de culpabilité, et de punition.

Il connaissait bien la petite punition. C'était le bâton, que le Grand Maître de la Cour utilisait. La petite punition était aussi la honte, et le rire des pages et des "favoris" quand il s'était trompé. La grande punition devait être pour les péchés plus grands.

Le développement du garçon prit un tournant inquiétant avec l'épisode de la torture et de l'exécution du sergent Mörl.

Les faits sont les suivants :

Un sergent du nom de Mörl qui, avec une ignoble perfidie, avait assassiné son bienfaiteur, chez qui il logeait, et cela afin de pouvoir voler la caisse du régiment, fut condamné, en vertu d'un décret royal portant la signature du roi Frédéric, à être exécuté de manière épouvantable, selon des méthodes qui n'étaient utilisées que pour des meurtres vraiment particuliers.

Nombre de gens estimaient qu'il s'agissait là de l'expression d'une barbarie inhumaine. La sentence était particulièrement effroyable ; mais le prince royal Christian avait été informé de ce cas et lui avait accordé un intérêt étonnant. Cela se passait durant l'avant-dernière année du règne du roi Frédéric. Christian était alors âgé de quinze ans, et il avait exprimé à Reverdil son désir d'assister à l'exécution. Reverdil s'était alors alarmé, et avait conjuré son élève de ne pas le faire.

Le garçon – il l'appelle encore le garçon – avait cependant lu la condamnation, et elle l'avait fasciné. Il faut ajouter qu'avant son exécution, le sergent Mörl avait passé trois mois en prison, où on avait eu le temps de lui inculquer quelque enseignement religieux.

Heureusement, il était tombé entre les mains d'un pasteur zélateur des Frères moraves dont la foi, ravivée par le comte Zinzendorf, était aussi partagée par la reine douairière. Lors d'entretiens avec Christian – car entretiens il y avait eu, mais exclusivement de caractère pieu –, cette dernière avait d'une part discuté la condamnation en détail et la manière dont elle serait réalisée et, d'autre part, raconté que le prisonnier était devenu un adepte des Frères moraves. Le détenu Mörl s'était mis à croire que les épouvantables douleurs qu'il allait endurer avant que la vie le quitte allaient justement d'une certaine manière l'unir aux plaies de Jésus ; oui, que la torture, les douleurs et les plaies allaient lui permettre d'être englouti en le sein de Jésus, noyé dans les plaies de Jésus, et d'être réchauffé par son sang.

Le sang, les plaies – tout dans la description de la reine douairière avait été nimbé d'un caractère que Christian avait trouvé "plaisant", et qui avait empli ses rêves nocturnes.

La charrette du bourreau allait devenir un char triomphal. Les tenailles incandescentes qui allaient le pincer, les fouets, les aiguillons et finalement la roue, tout allait devenir la croix sur laquelle l'homme allait être uni au sang du Christ. En prison, Mörl avait aussi écrit des hymnes qu'on avait fait imprimer et diffuser en grand nombre pour l'édification de la population.

Durant ces mois, et d'une manière que Reverdil jugeait honteuse, la reine douairière et le garçon s'étaient retrouvés unis par leur intérêt pour cette exécution. Il ne pouvait pas empêcher Christian d'y assister en secret.

L'expression "en secret" revêt ici un sens de caractère juridique très particulier. La coutume était en effet que si le roi ou le prince royal passait devant le lieu d'exécution, cela signifiait que le condamné devait être gracié.

Christian avait donc assisté à l'exécution, mais caché dans un fiacre, et personne n'avait remarqué sa présence.

Le sergent Mörl avait entonné des hymnes, témoigné de sa foi brûlante et de son désir de se noyer dans les plaies de Jésus-Christ ; pourtant, quand la lente torture avait commencé, incapable de la supporter, il avait éclaté en hurlements désespérés, surtout quand les aiguilles avaient pénétré "les parties de son corps et de son bas-ventre sièges des plus grands plaisirs mais susceptibles d'occasionner les plus vives douleurs". Son désespoir avait alors été si dénué de piété, et si empli d'affolement, que les hymnes et les prières de la foule assemblée s'étaient tus. La pieuse envie même de contempler la mort du martyr s'était effritée, et beaucoup avaient quitté prestement les lieux.

Christian était cependant resté dans sa voiture, jusqu'au bout, jusqu'à ce que le sergent Mörl cesse de respirer. Puis il était retourné au château, était allé voir Reverdil, s'était agenouillé devant lui, mains jointes, et, l'air désespéré et hésitant à la fois, dans le silence le plus complet, il avait regardé le visage de son précepteur.

Aucune parole n'avait été dite ce soir-là.

A ceci s'ajoute ce qui se passa le lendemain soir.

Reverdil était passé dans l'appartement de Christian au château pour lui communiquer une modification des horaires d'étude de la journée suivante. Il s'arrêta à la porte et fut témoin d'une scène qui, comme il l'écrit, le paralysa. Christian était allongé par terre, étendu sur quelque chose qui devait représenter une roue de supplice. Deux de ses pages étaient occupés à "briser ses articulations" – simulant cela à l'aide de rouleaux de papier, tandis que le criminel sur la roue suppliait, gémissait et pleurait.

Reverdil était resté pétrifié, puis il était entré dans la pièce et avait ordonné aux pages de cesser.

Christian s'était alors enfui en courant et, par la suite, avait refusé de parler de ce qui s'était passé.

Un mois plus tard, comme il mentionnait à Reverdil qu'il n'arrivait pas à dormir la nuit, ce dernier lui avait demandé de préciser l'origine de ses tourments. En larmes, Christian avait alors raconté qu'il était arrivé à la conclusion "qu'il était lui-même Mörl, et qu'il avait échappé aux mains de la Justice qui, par erreur, avait torturé et exécuté un fantôme. Cette manière d'essayer de ressembler à un supplicié et à un torturé emplissait son cerveau d'idées sombres et renforçait son penchant pour l'hypocondrie."

4

Reverdil revient régulièrement sur le rêve qu'il nourrit de voir les Lumières arriver lentement, furtivement, telle une aurore qui monte doucement au-dessus des eaux.

Un rêve d'inéluctabilité. Il semble avoir longtemps considéré l'évolution de l'obscurité vers la lumière comme inéluctable, douce, et dénuée de violence.

Puis il l'abandonne.

C'était avec une infinie prudence que Reverdil avait essayé de semer dans l'esprit du Successeur au trône quelques-unes des graines que, en tant qu'adepte des Lumières, il souhaitait voir germer. Quand, plein de curiosité, le garçon avait demandé s'il était possible pour lui de correspondre avec quelques-uns de ces philosophes qui avaient créé la grande *Encyclopédie* française, Reverdil lui avait répondu qu'un certain monsieur Voltaire, un Français, pourrait peut-être s'intéresser au jeune successeur au trône du Danemark.

Christian avait alors écrit une lettre à monsieur Voltaire. Il reçut une réponse.

Ainsi débuta la correspondance entre Voltaire et le roi aliéné Christian VII de Danemark, correspondance si étonnante aux yeux de la postérité, et surtout célèbre par le poème que Voltaire écrivit en 1771 en hommage à Christian dans lequel il est salué comme le prince de la Lumière et de la Raison du Septentrion. Poème qui lui parvint un soir à Hirschholm, alors qu'il était déjà perdu, mais qui le rendit heureux.

Voltaire avait joint à l'une de ses premières missives un livre dont il était lui-même l'auteur. Au cours de la promenade de l'après-midi, Christian – que Reverdil avait invité à maintenir sa correspondance secrète – avait montré à Reverdil ce livre qu'il avait lu sans retard, et il lui en avait cité un passage qui lui avait particulièrement plu, dans lequel il était question de "pire des folies" quand on pensait convertir des hommes et forcer leurs pensées à la soumission en les calomniant, les poursuivant et en les expédiant aux galères et en essayant d'anéantir leurs pensées en les traînant aux potences, aux roues de supplice et aux bûchers.

— Voilà ce que pense monsieur Voltaire ! s'était écrié triomphalement Christian. Voilà sa pensée ! Et il m'a envoyé le livre ! Son livre ! A moi !

Dans un murmure, Reverdil avait incité son élève à baisser la voix, sans quoi les courtisans marchant à quinze aunes derrière eux auraient pu se méfier. Christian avait alors immédiatement glissé le livre contre sa poitrine et, en chuchotant, il avait raconté que dans sa lettre, monsieur Voltaire racontait qu'il était en ce moment poursuivi en justice dans un procès concernant la liberté de penser ; et que, dès que lui, Christian, avait lu cela, sa première pensée avait été d'envoyer mille rixdales comme soutien à monsieur Voltaire dans son procès pour la liberté d'expression.

Il avait alors demandé à son précepteur si celui-ci partageait son opinion. S'il devait envoyer l'argent.

Après s'être maîtrisé et avoir contenu sa stupeur, Reverdil avait soutenu le Successeur au trône dans cette idée.

La somme fut effectivement envoyée par la suite.

Reverdil, profitant de l'occasion, avait demandé à Christian ce qui l'incitait à s'unir avec monsieur Voltaire dans le combat qu'il menait, combat qui n'était pas exempt de dangers. Une attitude de sa part que l'on pourrait mal interpréter, et pas seulement à Paris.

— Pourquoi ? avait demandé Reverdil. Quelle raison vous motive ?

Et Christian avait alors répondu très simplement, étonné même :

— Mais pour la pureté !!! Quoi d'autre ? Pour l'assainissement du Temple !!!

Reverdil écrit que cette réponse l'emplit de joie, ternie néanmoins de mauvais pressentiments.

Le soir même, il semblait obtenir la confirmation de ses craintes.

Il était dans sa chambre quand un vacarme inhabituel lui parvint de la cour du château, un bruit comme de meubles que l'on brise, et des cris. Auquel s'ajoutait un bruit de verre brisé. Il se précipita dehors pour y trouver une foule qui avait déjà commencé à se rassembler. Il courut alors à l'appartement du prince et y découvrit que Christian, dans un accès de confusion, avait brisé des meubles du salon jouxtant sa chambre, et en avait jeté les morceaux par la fenêtre. Il y avait du verre brisé partout, et deux des "favoris", comme on appelait certains des courtisans, essayaient en vain de calmer le Successeur au trône et de lui faire cesser ces "extravagances".

Christian n'arrêta cependant de jeter les meubles par la fenêtre que quand Reverdil s'adressa à lui d'une voix forte et suppliante.

— Mon enfant, dit Reverdil, mon enfant bien-aimé, mais pourquoi fais-tu tout cela ?

Christian le regarda alors en silence, comme s'il ne comprenait pas pourquoi Reverdil pouvait poser une question pareille. Alors que tout était évident.

Le confident de la reine douairière, un professeur de l'Académie de Sorø nommé Guldberg, en poste comme professeur et aide-malade de Frédéric, le prince héritier, un homme aux yeux d'un étrange bleu de glace mais sans autres qualités particulières, et d'une stature insignifiante, arriva à cet instant en courant dans la chambre, et Reverdil eut juste le temps de chuchoter au prince :

— Pas de cette manière, mon cher enfant ! Pas de cette manière !!!

Le garçon était calme maintenant. Dans la cour du château, on commençait à rassembler les débris des meubles.

Ensuite, Guldberg prit Reverdil par le bras, demandant à lui parler. Ils se rendirent dans un couloir du château.

— Monsieur Reverdil, dit Guldberg. Sa Majesté a besoin d'un médecin personnel.

— Pourquoi cela ?

— Un médecin personnel. Nous devons trouver quelqu'un qui puisse gagner sa confiance et empêcher ses… éclats.

— Et qui ? demanda Reverdil.

— Il nous faut chercher, répondit Guldberg. Nous devons chercher soigneusement, pour trouver la personne parfaitement adéquate. Pas un Juif.

— Mais enfin, pourquoi ? demanda Reverdil.

— Parce que Sa Majesté est folle, lui dit Guldberg.

Et à ceci Reverdil ne sut rien répondre.

5

Le 18 janvier 1765, le conseiller Bernstorff annonçait au jeune successeur au trône que, dans son conseil du mardi, et après presque deux années de négociations avec le gouvernement anglais, le gouvernement avait décidé de le marier à la princesse anglaise Caroline Mathilde, âgée de treize ans et sœur du souverain anglais George III.

Le mariage serait célébré en novembre 1766.

A cette annonce du nom de sa promise, Christian fut saisi de son agitation physique habituelle, se tapota la peau du bout des doigts, tambourina sur son ventre et remua ses pieds spasmodiquement. Puis il demanda :

— Devrai-je pour cette occasion apprendre des mots ou des répliques particulières ?

Le comte Bernstorff ne comprit pas entièrement le sens de la question, et il répondit avec un sourire aimable :

— Rien que ceux de l'amour, sire.

Lorsque Frédéric fut décédé, et Christian béni, l'éducation sévère cessa. Le nouveau roi était prêt. Il était désormais en mesure d'exercer le plein pouvoir de souverain.

Il était prêt. Il pouvait endosser son nouveau rôle. Il avait seize ans.

Reverdil l'avait accompagné au chevet de son père mourant, avait assisté à la bénédiction, et avait ensuite raccompagné Christian. Tous deux étaient restés longtemps ensemble dans la cour du château, main dans la main, sous les flocons de neige qui dansaient, jusqu'à ce que les pleurs du garçon se calment.

L'après-midi même, Christian avait été proclamé roi Christian VII.

Reverdil se tenait en retrait sur le balcon. Christian, cette fois encore, avait voulu lui tenir la main, mais Reverdil lui avait rappelé que ç'aurait été inconvenant, et contraire à l'étiquette. Pourtant, avant de sortir sur le balcon, Christian, qui tremblait maintenant de tout son corps, avait demandé à Reverdil :

— Quel sentiment dois-je exprimer, maintenant ?

— Le chagrin, avait répondu Reverdil, puis la joie de recevoir les hommages du peuple.

Mais Christian s'était embrouillé, il avait oublié le chagrin et le désespoir, et il avait constamment affiché un sourire rayonnant et tenace, en agitant le bras pour saluer le peuple.

Beaucoup l'avaient mal pris. Le nouveau roi n'avait pas affiché le chagrin qui s'imposait. Questionné là-dessus plus tard, il avait été inconsolable ; il disait avoir oublié sa première réplique.

Chapitre 3

LA PETITE ANGLAISE

1

La reine choisie pour Christian s'appelait Caroline Mathilde. Elle était née le 22 juillet 1751 à Leicester House, à Londres, et elle n'avait aucune qualité.

C'était l'opinion qu'on avait d'elle. Elle allait cependant jouer un rôle capital dans les événements, ce que personne n'aurait pu pressentir, et qui fit la consternation de tous, puisque l'on avait été communément d'avis qu'elle n'avait aucune qualité.

Par la suite, tout le monde fut d'accord pour dire qu'il était malheureux qu'elle en ait eu. Si, dès le début, on avait fait le bon jugement, à savoir qu'elle avait des qualités, la catastrophe aurait pu être évitée.

Mais comment aurait-on pu deviner ?

Sur un carreau de la fenêtre de sa chambre, au château de Frederiksberg, on trouva, après qu'elle eut quitté le pays, une devise gravée, qu'on supposa avoir été écrite par elle lors de ses premières journées au Danemark. Elle avait écrit : *"O keep me innocent, make others great."* La grandeur ne l'intéressait pas, elle préférait conserver son innocence.

Elle arriva à Copenhague le 8 novembre 1766, et elle était la plus jeune sœur du roi d'Angleterre George III qui, en 1765, en 1788 et 1801, eut de sérieuses crises de démence, mais qui durant toute sa vie resta scrupuleusement fidèle à son épouse

Charlotte de Mecklenburg-Strelitz, et dont la petite-fille allait devenir la reine Victoria.

Le père de Caroline Mathilde était mort deux mois avant la naissance de celle-ci ; elle était la plus jeune d'une fratrie de neuf, et la seule trace historique, elle mise à part, que son père ait laissée est le portrait que le roi George II d'Angleterre fit de ce fils. "Mon cher fils premier-né est le pire trou du cul, le pire menteur, la pire canaille et la pire des brutes que compte ce monde, et je souhaite de tout mon cœur qu'il en disparaisse." Sa mère était d'un caractère dur et fermé, raison pour laquelle son seul amant fut le précepteur du fils aîné, Lord Bute. Profondément croyante, accaparée par ses devoirs religieux, elle gardait les neuf enfants strictement coupés du monde dans son foyer, décrit comme "un couvent". On ne permettait à Caroline Mathilde de mettre un pied dehors qu'en de très rares occasions, et dans ce cas uniquement sous étroite surveillance.

Après les fiançailles, l'ambassadeur du Danemark, qui était passé la voir et avait obtenu l'autorisation de lui parler quelques minutes, rapporta qu'elle paraissait timide, avait une carnation magnifique, de longs cheveux blonds, de beaux yeux bleus, des lèvres charnues même si l'inférieure était un peu trop épaisse, et aussi qu'elle possédait une voix mélodieuse.

A part cela, il s'attache surtout à l'entretien avec la mère, qu'il qualifie "d'aigre".

Reynolds, le peintre de la cour anglaise, qui réalisa le portrait de Caroline Mathilde avant son départ, est le seul à avoir témoigné de qualités qu'elle ait pu avoir à cette époque. Il mentionne la difficulté qu'il eut à peindre son portrait, parce qu'elle pleurait sans arrêt.

Tels sont donc les seuls traits négatifs que l'on puisse donner de l'époque du départ : une lèvre inférieure un peu trop charnue, et des pleurs continuels.

A l'annonce de ses fiançailles, Caroline Mathilde fut terrorisée.

Elle n'existait qu'en tant que sœur du roi d'Angleterre, pensait-elle, d'où cette devise qu'elle avait inventée : *"O keep me innocent, make others great."*

A part cela, elle passait son temps à pleurer. Elle était quelque chose : la sœur, à part cela elle n'était rien. Elle n'existait pas, jusqu'à l'âge de quinze ans. Plus tard, elle ne permit à personne d'en savoir plus sur ses premières années : sinon que l'annonce qu'elle allait entamer une relation amoureuse avec le jeune roi danois l'avait littéralement assommée. Elle avait grandi dans un couvent. Sa mère avait décidé cela nécessaire. La fornication ordinaire de la Cour n'était pas pour elle, puisqu'elle était élue. Elle n'avait cependant pas compris si cela était pour quelque chose de grand, ou de petit.

Elle avait néanmoins parfaitement compris qu'elle était devenue une reproductrice. Elle allait doter cet étrange petit pays, le Danemark, d'un roi. Il était donc nécessaire qu'elle soit saillie. A la cour d'Angleterre, on s'était renseigné sur la personne de ce taureau danois. Puis on le lui avait communiqué. Elle savait que le taureau qui allait la saillir était un garçonnet fragile ; elle avait vu un portrait de lui. Il avait l'air agréable. Pas l'air d'un taureau. Le problème, lui avait-on dit, était qu'il était très probablement fou.

S'il n'avait pas été un souverain élu de Dieu, il aurait été enfermé.

La folie des princes du Danemark était de notoriété publique. Elle avait vu David Garrick dans le rôle de *Hamlet* au théâtre de Drury Lane. Elle était cependant désespérée d'être justement celle à qui ça arrivait.

A l'automne 1765, la première dame d'honneur, Mme von Plessen, était arrivée en Angleterre pour la préparer. A en croire sa lettre d'accréditation, cette personne était intègre. Mme von Plessen l'avait affolée en annonçant d'emblée, sans qu'on lui ait rien demandé, que tout ce qui avait été dit au sujet du successeur au trône danois n'était que mensonges et calomnies. Les "excès" du futur monarque n'étaient qu'inventions. Il ne brisait ni meubles ni fenêtres. Son humeur était constante et stable. Ses sautes d'humeur n'avaient rien d'effrayant. Personne n'ayant demandé cette mise au point, les renseignements étaient inutiles, et la jeune fille en fut évidemment terrorisée.

Secrètement, elle se considérait comme disposant de qualités.

Au cours de la traversée pour le Danemark, elle n'arrêta pas de pleurer. Aucune de ses femmes de chambre n'eut le droit de l'accompagner au-delà d'Altona. On estimait qu'elle comprendrait mieux l'esprit danois, et la langue danoise, si elle leur était confrontée de manière directe.

La princesse, la future reine danoise, c'est-à-dire la petite Anglaise qui avait été choisie, s'appelait Caroline Mathilde. A son mariage, elle n'avait que quinze ans. Son frère, le roi d'Angleterre qu'elle aimait et admirait, la supportait mais n'arrivait pas à se souvenir de ses prénoms. Il la trouvait charmante, farouche, dépourvue de volonté, et pratiquement invisible. C'était pour cette raison qu'on avait décidé de la marier au roi danois, puisque après la "Guerre des empereurs", au XVIIe siècle, du temps où le Danemark avait été gouverné par Christian IV, continuellement ivre, le pays avait totalement perdu son influence internationale, de même que la plus grande partie de son territoire. A la cour d'Angleterre, on disait de Christian IV que, chaque fois qu'il se croyait trompé par son épouse, il sombrait dans la mélancolie. Elle le trompait souvent, creusant sa mélancolie. Pour guérir de son chagrin et de sa fébrilité, il lançait alors chaque fois une guerre qu'il perdait avec la même régularité.

La réduction constante du pays était par conséquent due à l'appétit sexuel insatiable de l'épouse. Situation caractéristique du royaume du Danemark, que l'on devait donc considérer comme insignifiant.

Voilà ce qu'on lui racontait. Du fait de la mélancolie répétitive du roi, le Danemark était devenu très petit. La faiblesse du pays sur le plan international, qui perdurait depuis, expliquait que la reine que l'on se procurait pouvait être insignifiante et dépourvue de qualités.

Elle avait compris cela. Elle avait aussi progressivement acquis la certitude que son avenir, dans ce pays nordique qu'on décrivait comme la maison d'un fou, n'était pas brillant. Elle pleurait donc sans arrêt. Ses pleurs étaient une qualité. Ils n'inquiétaient personne. Diverses opinions circulaient sur son intelligence. Mais, fondamentalement, on estimait qu'elle manquait de volonté. De caractère aussi, peut-être. Le rôle qu'elle allait jouer plus tard à l'occasion des événements liés à la révolution danoise emplit par conséquent tout le monde de stupeur, et de consternation.

Elle devint alors une autre. De la manière la plus inattendue. Au moment du mariage, elle était cependant encore celle qui n'avait ni caractère ni volonté.

Jeune, elle semble avoir nourri un rêve de pureté. Ensuite, elle grandit de manière surprenante.

Le rêve était tout à fait normal pour une femme sans qualités, de même qu'elle considérait qu'il y avait antagonisme entre innocence et grandeur, et choisissait la première. Ce qui les effraya tous plus tard fut qu'elle devint une autre alors qu'on l'avait déjà cataloguée comme dépourvue de volonté et de qualités.

O keep me innocent, make others great.

3

Elle fut menée d'Angleterre au Danemark ; après un pénible voyage en mer de six jours, elle arriva à

Rotterdam, puis le 18 octobre à Altona, où sa suite anglaise au complet prit congé d'elle.

A Altona, la délégation danoise prit la princesse en charge. A la suite de quoi, elle fut conduite en voiture à cheval à travers le Schleswig et la Fionie "tout au long saluée avec un enthousiasme délirant" par la population commise d'office, et arriva le 3 novembre à Roskilde, où elle devait pour la première fois rencontrer le roi Christian VII du Danemark.

A cette fin, on avait élevé sur la place un pavillon de verre pourvu de deux portes. Les jeunes amoureux devaient entrer chacun par une porte et se diriger vers le centre, se rencontrer là, et s'y voir pour la première fois. Dans la maison d'un commerçant située juste à côté du "palais de glace" – comme on allait improprement l'appeler durant les quelques semaines de son existence – les préparatifs pour la future reine étaient achevés ; ceux-ci ayant pour but d'apaiser la princesse. La première dame d'honneur, Louise von Plessen, responsable de la délégation de prise en charge, s'était efforcée de faire cesser les larmes de la petite Anglaise (l'expression "la petite Anglaise" était désormais adoptée par tous à la cour du Danemark) et l'avait conjurée de ne pas exposer cette frayeur en public.

Elle avait répondu que la frayeur qu'elle ressentait n'était ni de la cour danoise ni du roi, mais de l'amour. La question lui étant posée, elle s'avéra incapable de faire la distinction entre ces trois éléments : la Cour, le roi et l'Amour, tous trois étant confondus dans son imaginaire pour être unis sous le mot de "frayeur".

Mme von Plessen avait été obligée de répéter en détail tous les gestes cérémoniels de la princesse, comme si l'apprentissage même de ces détails allait calmer la petite.

Très calmement, elle s'était adressée à la petite âgée de quinze ans et en larmes. Allez à petits pas lents vers Sa Majesté, avait-elle conseillé. Gardez les yeux baissés, comptez quinze pas, puis levez les yeux, et regardez-le. Il serait bon alors d'afficher un petit sourire timide mais heureux, avancez encore de trois pas, arrêtez-vous. Je serai derrière vous, à cinq aunes en retrait.

La petite avait alors hoché la tête en pleurant, et au milieu de ses sanglots répété en français :

— Quinze pas. Un sourire heureux.

Pour son accession au trône au début de l'année, le roi Christian avait reçu de la part de son précepteur Reverdil un chien, un schnauzer, auquel il allait petit à petit s'attacher profondément. Il devait arriver à Roskilde, pour la rencontre avec la petite Anglaise, en voiture, avec une grande suite, directement de Copenhague.

Dans la calèche du roi, à part Christian, se trouvait un ancien professeur de l'Académie de Sorø nommé Guldberg, le précepteur du roi, Reverdil, ainsi qu'un courtisan du nom de Brandt, qui allait jouer un rôle important lors des événements ultérieurs. Guldberg, qui en des circonstances normales n'aurait pas eu sa place dans la voiture du roi, compte tenu de son importance encore trop négligeable à la Cour, se trouvait là pour des raisons qui ressortiront plus bas.

Dans la voiture voyageait aussi le chien, constamment blotti sur les genoux de Christian.

Guldberg, très versé en littérature classique, avait en effet rédigé, en vue de cette rencontre, une déclaration d'amour, basée sur des passages d'une tragédie de Racine, et il avait en voiture donné ce que Reverdil appelle dans ses Mémoires "les dernières instructions apaisantes avant la rencontre amoureuse".

Commencez avec vigueur, avait dit Guldberg à Sa Majesté, qui paraissait totalement absente ou presque, et serrait désespérément le petit chien dans ses bras. Dès la première rencontre, la princesse doit saisir la puissante passion de Sa Majesté. Du rythme ! "Devant le dieu de l'amour je m'incline… devant le dieu de l'amour je M'INCLINE…" Du rythme ! Du rythme !

L'atmosphère dans la voiture était oppressante, et les tics et mouvements corporels du roi étaient par moments devenus plus incontrôlés que jamais. A l'arrivée, Guldberg avait laissé entendre que le chien ne pouvait pas participer à la rencontre d'amour des deux altesses et devait être laissé dans la voiture. Christian avait commencé par refuser de lâcher le chien, mais il y avait ensuite été contraint.

Le chien avait gémi et, plus tard, on l'avait vu aboyant furieusement à la fenêtre de la calèche. Reverdil écrit que l'instant avait été "l'un des moments les plus angoissants de sa vie. Sur la fin, le garçon paraissait si apathique qu'on aurait dit qu'il avançait comme dans un rêve."

Le mot "frayeur" revient souvent. En fin de compte, la princesse Caroline Mathilde et son fiancé Christian VII avaient cependant presque tout fait à la perfection.

Un orchestre de chambre avait été installé à côté du pavillon de verre. La lumière du soir était très belle. La place autour du pavillon pleine de milliers de personnes, maintenues en retrait par deux rangs de soldats.

En parfaite simultanéité, et accompagnés par la musique, les deux jeunes altesses étaient entrées par les portes. Elles s'étaient approchées l'une de l'autre exactement comme l'avait préconisé le cérémonial. Lorsqu'elles n'avaient été qu'à une aune et demie l'une de l'autre, la musique s'était tue. La princesse n'avait pas cessé de regarder Christian, mais avec un regard qui semblait sans vie, ou comme si – elle aussi – avançait dans un rêve.

A la main, Christian tenait le poème, écrit sur une feuille de papier. Quand ils furent immobiles l'un en face de l'autre, il dit :

— Je voudrais maintenant vous faire part de mon amour, très chère princesse.

Il attendit ensuite un mot de sa part, mais elle ne faisait que le regarder, sans rien dire. Les mains de Christian tremblaient mais il finit par réussir à se maîtriser, puis il lut la déclaration d'amour de Guldberg qui, comme son modèle littéraire, était en français :

Devant le dieu de l'amour je m'incline où que j'aille,
Sous l'effet de sa puissante emprise je défaille,
Devant votre pure beauté je reste misérable.
En votre absence même votre image est durable,
Au fond des bois obscurs elle est là, elle me suit.
Sous les feux du jour, dans les ténèbres de la nuit,
Mon amour est flambeau qui jamais ne faiblit.
Enfin je vous contemple et mon amour grandit.

Elle fit alors un geste de la main, peut-être par inadvertance ; mais il comprit cela comme une invitation à terminer. Il interrompit donc sa récitation et l'interrogea du regard. Au bout d'un moment, elle dit :

— Merci.

— Cela suffit peut-être, chuchota-t-il.

— Oui, cela suffit.

— Ces mots étaient destinés à vous assurer de ma passion, dit-il.

— Je nourris une passion identique pour vous, sire, chuchota-t-elle en remuant les lèvres de manière presque imperceptible. Son visage était extrêmement pâle, ses larmes étaient poudrées et son visage paraissait blanchi à la chaux.

— Merci.

— Pouvons-nous dès lors clore la cérémonie ? demanda-t-elle.

Il s'inclina. Sur un signe du maître des cérémonies, la musique reprit, et les deux fiancés, terrorisés mais avec des mouvements impeccables, s'avancèrent alors vers la cérémonie plus importante que représentaient les hommages, l'arrivée à Copenhague, la noce, leur bref mariage, et la révolution danoise.

Le 8 novembre, à sept heures trente, le jeune couple entra dans l'église du château à Copenhague, où eut lieu la célébration solennelle du mariage. Les festivités se poursuivirent durant six jours. "D'infinis espoirs grandissent autour de la charmante reine anglaise", écrit l'envoyé anglais dans son rapport à Londres.

On estimait son comportement parfait.

Aucun reproche à l'égard de Christian. Aucun éclat, aucun pas de travers. Le chien ne participa pas à la cérémonie du mariage.

4

Dans sa très grande confusion, Christian interprétait la vie à la Cour comme un théâtre ; la représentation à laquelle il participait en compagnie de la jeune fille anglaise était aussi un tableau de mœurs. Dans cette pièce, il était question de dépravation, ou "d'intégrité", comme disait Christian ; mais ce qui suscitait la débauche, était-ce la piété, ou bien l'ennui ?

Ah, la volupté que l'on trouve dans les descriptions contemporaines de la débauche et de l'ennui à cette Cour ! Ce monde refermé sur lui-même de courtisans, de maîtresses, de putains, de bals masqués, ces intrigues visant titres et rentes mais surtout pas du travail, cette danse étirée à l'infini d'intrigues invraisemblables s'enchaînant les unes les autres, et qui pour la postérité ne sont visibles que dans leurs textes officiels : en l'occurrence des lettres bienséantes et cultivées, parfaites dans la forme, en français bien sûr, et réunies dans de jolis volumes. On a là la description de la manière parfaitement naturelle dont les acteurs de cette maison de fous jouèrent de leurs invraisemblances, c'est-à-dire de l'ennui et de la débauche.

Du coup, aux yeux de la postérité, les éclats et les étranges agissements de Christian le roi fou semblent tout naturellement prendre leur place dans les scènes de la maison de fous.

Piété, débauche et individus brisés se rejoignaient immanquablement.

On se tracassait beaucoup pour la vie sexuelle de Christian.

Ce qui revient fréquemment est une explication, très particulière pour l'époque, de la mélancolie de Christian, de ses étranges crises de fureur, de ses inexplicables accès de désespoir et de ses périodes d'apathie qui finissaient par durer des journées entières. Dès ses treize ans, il avait été initié par un favori dénommé Sperling, qui ensuite disparaît de l'histoire, à un vice qui paralysait sa volonté et était la cause de sa maladie mentale et de l'affaiblissement de ses forces physiques. Le vice revient dans tous les témoignages de l'époque, rarement décrit en termes directs, mais quelques témoignages osent néanmoins franchir le pas : ce vice est la masturbation.

La manière maniaque qu'avait Christian d'atténuer sa mélancolie par ce vice affaiblit lentement sa colonne vertébrale, attaqua son cerveau et contribua à la tragédie à venir. En se masturbant frénétiquement pendant des heures, il essayait de faire apparaître une cohérence, ou d'écarter sa confusion. Mais cela ne semblait pas suffire. L'arrivée de la petite Anglaise avait plutôt empiré la situation.

Quelque chose s'était cassé maintenant. Il paraissait incapable de savoir que faire.

Les notes de Reverdil expriment du chagrin, mais autre chose aussi. "Je finis par m'apercevoir que ce que j'appelais «éducation» dans son monde imaginaire était constitué de ces expériences destinées à «endurcir» et qui devaient l'aider à faire des «progrès». Elles consistaient principalement en une révolte envers tout ce qui avait été sa jeunesse, peut-être aussi envers la Cour où il vivait. Il n'était aucune frasque, aucun excès, aucune violence dont il n'usait pas pour y arriver. Il englobait tout cela dans l'expression «être hardi», c'est-à-dire être dénué de préjugés, de dignité et de pédanterie. Je lui faisais alors valoir que sa tâche première était de remettre ce royaume sur pied. Le royaume dont il héritait était plus endetté et accablé d'impôts après quatre-vingt-cinq ans de paix qu'il ne l'aurait été après une guerre. Il devait, le conjurais-je, essayer de régler les dettes de l'Etat et de soulager les fardeaux du peuple, but qu'il pouvait atteindre en supprimant toutes les dépenses inutiles de la maison du roi, en réduisant l'armée, en libérant les paysans du Danemark et en adoptant une législation raisonnable favorisant la pêche, l'exploitation minière et forestière de la Norvège*."

La réponse était qu'il regagnait ses appartements pour s'y masturber. Il ne voulait pas rendre visite à la reine. Il n'éprouvait à son égard que de la frayeur.

Christian possédait de nombreux visages. L'un est éclairé par la frayeur, le désespoir et la haine. Un autre est penché, calme, au-dessus des lettres qu'il écrit à monsieur Voltaire, cet homme qui, selon ses propres déclarations, lui a appris à penser.

Enevoldt Brandt se trouvait dans la calèche royale se rendant à Roskilde.

Il avait appartenu au Cercle d'Altona, ce groupe d'adeptes des Lumières qui, au début des années 1760, se réunissait autour du comte Rantzau et du jeune médecin allemand Struensee.

Désormais, devenu arriviste, il se trouvait à Copenhague.

Il se sentait poussé par un impérieux besoin de plaire aux dames, et en même temps de faire carrière à la Cour, raison pour laquelle il était en quête du titre qui pourrait le mieux satisfaire ces deux envies. Dans une des lettres que, plus tard, Reverdil adressa à Voltaire, il dit à quel point la cour danoise

* La rupture de l'Union de Kalmar, en 1523, avait placé la Norvège sous domination danoise. Celle-ci allait durer pendant trois siècles. *(N.d.T.)*

était menée par un goût des titres sans équivalent ailleurs. “Il y a un dicton qui dit qu’en France on demande : Est-ce un homme instruit ? En Allemagne : Vient-il d’une bonne famille ? En Hollande : A combien s’élève sa fortune ? Mais, au Danemark, la question est : Quel est son titre ? Ici, et en tous domaines, la vie est empreinte de cette hiérarchie des titres. Quand on passe d’une pièce à l’autre, cela se fait par ordre de rang, tout comme quand on s’installe à table, les serviteurs changent les assiettes par ordre de rang. Si l’on rencontre un homme intelligent et compétent qui franchit la porte en dernier, et donc ne possède aucun titre, et qu’on demande qui il est, la réponse est : Il n’est rien. A cela s’ajoute que ceux qui sont quelque chose jouissent d’une haute considération, reçoivent d’importantes dotations sans rien avoir à faire, ils ne sont que des parasites qui surveillent leur place dans les rangs.”

Enevoldt Brandt, pourtant, se considérait comme un artiste. D’un naturel vif, jouant de la flûte, il réussit à conquérir le titre de Directeur du Théâtre et, plus tard, de “maître de plaisir”, c’est-à-dire ministre de la Culture, ainsi que de Grand Maître de la garde-robe, avec le droit de se faire appeler Excellence.

Contrairement à d’autres rôles, celui de ministre de la Culture comportait des tâches pratiques, par conséquent un pouvoir. Parmi ces tâches, celle de faire venir des troupes théâtrales françaises et d’organiser des divertissements et des bals masqués pour la Cour. Et, conséquemment, puisqu’il avait accès à elles, il pouvait exercer une influence sur les dames des troupes de théâtre, ce qui pour beaucoup devenait une raison majeure de favoriser les arts dramatiques.

“Maître de plaisir” était donc le titre le plus convoité.

Brandt, lui aussi, se souciait de la vie sexuelle du roi. Il faut ici savoir que cinq mois après le mariage de Christian VII avec Caroline Mathilde, aucune relation sexuelle entre les altesses n’avait encore eu lieu.

Toujours la frayeur.

A cette époque, Brandt avait organisé un tournoi équestre dans la cour du château. A cet effet, on avait bâti une tribune en bois, où les invités de la Cour avaient été placés par ordre hiérarchique. Des cavaliers en armure s'élançaient l'un contre l'autre sur leurs chevaux, et diverses joutes avaient été organisées.

L'un des jeux mettait en scène des lanciers qui se précipitaient vers des anneaux suspendus qu'il leur fallait embrocher de la lance. Les anneaux étaient suspendus par des cordes, et se balançaient, ce qui rendait plus difficile la tâche des concurrents.

L'un des concurrents échoua dans ses deux premières tentatives mais, dans la troisième, réussit à embrocher l'anneau. Il tournoyait triomphalement sur sa monture, la fit se cabrer, et brandit obliquement sa lance en l'air.

La reine était assise à côté du roi Christian. Enevoldt Brandt était assis derrière elle. Et, derrière le roi, était assis le précepteur Guldberg qui, au cours des derniers mois, semblait s'être étrangement approché du centre, mais qui, pour le moment encore, était sans importance.

Le couple royal avait regardé les concurrents avec des visages inexpressifs. Christian, qui en d'autres circonstances se serait sûrement réjoui des jeux, semblait paralysé de timidité et rebuté, du fait de la présence intime de la reine, assise seulement à cinq pouces de lui. Brandt se pencha et chuchota à l'oreille de la reine :

— Je me réjouis d'avance de l'instant où la royale lance sera aussi victorieuse.

La reine se leva immédiatement et se retira des lieux.

Plus tard, Guldberg demanda à Brandt ce qu'il avait dit. Brandt raconta la vérité. Guldberg ne lui fit aucun reproche, mais dit seulement :

— Dans sa grande angoisse et son intense confusion, Sa Majesté a besoin de soutien et d'aide.

Brandt perçut ces mots comme une indication, voire un conseil. Guldberg, pourtant, n'était qu'un homme insignifiant. Comment pouvait-on comprendre ces mots comme un conseil, donnés par quelqu'un d'aussi insignifiant ?

Brandt avait peut-être remarqué les yeux.

Le lendemain, la reine était assise sur une chaise dans le jardin royal.

Christian s'approcha lentement.

Comme il passait, sans dire un mot, rien qu'en s'inclinant légèrement, elle dit à voix basse :

— Christian ?

Il fit semblant de ne pas entendre.

D'une voix plus forte, presque comme un cri, elle répéta :

— Christian !!!

Il ne fit que hâter le pas.

De la frayeur, donc. Mais pas seulement.

Au cours de sa visite en Angleterre, Mme von Plessen avait eu un long entretien avec la mère de Caroline Mathilde. Elles s'étaient rendu compte qu'elles partageaient la même opinion sur différents sujets. La Cour était un foyer de peste. La dépravation y fleurissait. On se devait de protéger la pureté.

Au fil des mois, Mme von Plessen s'était prise d'une forte affection, voire d'une affection brûlante, pour la jeune fille. Une affinité mutuelle s'était tissée, renforcée par la froide attitude du roi. Mme von Plessen ne regrettait pas la froideur du roi. Au contraire, cela n'avait fait que renforcer l'affection que lui portait la reine, sa dépendance d'elle, peut-être même avec le temps, son amour.

Mme von Plessen avait mis au point à l'intention de la reine une stratégie destinée à "augmenter" l'amour du roi, et à briser l'inexplicable mur de froideur qui semblait désormais se dresser entre les deux époux. La reine devait se montrer inaccessible, et par là même attirer son amour. Un incident advenu cinq mois après l'arrivée de la reine au Danemark avait été décisif.

Un soir vers dix heures, Christian s'était rendu dans les appartements de la reine, ce qui avait surpris tout le monde, et avait expliqué qu'il souhaitait rencontrer la reine lors de son coucher.

L'intention n'était que trop évidente.

Mme von Plessen avait alors répondu que, présentement, la reine avait l'intention de jouer aux échecs avec elle, et que Christian devait attendre.

Elles avaient commencé leur partie d'échecs.

Christian avait alors fait les cent pas dans la pièce, l'air de plus en plus irrité, ce qui avait beaucoup amusé les deux femmes. A minuit, la partie terminée, et sur le conseil chuchoté de Mme von Plessen avec qui elle échangeait des sourires de conspiratrice, la reine avait dit qu'elle souhaitait une partie de revanche.

Mme von Plessen, arborant "un sourire triomphal", en avait informé le roi, sur quoi ce dernier, furieux, avait quitté la pièce en claquant la porte.

Durant quinze jours, le roi avait ensuite refusé de parler à la reine. Il détournait le regard quand ils se croisaient, et ne disait rien. La reine avait alors été saisie de désespoir, mais aussi de ressentiment à l'égard de Mme von Plessen.

C'est à la suite de cela qu'avait eu lieu l'incident dont parle Guldberg. La reine, apathique, allongée sur son lit. Demandant pourquoi Christian ne venait pas. Et exigeant de Mme von Plessen qu'elle disparaisse. Ensuite, la reine avait eu cette malheureuse conversation avec Guldberg à propos de délivrance, de calme et de vide débarrassés de la passion ; et elle s'était penchée vers lui de manière si provocante que ses seins à moitié dénudés, véritable offense criée sur lui, lui avaient permis de débusquer la luxure en cette petite Anglaise, de percevoir à quel point elle pouvait devenir dangereuse, et de comprendre que c'était là que se trouvait l'origine de la contagion du péché.

Il avait vu. La source était là.

5

Celui qui, pour finir, réussit à faire surmonter sa frayeur à Christian fut Reverdil.

Il avait demandé à Christian de dominer son aversion, et de faire preuve de dureté. Rien qu'une fois, pour faire taire les ragots, et pour prouver qu'il était un homme. Plus tard, le même jour, Reverdil avait vu Christian assis par terre, son chien devant lui, en grande conversation murmurée, comme pour lui faire part d'un problème important ; et le chien observait attentivement le visage de son maître.

Le soir même, Christian avait rendu visite à la reine dans sa chambre.

Il n'avait rien expliqué, mais elle avait compris.

Il avait accompli le coït les yeux fermés, comme enragé.

Désemparée, la reine essaya de caresser son dos frêle et blanc, mais, sans s'en soucier aucunement, il mena à bout la saillie. Neuf mois plus tard, elle mit au monde un fils, Frédéric.

Ce fut la seule fois où il lui rendit visite.

Chapitre 4

LA MAÎTRESSE DE L'UNIVERS

1

Les portraits d'eux qui existent de cette époque sont en partie trompeurs. Ces tableaux semblent montrer des adultes. Ils n'en étaient pourtant pas.

Lorsque, au printemps 1767, le conflit entre les royaux époux s'aggrava, Christian avait dix-huit ans, Caroline Mathilde quinze.

On oublie facilement qu'ils étaient des adolescents. Si les portraits étaient justes et fidèles, ils exprimeraient la peur, la frayeur, mais aussi l'incertitude, et le questionnement.

Rien de défini. Comme si tout était encore possible.

Mme von Plessen constituait un problème.

Quelque chose dans sa sollicitude exacerbée avait poussé la reine, dans un accès de colère, ou d'incertitude, à lui demander de disparaître. Mme von Plessen était pourtant la seule à se soucier d'elle. Quelle autre possibilité la reine avait-elle ? A part le silence, ou la rhétorique de la Cour, qui exprimait seulement que la reine était un objet. Mme von Plessen était quand même celle qui parlait, conseillait, se faisait du souci, écoutait.

Mme von Plessen constituait un problème, elle n'en était pas moins le seul être humain. Le conflit passager passé, elles retrouvèrent leur complicité de confidentes.

Un incident en apparence insignifiant, qui avait eu lieu trois semaines après la relation charnelle du roi avec la reine, allait cependant susciter une crise.

Voici les faits.

Un matin, Christian était entré chez la reine au cours de l'habillage de celle-ci. La reine était occupée – avec l'assistance de Mme von Plessen – à arranger un foulard de soie autour de son cou. Le roi avait alors fouiné dans le tissu "avec son visage", et appliqué ses lèvres contre son cou. Mme von Plessen s'était détournée, l'air pincé comme si elle assistait à une manifestation d'une impudicité de la pire espèce, et, à la reine qui affichait elle aussi un air fâché, elle avait signifié que l'attitude était inconvenante, avec pour résultat que maintenant le foulard était froissé.

Christian s'était senti humilié. La situation apparaissait comme puérile et risible, peu seyante à un monarque. On lui faisait des remontrances comme à un gamin. Son geste n'avait pas été prémédité, et cette manifestation d'amour avait paru beaucoup trop réfléchi pour être naturel.

Il s'était ridiculisé, et avait été réprimandé, comme un gamin. Il avait essayé de lui embrasser le cou. La chose avait tourné au pénible. Il était pénible. Mme von Plessen avait triomphé. De toute évidence, les deux femmes avaient agi en accord.

Devant ce qu'il considérait comme un affront, Christian était devenu fou de rage. Il avait attrapé le foulard, ou plutôt l'avait arraché à la reine, l'avait mis en pièces, et était sorti, exaspéré.

Voici donc ce qui avait été l'élément déclencheur. Encore une fois : ils avaient dix-huit et quinze ans.

Le lendemain, le roi fit savoir que la première dame d'honneur, Mme von Plessen, était tombée en disgrâce et qu'elle était bannie de la Cour, avec ordre de quitter immédiatement Copenhague. On veilla à ce qu'elle n'eût pas l'occasion de faire ses adieux à la reine.

Elle devrait résider à Celle.

La reine fut informée de ce bannissement le lendemain du départ précipité.

Saisie de rage, elle se précipita chez le roi, abreuva son époux d'injures furieuses. Christian fut une nouvelle fois pris de cette nervosité qui s'exprimait en mouvements saccadés des mains, en tics du visage et, bégayant, il lui expliqua qu'il soupçonnait Mme von Plessen d'être une femme mauvaise et perverse, qui vouait un amour contre nature à la reine. Cette dernière hurla qu'il s'agissait d'un mensonge, que d'ailleurs peu lui importait ce qui était naturel, peu naturel ou perversion chez son amie, surtout considérant la situation à cette Cour perverse, mais que Mme von Plessen était la seule personne à qui elle pouvait parler. La seule qui l'avait écoutée, et la seule qui lui avait parlé comme à un être humain vivant ordinaire.

La scène fut épouvantable. La reine, folle de rage, quitta Christian sans cesser un seul instant de l'invectiver. Durant les semaines qui suivirent, elle ne lui opposa que dédain et aversion.

Elle pleura beaucoup aussi par la suite. Elle refusait de manger, ne faisait que pleurer. Elle disait être particulièrement désespérée de ne même pas avoir pu prendre congé de son amie.

Elles allaient cependant se retrouver un jour, bien plus tard, à Celle.

2

A ceci, il faut ajouter l'épisode de Catherine-aux-Bottines. Cela commença le 4 mai 1767, tard le soir.

Elle s'appelait Anna Catharine Beuthaken, son beau-père était fabricant de bottines, d'où le surnom de Catherine. Un temps, elle avait été comédienne mais "partant de cette occupation, elle avait glissé sur le chemin du vice".

Elle était prostituée.

Plus grande que la moyenne, fortement charpentée, elle était dotée de formes très féminines. Quand Christian VII fit sa connaissance, elle avait vingt-quatre ans et était la personne "la plus réputée de Copenhague".

Sur des portraits, on voit un joli visage aux traits nettement négroïdes ; sa mère aurait été de sang créole. Dotée d'une forte volonté, elle s'était rendue célèbre par les coups qu'elle donnait à la moindre insulte, frappant ainsi des hommes qu'autrement aucune femme n'avait le courage d'affronter.

La crise entre les époux royaux était maintenant le sujet de conversation général à la Cour. Le roi semblait rechercher la solitude de manière peu naturelle ; il sombrait de plus en plus souvent dans la mélancolie, restait assis seul sur une chaise, contemplait le mur en marmonnant. Il était saisi d'accès de rage incompréhensibles, donnait des ordres capricieux, se montrait méfiant même à l'égard de ceux qui lui étaient le plus proches.

Il paraissait de plus en plus absorbé par les conversations avec son chien. S'adressant à l'animal, il parlait constamment de "culpabilité" et de "punition". Personne, pourtant, n'avait su deviner l'étrange punition qu'il allait s'imposer pour sa culpabilité.

Il se résigna à choisir celui qu'il aimait le plus : Reverdil.

Un jour, lors d'une représentation théâtrale, alors que le froid entre les deux jeunes époux, après le bannissement de Mme von Plessen, était devenu insupportable, Christian s'approcha de Reverdil, son ancien précepteur suisse, le prit dans ses bras et, les larmes aux yeux, lui dit à quel point il l'aimait, le tenait en estime et le comptait comme le plus proche de son cœur. Il lui tendit ensuite une lettre qu'il lui demanda de lire le soir même.

La lettre disait que Reverdil n'avait plus les faveurs du roi, devait immédiatement quitter la Cour et le service du roi, et qu'il n'était plus autorisé à résider au Danemark.

Parfaitement incompréhensible. Reverdil était à l'instant reparti pour la Suisse.

Le lendemain, Christian alla voir Caroline Mathilde dans ses appartements et lui raconta. Il s'assit sur une chaise à côté de la porte, garda les mains entre les genoux comme pour ne pas montrer ses sursauts et ses spasmes, et annonça qu'il avait chassé Reverdil. Puis il se tut, et attendit. La reine n'avait pas compris. Elle demanda simplement quelle en était la raison. Pourquoi avait-il agi ainsi à l'égard de Reverdil ?

Il répondit qu'il s'agissait de la punition. La punition de quoi ? demanda-t-elle.

Il ne fit que répéter qu'il s'agissait de la punition, et que la punition était nécessaire.

Elle le dévisagea, puis dit qu'il était devenu fou.

Ils restèrent ainsi relativement longtemps, en silence, chacun sur sa chaise dans la chambre de la reine, à se dévisager. Au bout d'un assez long moment, Christian se leva, et s'en alla.

L'acte était totalement incompréhensible. Rien n'avait changé dans leur relation. Elle ne comprit jamais la signification du mot "punition". La punition ne changea cependant rien.

3

Elle s'appelait Anna Catharine Beuthaken, dite Catherine-aux-Bottines, et elle était une prostituée. Le déséquilibre et la mélancolie du roi étaient un fait. Enevoldt Brandt et un courtisan nommé Holck, connu pour son intérêt pour le théâtre et les comédiennes italiennes, s'étaient alors dit que Catherine-aux-Bottines pourrait être une solution à la mélancolie du roi.

Ils décidèrent de la présenter à l'improviste, sans avoir au préalable parlé d'elle au roi. Ainsi, un soir, Brandt fit-il venir Catherine-aux-Bottines dans l'appartement du roi.

Elle était vêtue d'un costume d'homme, ses longs cheveux étaient teints au henné, et la première chose que Christian avait remarquée était qu'elle dépassait d'une tête les deux courtisans.

Il l'avait trouvée très belle, mais s'était mis à marmonner des murmures effrayés.

Il avait tout de suite compris ce qui allait se passer.

Sa notion du mot "virginité" était très floue. Il semble l'avoir confondue tantôt avec "pureté", tantôt avec "invulnérabilité".

Il considérait à cette époque que, à part l'expérience qu'il s'était octroyée en saillissant la reine, il était encore puceau. A la Cour, on causait beaucoup de cela, de l'inexpérience du "garçon" ; la rumeur allait bon train. Au cours de bals masqués, les dames, les nombreuses maîtresses et les cocottes invitées pour l'occasion, avaient souvent abordé le roi pour, sans hésiter, lui faire comprendre qu'elles se mettaient à sa disposition.

L'impression générale était qu'il avait été aimable, timide, mais aussi terrorisé à l'idée de mettre en pratique leurs propositions. On disait que son vice avait réduit sa virilité, et nombreuses étaient celles qui le regrettaient.

Cette fois, on lui amenait Catherine-aux-Bottines. Cette fois, c'était sérieux.

Brandt avait apporté du vin et des verres, et essayait en plaisantant d'alléger l'atmosphère tendue. Personne ne savait comment le roi allait réagir aux propositions qu'on n'allait pas tarder à formuler.

Catherine s'était approchée du lit, avait contemplé le roi calmement et, avec gentillesse, lui avait dit :

— Venez, maintenant, Votre Majesté.

Elle s'approcha lentement de Christian, commença à se déshabiller. Elle commença par sa veste, la laissa tomber par terre, puis ôta ses vêtements l'un après l'autre pour finalement se trouver toute nue devant l'altesse royale. Elle était rousse, avait des fesses rebondies, ses seins étaient gros, elle avait procédé à son déshabillage avec lenteur, systématiquement, et elle attendait maintenant, face à Christian qui ne faisait que la regarder fixement.

— Christian ? dit-elle d'une voix aimable. Tu n'as pas envie ?

L'intimité inattendue de ses paroles – elle venait de le tutoyer – avait choqué tout le monde, mais personne ne dit rien. Christian ne fit que se retourner, commença à se diriger vers la porte, mais se souvint sans doute alors qu'il y avait des gardes de l'autre côté. Il fit alors demi-tour et s'approcha de la fenêtre, dont les rideaux étaient tirés ; sa marche dans la pièce était totalement incertaine. Ses mains avaient une nouvelle fois commencé à faire ces mouvements picorants et fébriles, si caractéristiques de sa personne. Il tambourinait du bout des doigts sur son ventre, mais ne disait rien.

Un long moment de silence s'installa. Christian s'obstinait à fixer le rideau de la fenêtre.

Holck dit alors à Brandt :

— Montre-lui.

Brandt, légèrement hésitant, se mit d'une voix hachée à réciter quelque chose qu'il avait préparé mais qui maintenant, en la présence de Catherine, semblait déplacé.

— Sire, lorsque la reine, peut-être du fait de son jeune âge, hésite devant le saint sacrement auquel l'invite la royale verge, il convient de se remémorer plusieurs épisodes historiques. Le grand Paracelse, déjà, écrit dans son…

— Il ne veut pas ? l'interrompit Catherine sans fioritures.

Brandt s'approcha alors de Catherine, la prit dans ses bras et, avec une sorte de ricanement grinçant, il entreprit de la caresser.

— Mais, nom de Dieu, qu'est-ce que t'es en train de me faire, là ? s'exclama-t-elle.

Elle n'avait pas cessé de regarder Christian devant la fenêtre. Christian s'était retourné, et contemplait Catherine avec une expression qu'aucun des deux hommes ne sut interpréter.

— J'aimerais donc maintenant, profitant de l'objet ici présent, montrer à Sa Majesté comment la reine… si tant est qu'elle soit saisie de crainte devant la royale verge…

— Crainte ? répéta machinalement Christian, comme s'il ne comprenait pas.

— Présente-moi ton cul, dit Brandt à Catherine. Je vais lui montrer.

C'est alors, cependant, que Catherine, soudain et de manière totalement inexplicable, se dégagea, furieuse, et d'une voix sifflante dit à Brandt :

— Tu ne vois pas qu'il a peur ??? Laisse-le tranquille !

— Ta gueule, rugit Brandt.

Bien que plus petit qu'elle d'une bonne tête, il essaya de la forcer à s'allonger sur le lit, et entreprit de se déshabiller ; mais Catherine se retourna alors, furibonde, lança son genou violemment en avant et atteignit Brandt entre les jambes avec de telles adresse et précision qu'il s'effondra par terre en hurlant.

— Tu ne montreras rien du tout sur aucun foutu objet ! lui lança Catherine, fielleuse.

Brandt restait recroquevillé par terre, le regard plein de haine, essayant de prendre appui pour se relever ; c'est alors qu'ils entendirent tous Christian éclater de rire, fort, comme s'il était heureux. Après quelques secondes d'étonnement et d'hésitation, Catherine se joignit à son rire.

Elle et lui étaient les seuls à rire.

— Dehors !!! lança ensuite Christian aux deux courtisans. Disparaissez !!!

Ils quittèrent alors la pièce en silence.

Catherine-aux-Bottines hésita puis, au bout d'un moment, elle commença à se rhabiller. Quand son torse fut de nouveau couvert, mais que le bas de son corps restait encore nu, sa toison rousse exhibée, elle s'immobilisa, sans rien dire, et regarda fixement Christian. Puis, finalement, sur un ton qui soudain paraissait tout timide, bien différent de la voix qui s'était adressée à Brandt auparavant, elle dit au roi :

— Bon sang ! dit-elle. Tu n'as rien à craindre de moi.

Une expression de stupeur dans la voix, Christian dit :

— Tu… l'as… terrassé.

— Ben oui.

— Tu as… nettoyé… le Temple.

Elle lui jeta un regard interrogateur, puis s'approcha de lui, tout près, et elle lui toucha la joue de sa main.

— Le Temple ? demanda-t-elle.

Il ne répondit pas, n'expliqua rien. Il ne faisait que la regarder, et son corps tout entier tremblait toujours. Alors elle lui dit, à voix très basse :

— Rien ne t'oblige à accepter toute cette merde, Votre Majesté.

Il ne s'offusqua pas de son mélange de "tu" et de "Votre Majesté". Il ne fit que la dévisager, mais plus calmement maintenant. Les tremblements de ses mains cessèrent lentement, et il ne semblait plus empli de crainte.

— Tu n'as rien à craindre de moi, dit-elle. C'est de ces porcs que tu dois avoir peur. Ce sont des porcs. C'est bien, que tu aies dit à ces sales porcs de disparaître. C'est fort.

— Fort ?

Elle le prit alors par la main, et le mena doucement vers le lit, où ils s'assirent tous deux.

— Tu es très beau, dit-elle. Comme une petite fleur.

Il la dévisagea, profondément stupéfait.

— Une… fleur ?

Il se mit à sangloter, doucement, comme s'il avait honte ; pourtant, sans y prêter attention, elle entreprit lentement de le déshabiller.

Il n'essaya pas de l'en empêcher.

Elle retira les vêtements l'un après l'autre. Il ne l'en empêcha pas. Son corps semblait si petit, si frêle et fluet à côté de son corps à elle, mais il avait laissé cette chose arriver.

Ils s'allongèrent sur le lit. Longuement elle tint son corps dans ses bras, le caressa très doucement et, finalement, il cessa de sangloter. Elle recouvrit leurs deux corps rapprochés d'un édredon. Il s'endormit.

A l'approche du matin, ils firent l'amour, très doucement et, quand elle s'en alla, il dormait, comme un enfant heureux.

4

Deux jours plus tard, il essaya de retrouver Catherine, et la trouva.

Il se couvrit d'un manteau gris, et s'imagina qu'on ne pouvait le reconnaître ; il élimina de son esprit les deux soldats qui le suivaient constamment en retrait, même cette fois.

Il la trouva à Christianshavn.

Il s'était réveillé dans l'après-midi, après la première nuit avec Catherine, et était resté longtemps immobile dans son lit.

Il n'arrivait pas à déterminer ce qui s'était passé. Cela paraissait impossible à assimiler. Cette réplique était nouvelle pour lui.

Peut-être n'était-ce pas une réplique ?

Il avait l'impression de nager dans une eau chaude, comme s'il avait été un fœtus dans son liquide amniotique, et il savait qu'elle était à l'origine de cette sensation qui persistait. Compte tenu de la terreur, la saillie de la reine lui avait laissé l'impression d'être impur. Maintenant, il n'était plus "puceau" mais, à sa surprise, cela ne l'emplissait pas de fierté, non, il ne s'agissait pas de fierté. Il savait bien que la virginité, n'importe qui peut la perdre. Mais qui peut retrouver sa virginité ? Cette nuit, il avait retrouvé sa virginité. Maintenant, il était un fœtus. Il pourrait par conséquent renaître, peut-être oiseau, peut-être cheval, peut-être homme, et dans ce cas un paysan parcourant son champ. Il pourrait renaître à l'innocence. De ce liquide amniotique, il pourrait ressusciter. C'était le début.

Auprès de Catherine, il avait regagné la virginité qu'il avait perdue auprès de la reine.

Les instants où il se disait que la Cour était le monde, et que rien n'existait en dehors, ces instants l'avaient empli d'angoisse.

C'était alors qu'arrivaient les rêves sur le sergent Mörl.

Avant qu'il ait le chien, tout sommeil régulier lui avait été impossible ; une fois que le chien lui avait été offert, cela s'était amélioré. Le chien dormait alors dans son lit et, pour lui, il pouvait répéter ses répliques.

Le chien dormait, il répétait les répliques jusqu'à ce que la terreur s'évanouisse.

En dehors du monde de la Cour, c'était pire encore. Il avait toujours eu peur du Danemark. Le Danemark était ce qui existait au-delà des répliques. Dehors, il n'y avait pas de répliques à répéter, et ce qu'il y avait dehors n'avait aucun rapport avec ce qui se trouvait dedans.

Dehors, tout était d'une saleté invraisemblable, incompréhensible, et c'était si flou. Tout le monde semblait travailler, être affairé, ne pas observer de cérémonial ; il ressentait beaucoup d'admiration pour ce qu'il y avait dehors, et il rêvait de s'y réfugier. Dans ses lettres et ses écrits, monsieur Voltaire racontait comment ce devrait être dehors. Dehors, existait aussi quelque chose qu'on pourrait appeler bonté.

Dehors existait la plus grande bonté, et le pire mal, comme lors de l'exécution du sergent Mörl.

Mais, qu'il s'agisse de l'une ou de l'autre, on ne pouvait pas les apprendre par cœur.

Le manque de cérémonial l'attirait et l'effrayait à la fois.

Catherine avait été la bonté exclusive. Elle était exclusive parce qu'il n'y avait rien d'autre, et parce qu'elle l'incluait dedans, lui, et excluait tout le reste.

C'est pourquoi il essaya de la retrouver. Et pourquoi il la retrouva.

5

Il était arrivé, et elle lui avait servi du lait et des petits pains. C'était inexplicable.

Il avait bu le lait, et mangé un petit pain.

Comme une communion, avait-il pensé.

Non, la Cour n'était pas le monde entier, et il avait l'impression d'avoir découvert le paradis ; ce paradis qui se trouvait dans une petite chambre derrière le bordel du numéro 12 de Studiestræde.

C'était là qu'il l'avait retrouvée.

Pas de papiers peints, comme au château. Il y avait néanmoins un lit ; et, durant quelques instants qui lui avaient fait un peu mal, l'idée de ce qui s'était passé dans ce lit s'était présentée à son esprit, ainsi que ceux qui l'avaient utilisé ; comme des éclairs scintillants, identiques aux dessins que Holck lui avait montrés un jour et qu'il avait empruntés puis utilisés quand il pratiquait le vice ; le vice quand il se touchait lui-même la verge tout en contemplant les images. Pourquoi donc le Dieu tout-puissant lui avait-il donné ce vice ? Cela signifiait-il qu'il était du nombre des Sept ? Et comment celui qui était l'élu de Dieu pouvait-il être affecté d'un vice qui était bien pire péché que la fornication de la Cour ? Les images étaient passées en scintillant quand il avait vu le lit, mais il s'était rendu invulnérable, et elles avaient disparu.

Il ne pratiquait le vice que quand il était inquiet et qu'il pensait à la culpabilité. Le vice le calmait. Il avait jusque-là considéré le vice comme un moyen du Dieu tout-puissant de lui procurer le calme. Cette fois, les images s'étaient présentées, scintillantes, mais il les avait repoussées.

Catherine n'appartenait pas à ces images qui étaient vice et culpabilité.

Il avait vu son lit et les images avaient surgi, alors il s'était endurci. Catherine lui avait lancé un signe. Le lait et les petits pains étaient un signe. Quand elle le regardait, il se sentait de retour dans le liquide amniotique tiède et doux, débarrassé des images. Elle n'avait rien demandé. Ils s'étaient déshabillés.

Aucune réplique que l'on aurait pu oublier.

Ils avaient fait l'amour. Il avait grimpé sur elle, comme la mince tige blanche d'une plante sur son corps sombre. Il se souvenait bien de ces mots incompréhensibles qu'elle avait eus pour lui, quand elle avait dit qu'il était une fleur. Seule Catherine pouvait dire une chose pareille sans qu'il se mette à rire. Pour elle, tout était pur. En lui, et en elle ! même en elle !!! elle avait chassé les marchands d'impureté.

Elle était donc un temple.

Ensuite, tandis qu'il restait étendu sur elle, vide et transpirant, il se mit à chuchoter et à demander. Ai-je été fort ? demanda-t-il. Catherine, tu dois me dire si j'ai été fort, fort ??? Idiot, commença-t-elle par répondre, mais de cette manière qui le rendait heureux. Puis il demanda une nouvelle fois. Oui, mon chéri, dit-elle. Tais-toi, maintenant. Il faut que tu apprennes. Tu ne dois pas parler, pas parler. Est-ce que vous posez toujours autant de questions, au château ? Chut, dors maintenant. Sais-tu qui je suis ? demanda-t-il, mais elle se contenta de rire. Je suis ! Je suis ! un jeune paysan né il y a dix-huit ans à Hirshals de parents pauvres, et je suis un autre, un autre que celui que tu crois. Oui, oui, chuchota-t-elle. N'est-ce pas, que je ressemble à un jeune paysan, toi qui en connais tant ?

Un long moment elle ne dit rien.

— Oui, finit-elle par dire. Tu ressembles à un très jeune paysan que j'ai connu autrefois.

— Avant… ?

— Oui, avant d'arriver ici.

— Avant ?

— Avant d'arriver ici.

— Catherine, avant…

La sueur avait séché mais il restait allongé sur elle, puis il l'entendit chuchoter :

— Je n'aurais jamais dû l'abandonner. Jamais. Jamais.

Il commença à murmurer, de façon inintelligible pour commencer, puis de plus en plus nette et rageuse ; pas contre elle, mais contre cette chose : abandonner, ou était-ce contre être abandonné ? Comme il était difficile d'être pris pour un autre. Il murmura. Qu'il avait été échangé contre un autre, qu'il n'arrivait pas à dormir la nuit. Et le vice, et qu'une nuit il l'avait vue, elle, s'avancer vers lui dans le noir, tenant le sergent Mörl par la main, et que ce dernier exigeait que la grande punition soit réclamée par Christian.

Qui avait disparu.

— Sais-tu, demanda-t-il, juste avant que le sommeil l'emporte, sais-tu s'il existe quelqu'un qui règne sur l'univers et qui soit au-dessus du Dieu qui punit ? Sais-tu si existe un tel bienfaiteur ?

— Oui, dit-elle.

— Qui est-ce ? demanda-t-il, du fond du sommeil.

— C'est moi, dit-elle.

— Tu voudrais être mon bienfaiteur ? Et tu en as le temps ?

— J'ai le temps, chuchota-t-elle. J'ai tout le temps de l'univers.

Et il comprit. Elle était la Maîtresse de l'Univers. Elle avait le temps. Elle était le Temps.

Il était minuit passé quand les coups se firent entendre à la porte. La garde royale avait commencé à s'inquiéter.

Il se laissa rouler à côté du corps de Catherine. Les coups reprirent. Elle se leva, s'enveloppa dans un châle.

Puis elle lui dit :

— Tu es recherché. Fais-toi dur, maintenant, Christian.

Ils s'habillèrent rapidement tous les deux. Il s'arrêta devant la porte, comme si la terreur l'avait rattrapé, et qu'il était vaincu. Elle lui caressa alors la joue. Puis il ouvrit prudemment la porte.

Les deux serviteurs en livrée découvrirent avec une curiosité non dissimulée le couple mal assorti, saluèrent respectueusement le monarque, puis l'un d'eux se mit à rire.

La main de Catherine-aux-Bottines plongea alors presque imperceptiblement dans une poche, et un couteau très effilé apparut dans sa main puis, avec une rapidité qui les surprit tous, elle caressa doucement, comme si le couteau avait été une aile d'oiseau, la joue de celui qui avait trouvé quelque chose de comique dans la situation.

Le serviteur en livrée tomba à la renverse, resta assis. L'entaille était rouge clair et le sang coulait d'un flot régulier ; il poussa un hurlement de stupeur et de rage, puis porta la main à la poignée de son épée. Le roi Christian VII – car en cet instant tous quatre ne le considéraient qu'en ces termes, que comme le souverain élu de Dieu – s'était cependant mis à rire.

Alors, impossible d'utiliser l'épée ; pas quand il plaisait au roi de rire ainsi.

— Maintenant, Christian, dit calmement Catherine-aux-Bottines, maintenant nous allons peindre la ville en rouge.

Plus tard, on en dit beaucoup sur ce qui s'était passé. La volonté du roi signifiait la loi pour tous, et Catherine était devenue la reine de la nuit.

Elle le raccompagna jusque chez lui. Il était tombé, il était couvert de boue, et ivre mort. Une de ses mains était en sang.

Elle était toujours correctement habillée. Au portail, les gardes se rendirent compte que c'était le roi qui rentrait ; elle pouvait donc le confier à des mains sûres, et se retirer. Ils ne se préoccupèrent pas de savoir où elle allait mais, quand il s'aperçut qu'elle n'était plus là, Christian parut complètement désemparé.

Les gardes crurent l'entendre dire "mon amour… mon amour", mais, le temps passant, ils n'en furent plus aussi sûrs.

Ils le portèrent jusqu'à sa chambre.

6

Leur liaison dura près de sept mois. Il était persuadé qu'elle ne s'arrêterait jamais.

Celle-ci allait pourtant prendre fin.

Le tournant eut lieu au cours d'une représentation au Théâtre de la Cour de la comédie de Cerill intitulée *Le Jardin enchanté*. De plus en plus souvent, le roi avait fait venir Catherine-aux-Bottines aux bals masqués de la Cour. Elle partageait sa loge avec lui, ils jouaient au Pharaon – un jeu de cartes – au vu de tous et, ensuite, ils déambulaient parmi les gens de la Cour. Elle retirait alors son masque. Le roi tenait Catherine par la taille et ils riaient et parlaient entre eux.

La Cour était en état de choc.

Le problème n'était pas tant l'existence d'une cocotte parmi eux. C'était le soupçon naissant que cette femme, si elle était acceptée comme maîtresse du roi, ne se contenterait pas d'user de son influence sur Sa Majesté au lit, mais qu'elle allait nourrir des ambitions plus grandes et plus dangereuses.

Elle leur riait franchement au nez.

Cette haine qui les effrayait tant ! Quelle vengeance était-elle en train de ruminer, quelles iniquités cachait-elle derrière son silence et son sourire, qu'avait-elle vécu qui motivait cette haine ?! Cela faisait peur à tout le monde. Qu'est-ce qui brillait dans ses yeux, quand elle marchait parmi eux, enlacée par le royal petit garçon ?

C'était quoi, ce que promettaient ses yeux ?

La reine douairière Juliane Marie – marâtre de Christian, mais qui aurait bien aimé que son propre fils Frédéric héritât du trône – avait vu, elle, ce que promettaient ces yeux. Elle convoqua Ove Høegh-Guldberg pour une délibération – comme elle l'indiqua dans son message – concernant une affaire de la plus extrême urgence.

Elle lui avait fixé rendez-vous dans l'église du château. Le choix de l'endroit avait surpris Guldberg mais, comme il l'écrit, “sans doute Son Altesse royale avait-elle souhaité la plus grande discrétion, celle-ci ne pouvant être obtenue que sous l'œil vigilant de Dieu”. A son arrivée, Guldberg trouva l'église vide, hormis une personne solitaire assise au tout premier rang.

Il s'avança. Il s'agissait de la reine douairière. Elle l'invita à s'asseoir.

Le problème s'avéra être Catherine-aux-Bottines.

Avec une précision étonnamment crue, et dans un langage auquel il ne se serait pas attendu, elle lui exposa rapidement le problème.

— Mes informations sont confirmées. Il la retrouve pratiquement chaque soir. Le fait est de notoriété publique à Copenhague. Le roi, et avec lui toute la maison royale, est devenu la risée de tous.

Guldberg ne bougeait pas, contemplant la croix et le martyre du Sauveur.

— J'en ai aussi entendu parler, répondit-il. Vos informateurs, Votre Grâce, semblent malheureusement correctement informés.

— Je vous demande d'intervenir. La jeune épouse ne reçoit rien du sperme royal.

Il n'en crut pas ses oreilles, mais elle venait réellement de prononcer ces mots, puis elle continua :

— La situation est grave. Il répand son sperme royal dans le sexe souillé de Catherine-aux-Bottines. Le fait n'a rien d'extraordinaire. Mais le roi se doit aussi de saillir la reine. On dit que cela s'est fait une fois, ce n'est pas suffisant. La succession du pays est en danger. La succession du pays.

Il la regarda, cette fois, et dit :

— Mais votre propre fils... pourrait alors lui succéder...

Elle ne répondit pas.

Tous deux savaient à quel point cela était impossible. Ou bien ne s'en rendait-elle pas compte ? Ou ne voulait-elle pas savoir ? Son fils unique, le prince héritier, le demi-frère du roi, avait le corps déformé, sa tête était pointue et tordue. Les âmes bienveillantes le considéraient comme influençable, d'autres le tenaient pour irrémédiablement débile. Dans une lettre à George III, l'envoyé anglais avait décrit son apparence physique. "Sa tête était difforme, il buvait en bavant de tous les côtés et, quand il parlait, il proférait d'étranges petits grognements, arborant sans cesse un sourire comme ceux qu'ont les idiots." C'était cruel, mais vrai. Tous deux le savaient. Guldberg était son précepteur depuis six ans.

Il connaissait aussi le grand amour de la reine douairière pour ce fils difforme.

Il l'avait vue tout excuser du fait de cet amour, mais souvent aussi il l'avait vue pleurer. Que ce pauvre être difforme, "le Monstre" comme on l'appelait parfois à la Cour, puisse devenir le roi du Danemark, cette mère, en dépit de tout son amour, ne pouvait quand même pas le croire ?

Rien ne lui permettait d'en être sûr.

Mais ce qu'elle avait dit d'autre ! Tout ce qu'elle avait dit par ailleurs était fondamentalement si étrange qu'il n'avait pas la force de répondre. L'indignation devant le sperme royal gaspillé était étonnante : la reine douairière Juliane Marie avait vécu mariée à un roi qui avait répandu son royal sperme dans pratiquement toutes les putains de Copenhague. Elle ne l'ignorait pas. Elle l'avait supporté. Ce roi-là aussi avait été forcé de la saillir, elle, et elle s'y était obligée. Elle avait supporté cela. Et elle avait mis au monde un fils débile, un pauvre enfant la bave à la bouche qu'elle aimait.

Non seulement elle avait "enduré" la malformation de son fils. Elle l'avait aimé.

— Mon fils, finit-elle par répondre de sa voix nette et métallique, ferait certainement un meilleur monarque que ce… dérangé et débauché… mon fils serait… mon fils adoré serait…

Brusquement, elle ne dit plus rien. Elle demeura muette. Tous deux restèrent longuement silencieux. Puis elle se maîtrisa et dit :

— Guldberg. Si vous deveniez mon soutien. Et un soutien pour… mon fils. Je vous récompenserais. Généreusement. Je perçois dans votre vive intelligence une protection pour le pays. Vous-même, comme mon fils, avez une apparence… extérieure… insignifiante. Mais à l'intérieur de vous…

Elle ne poursuivit pas. Guldberg gardait le silence.

— Durant six années, vous avez été le précepteur du prince héritier, finit-elle par chuchoter. Dieu lui a donné un aspect extérieur sans éclat. Ils sont nombreux à le mépriser pour cette raison. Je vous le demande pourtant : vous serait-il possible de lui accorder autant d'amour que je lui en accorde ?

La question était inattendue, et paraissait trop sentimentale.

Au bout d'un moment, et comme il ne répondait pas, elle répéta :

— Si dorénavant vous aimiez mon fils aussi fort que je l'aime ? Alors non seulement notre gracieux

Père tout-puissant vous récompenserait. Mais moi également.

Puis, après un silence, elle ajouta :

— A nous trois nous sauverons ce malheureux pays.

Guldberg répondit :

— Votre Grâce. Aussi longtemps que je vivrai, il en sera ainsi.

Elle prit alors sa main, la serra. Il écrit que ce fut un grand moment dans sa vie, celui qui allait le transformer pour toujours. "A dater de cet instant, j'entourai le malheureux prince héritier Frédéric d'un amour si total qu'outre lui-même, madame sa Mère la Reine Douairière allait m'octroyer une confiance absolue."

Elle parla ensuite à nouveau de Catherine-aux-Bottines. Et, pour conclure, la reine douairière dit, d'une voix sifflante mais suffisamment forte pour qu'on en entende longtemps l'écho dans l'église du château :

— Il faut qu'elle s'en aille. SOYONS FERMES !!!

Au soir du 5 janvier 1768, la veille de l'Epiphanie, quatre gendarmes vinrent chercher Catherine à son domicile de Christianshavn. C'était tard le soir, et une pluie fine tombait.

Ils arrivèrent vers dix heures du soir et l'obligèrent à sortir avec rudesse, puis la traînèrent jusqu'à la voiture couverte. Des soldats veillaient à écarter les curieux.

Elle commença par pleurer, puis se mit à cracher de rage sur les gendarmes ; une fois dans la voiture seulement elle aperçut Guldberg, qui, à l'écart, avait personnellement surveillé son arrestation.

— Je le savais ! cria-t-elle. Espèce de rat malveillant, je le savais !

Guldberg s'avança alors et jeta une bourse pleine de pièces d'or sur le plancher de la voiture.

— Tu verras Hambourg, dit-il à voix basse. Et toutes les putains ne sont pas aussi bien payées.

Puis on referma la portière, les chevaux se mirent en branle, et Catherine-aux-Bottines commença son voyage à l'étranger.

7

Les premiers jours, Christian ne comprit pas qu'elle était partie. Puis il commença à deviner. Alors il devint tout agité.

A la surprise des courtisans, et sans y avoir été invité au préalable, il alla voir le comte Bernstorff et, sans fournir aucune explication, il dîna chez lui. Au cours du dîner il tint des propos très confus au sujet de cannibales. On interpréta cela comme une manifestation de sa nervosité. Puisque le roi avait cette réputation d'être mélancolique, nerveux et même violent ; sans pour autant qu'on cherche à comprendre. Les jours suivants, on le vit sans cesse parcourir les rues de Copenhague, et on comprit qu'il cherchait Catherine.

Au bout de deux semaines, l'inquiétude pour la santé de Sa Majesté ayant grandi, le roi fut informé par lettre que Catherine avait entrepris un long voyage à l'étranger sans communiquer de destination, mais en demandant qu'on lui transmette ses amitiés.

Trois jours durant, le roi resta ensuite retranché dans son appartement. Puis, un matin, on s'aperçut qu'il avait disparu.

Le chien aussi était parti.

On entreprit immédiatement des recherches. Au bout de quelques heures seulement, le message arriva que le roi avait été retrouvé ; on l'avait vu marchant sur la plage de Køge, et des soldats le surveillaient à distance. La reine douairière dépêcha alors Guldberg pour qu'il lui explique le sens de la lettre et conjure le roi de revenir au château.

Il était assis sur la plage.

Un spectacle pathétique. Il serrait le chien contre lui, et le chien grogna en voyant Guldberg.

Guldberg parla au roi comme à un ami.

Il dit à Christian qu'il devait reprendre son calme royal, pour le bien du pays. Qu'il n'avait aucune raison d'être triste et de désespérer. Que la Cour et la reine douairière, tout le monde même ! s'étaient accordés pour penser que la bienveillance du roi à l'égard de Catherine était devenue un facteur d'inquiétude. Que cette bienveillance risquait d'estomper les tendres inclinaisons que sans nul doute le roi avait pour la jeune reine, et du même coup menaçait l'avenir du trône. Oui, Mlle Beuthaken elle-même en était sans doute arrivée à la même conclusion ! L'explication était peut-être là ! Son voyage inattendu était peut-être fondé sur un désir de servir le pays, le royaume du Danemark. Peut-être s'était-elle considérée comme un obstacle au désir que tout le pays nourrissait qu'un héritier vienne assurer la succession au trône. Il dit qu'il en était pratiquement sûr.

— Où est-elle ? dit Christian.

Elle reviendra peut-être, continua Guldberg, si la succession au trône est assurée ? Oui, il se dit pratiquement sûr que la sollicitude de Catherine pour le Danemark, fondée sur le désintéressement, sa fuite inattendue, toute cette agitation se calmerait dès lors. Et qu'alors elle reviendrait, et pourrait renouer avec le roi cette profonde amitié qui…

— Où est-elle ? cria le roi. Savez-vous qu'on se rit de vous ? Si petit et insignifiant… si petit…

Il se tut ensuite, comme saisi de frayeur, et demanda à Guldberg :

— Dois-je être puni, maintenant ?

En cet instant, écrit Guldberg, il avait lui-même été saisi d'un grand chagrin, et d'une immense pitié.

Il était assis à côté du roi. Et ce que venait de dire le roi était vrai : lui-même, extérieurement, tout comme le roi ! tout comme le roi !!! était insignifiant, méprisé. En apparence le roi était le premier, mais en réalité il était l'un des derniers. Si lui-même ne s'était pas incliné avec le respect qu'exigeait la royauté, s'il n'avait pas suivi les obligations de l'étiquette, il aurait aimé raconter à ce jeune garçon que lui aussi, lui aussi était l'un des derniers. Qu'il haïssait l'impureté, que ce qui était impur devait être tranché, comme on tranche les membres qui induisent l'homme au mal, oui, qu'une ère de tranchage allait venir lorsque cette Cour débauchée, avec tous ses parasites, allait être tranchée du grand œuvre de Dieu, quand les gaspilleurs, les blasphémateurs, les buveurs et les libertins de la Cour de Christian VII recevraient leur châtiment mérité. La sécurité de l'Etat serait garantie, l'autorité royale renforcée, le feu de la purification désormais parcourrait ce pays puant. Et les derniers deviendraient les premiers.

Alors, en compagnie de l'élu de Dieu, il se réjouirait de la vaste entreprise de nettoyage que tous deux auraient accomplie.

Pourtant, il dit seulement :

— Oui, sire, je suis un homme petit et totalement insignifiant. Mais néanmoins un homme.

Le roi le regarda alors, avec une expression de surprise sur le visage. Puis il demanda une nouvelle fois :

— Où est-elle ?

— Altona, peut-être… Hambourg… Paris… Londres… Elle a une forte et riche personnalité, déchirée d'inquiétude pour le sort de Votre Majesté… et pour ses devoirs envers le Danemark… mais elle reviendra peut-être si des nouvelles lui parviennent que la succession au trône est assurée. Est sauvée.

— L'Europe ? chuchota le roi désespéré. L'Europe ?

— Paris… Londres…

Le roi demanda :

— Dois-je la chercher en… Europe ?

Le chien gémit. Le brouillard flottait sur le détroit d'Øresund, on ne voyait pas la côte suédoise. Guldberg fit signe aux soldats d'approcher. On sauvait le roi du Danemark de la détresse et de la confusion extrême.

8

Aucun changement dans l'humeur du roi. Pourtant, lors d'un surprenant conseil extraordinaire, le roi annonça son désir d'entreprendre un grand voyage en Europe.

Il avait étalé une carte de l'Europe sur la table de la salle du conseil. Dans la pièce se trouvaient trois conseillers d'Etat, plus Guldberg et un certain comte Rantzau. Le roi, singulièrement résolu et concentré, décrivit des trajets de voyage. Manifestement, c'était un grand voyage initiatique qu'il décrivait là. Le seul à paraître notablement dubitatif était Guldberg, mais il ne dit rien. Les autres furent d'accord pour dire que les princes d'Europe accueilleraient certainement le jeune monarque danois en tant qu'égal.

Une fois son projet approuvé, le roi passa son doigt sur la carte en murmurant :

— Altona... Hambourg... Paris... l'Europe...

Après que le roi avait quitté la pièce, Guldberg et le comte Rantzau s'attardèrent. Rantzau demanda à Guldberg la raison de son air pensif.

— Sans des mesures de sécurité, nous ne pouvons permettre au roi de voyager, répondit Guldberg après un moment d'hésitation. Les risques sont trop importants. Sa nervosité... ses brusques accès de colère... cela risquerait de soulever une attention indésirable.

— Il faudrait lui trouver un médecin personnel, dit alors le comte Rantzau. Qui pourrait surveiller. Et calmer.

— Mais qui ?

— Je connais un médecin très capable, dit Rantzau. Cultivé, il exerce à Altona. Spécialiste de la pose des ventouses. Il est allemand, ses parents sont très pieux, son père est théologien. Il s'appelle Struensee. Très capable, vraiment très capable.

— Un ami ? demanda Guldberg avec un visage inexpressif. L'un de vos protégés ?

— Tout à fait.

— Et il est inspiré par vos… idées de Lumières ?

— Totalement apolitique, dit Rantzau. Totalement apolitique. Spécialiste de la pose des ventouses et de l'hygiène des membres. Il a écrit sa thèse sur ce dernier sujet.

— Pas juif, comme Reverdil ?

— Non.

— Beau garçon… je suppose ?

Rantzau devint alors soudain méfiant ; n'étant pas sûr de la portée de la question, il répondit de manière évasive, mais avec une froideur qui soulignait qu'il n'admettait pas cette insinuation :

— Spécialiste de la pose des ventouses.

— Vous porteriez-vous garant de lui ?

— Je vous en donne ma parole !!!

— Les paroles données ne pèsent d'ordinaire pas très lourd pour les hommes des Lumières.

Un silence glacial s'installa. Puis Guldberg finit par le rompre en disant, avec l'un de ses rares sourires :

— Plaisanterie. Bien sûr. Vous disiez… Struensee ?

Ce fut ainsi que tout commença.

Deuxième partie

LE MÉDECIN PERSONNEL DU ROI

Chapitre 5

LE TACITURNE D'ALTONA

1

Ses amis l'appelaient "le Taciturne". Il n'était pas homme à parler, pas inutilement. Mais il écoutait attentivement.

On peut s'attacher au fait qu'il était taciturne. Ou qu'il savait écouter.

Il s'appelait Johann Friedrich Struensee.

Dans le Holstein, à quelques dizaines de kilomètres de Hambourg et de sa voisine, plus petite, Altona, se trouvait un domaine appelé Ascheberg. Propriété de la famille Rantzau, il s'y trouvait des jardins célèbres un peu partout en Europe.

Achevés en 1730, ces jardins comportaient un ensemble de canaux, d'allées et de haies buissonnantes taillées sur le plan rectiligne caractéristique du début du baroque.

"Ascheberg Have" était un superbe morceau d'architecture paysagée.

Mais ce qui donnait au parc sa réputation était l'utilisation des étonnantes formations naturelles du terrain. La nature faisait partie intégrante de l'artificiel. Le déploiement baroque, avec sa profonde perspective centrale d'allées et de canaux, s'étendait en bordure du lac. Mais au-delà s'élevait une butte appelée "la Montagne" ; une hauteur constituée de souples plissements rocheux, creusés par d'étonnants vallons.

Avec un aspect sauvage et naturel inhabituel dans le doux paysage danois, l'endroit se dressait derrière le relativement banal corps principal d'habitation.

"La Montagne" était couverte de bois, une colline naturelle, à la fois domptée et dans son état naturel.

Des petits vallons qui faisaient penser à des ravins. Des terrasses. Des bois. La nature parfaite, à la fois créée et contrôlée par l'homme, et expression de liberté et de sauvagerie. Du sommet de la Montagne, la vue était dégagée. De là, on pouvait contempler ce que l'homme avait créé : une représentation de la nature sauvage.

Le jardin servait de contrefort à la Montagne. La sauvagerie domptée. Un rêve civilisateur de domination, et de liberté.

Dans un des "plis" de la Montagne, une dépression du terrain, on avait trouvé deux très anciennes cabanes. Peut-être s'agissait-il de vieilles habitations paysannes ou – comme on préférait le croire – de maisons de bergers.

L'une de ces cabanes fut restaurée, et ce pour une raison très particulière.

En 1762, Rousseau avait choisi l'exil après la condamnation à l'autodafé de son *Emile* par le Parlement de Paris.

Il cherchait quelque part en Europe un lieu où se réfugier, et le propriétaire d'Ascheberg, un certain comte Rantzau, alors très âgé mais qui toute sa vie durant avait apprécié les idées radicales, invita le banni à s'installer dans son domaine. Il mettait à sa disposition la cabane sur la Montagne, où il pourrait habiter. On imaginait sans doute que, dans ces conditions primitives proches de la nature qu'il prisait tant et vers laquelle il souhaitait retourner, le grand philosophe pourrait poursuivre sa carrière d'écrivain, et que ses désirs vitaux, comme sa réflexion, trouveraient là de quoi être satisfaits.

A cette fin, fut aussi planté un "carré de choux" à côté de la cabane.

Il allait donc planter ici ses choux, cultiver son jardin. On ignore si le carré de choux était une allusion au dicton célèbre selon lequel “qui cultive en paix ses choux laisse la politique aller son train”, quoi qu'il en soit, les préparatifs furent effectués. Et le comte connaissait sûrement sa *Nouvelle Héloïse* et le passage dans lequel il est question de la Nature qui fuit les lieux fréquentés pour ne déployer son véritable enchantement qu'aux sommets des montagnes, dans les forêts les plus profondes et sur les îles les plus désertes. D'où l'obligation, pour les amoureux de la nature qui n'ont pas les moyens d'aller la voir au loin, de la violenter, de l'obliger à venir à eux ; ce qui sous-entend une certaine dose d'illusion.

Le jardin d'Ascheberg était l'illusion de l'état naturel.

Rousseau ne vint cependant jamais à Ascheberg, mais son nom y resta attaché de façon mythique et procura au domaine une réputation européenne parmi les amateurs de nature et de liberté. Le jardin d'Ascheberg prit place parmi les “lieux sentimentaux” célèbres d'Europe. La “maison de paysan” destinée à Rousseau devint un lieu d'excursion ; la cabane du vallon et son carré de choux abandonné au fil des ans méritaient une visite. Ce n'était pas l'habitation d'un berger dont il était question, mais plutôt un lieu de culte pour intellectuels en passe de quitter l'engouement pour la nature et prenant le chemin des Lumières. Les murs, les portes et les rebords de fenêtres étaient joliment décorés d'extraits de poèmes français et allemands, de vers de poètes contemporains, mais aussi de Juvénal.

Comme les autres, le père de Christian, Frédéric V, entreprit la promenade jusqu'à la cabane de Rousseau. Dès lors, la Montagne fut appelée “Königsberg”, la Montagne du roi.

La cabane devint une sorte de lieu sacré pour les adeptes danois et allemands des Lumières. Ils se réunissaient au domaine d'Ascheberg, allaient en promenade jusqu'à la cabane de Rousseau et débattaient là des grandes idées de l'époque. Ils s'appelaient Ahlefeld et Berckentin, Schack Carl Rantzau, von Falkenskjold, Claude Louis de Saint-Germain, Ulrich Adolph Holstein et Enevoldt Brandt. Ils se considéraient comme des hommes des Lumières.

L'un d'eux s'appelait Struensee.

Ici, dans cette cabane et beaucoup plus tard, il allait lire pour la reine du Danemark, Caroline Mathilde, un extrait des *Pensées morales* de Holberg.

Il l'avait croisée à Altona, c'est un fait établi par l'histoire.

Struensee avait aperçu Caroline Mathilde le jour de son arrivée à Altona, lorsqu'elle se rendait à son mariage, et il avait remarqué qu'elle avait pleuré.

Elle n'avait cependant pas vu Struensee. Il était anonyme au milieu de la foule. Christian et elle étaient dans une pièce, elle ne l'avait pas vu. Presque personne ne semble l'avoir vu, à cette époque, très peu l'ont décrit. Il était aimable et taciturne, plus grand que la moyenne, blond, avec une bouche bien formée et des dents saines. Ses contemporains ont noté qu'il fut l'un des premiers à utiliser de la pâte dentifrice.

A part cela, presque rien. Reverdil, qui dès l'été 1767 le rencontra dans le Holstein, note simplement que le jeune médecin allemand Struensee se montrait discret, et ne cherchait pas à s'imposer.

Répétons-le : jeune, taciturne, sachant écouter.

2

Trois semaines après que le roi Christian VII avait pris la décision de voyager à travers l'Europe, le comte Rantzau, mandaté par le gouvernement danois, vint trouver le médecin allemand Johann Friedrich Struensee à Altona, afin de lui offrir de devenir le médecin personnel du monarque danois.

Ils se connaissaient bien. Ils avaient passé de nombreuses semaines à Ascheberg. Ils étaient montés à la cabane de Rousseau. Ils faisaient partie du Cercle.

Rantzau beaucoup plus âgé, cependant. Struensee encore jeune.

Struensee habitait alors un petit appartement au coin de Papagoyenstrasse et de Reichstrasse, mais le jour où l'offre lui parvint, il était comme d'ordinaire en tournée chez des malades. Très difficilement, Rantzau le trouva dans un taudis des bas quartiers d'Altona, occupé à poser des ventouses sur des enfants.

Rantzau présenta sans détour l'objet de sa démarche et, du tac au tac, sans hésitation, Struensee déclina l'offre.

Il ne voyait intérêt dans cette mission.

Pour l'instant, il venait d'achever de poser des ventouses chez une veuve mère de trois enfants. Il paraissait de bonne humeur, et pas le moins du monde intéressé. Non, venait-il de répondre, cela ne m'intéresse pas. Il rassembla ses instruments, tapota en souriant la tête des petits enfants, écouta les remerciements de la veuve et accepta son offre de boire un verre de vin blanc dans la cuisine, en compagnie de l'hôte illustre.

Le sol de la cuisine était en terre battue, et les enfants furent priés d'aller jouer dehors.

Le comte Rantzau attendait patiemment.

— Tu es un sentimental, mon ami, dit-il. Saint François parmi les pauvres d'Altona. Mais dis-toi aussi que tu es un homme des Lumières. Il faut que tu voies loin. Aujourd'hui, tu ne vois que les hommes qui sont devant toi, mais lève les yeux. Regarde audelà de ces gens. Tu es l'un des plus brillants cerveaux que je connaisse, une grande mission t'attend. Tu ne peux pas refuser cette offre. La maladie est partout. Copenhague tout entière est malade.

A cela, Struensee ne répondit rien, il ne fit que sourire.

— Tu devrais t'accorder de plus importantes missions. Le médecin personnel d'un roi peut avoir de l'influence. Tu pourrais mettre en œuvre tes théories… dans la réalité. Dans la réalité.

Aucune réponse.

— A quoi sert alors tout ce que je t'ai appris ? poursuivit Rantzau, cette fois sur un ton irrité. Ces discussions ! Ces études ! Pourquoi n'en rester qu'à la théorie ? Pourquoi ne pas passer aux actes ? Aux vrais actes ?

Struensee réagit alors. Après un moment de silence, d'une voix très basse mais distincte il commença à parler de sa vie.

Apparemment, l'expression "vrais actes" l'avait froissé.

Il resta aimable, mais avec une certaine touche d'ironie. Mon cher ami et respecté professeur, dit-il, j'ai pour ma part le sentiment de faire de "vrais actes". Il y a mon travail au cabinet mais – en plus – j'agis d'une autre manière. Je fais de vrais actes. Je dresse le bilan statistique de tous les problèmes médicaux à Altona. Je rends visite aux trois apothicaires de cette ville de dix-huit mille habitants. J'aide les blessés et ceux qui sont victimes d'accidents. Je me penche sur les traitements réservés aux malades mentaux. J'assiste aux vivisections du Teatro Anatomico et interviens parfois comme aide. Je rampe dans les taudis des bas quartiers, visite des trous immondes où les hommes sont couchés entourés de puanteurs effroyables, et je me rends auprès des faibles. J'écoute les revendications de ces faibles et de ces malades. Je m'occupe des malades à la prison pour femmes, à l'hôpital, à la maison de correction, je traite des hommes détenus par les gendarmes et qui attendent le bourreau. Les condamnés à mort eux aussi sont malades, et je les aide à survivre de manière supportable jusqu'à ce que la hache du bourreau s'abatte sur eux, telle une délivrance. Je soigne chaque jour de huit à dix pauvres incapables de me payer mais que la caisse de secours prend en charge.

Je soigne de pauvres voyageurs que la caisse de secours ne prend pas en charge. Je soigne des ouvriers agricoles de passage à Altona. Je traite des patients atteints de maladies contagieuses. Je donne des conférences d'anatomie. Je crois, dit-il pour achever sa repartie, que l'on peut dire que je connais certains aspects de la réalité que la lumière dans cette ville ne touche pas totalement. Que la lumière n'atteint pas vraiment ! Puisqu'il est question de Lumières !

— Tu as terminé ? demanda Rantzau avec un sourire.

— Oui, j'ai terminé.

— Je suis impressionné, dit Rantzau.

C'était là le plus long discours qu'il eût jamais entendu "le Taciturne" prononcer. Il ne cessa pas pour autant d'avancer ses arguments. Vois plus loin, dit-il. Toi qui es médecin, tu pourrais guérir le Danemark. Le Danemark est une maison de fous. La cour est une maison de fous. Le roi est intelligent mais peut-être… dément. Un homme des Lumières averti à son côté pourrait nettoyer la merde du Danemark.

Un petit sourire apparut sur les lèvres de Struensee, mais il ne fit que secouer la tête en silence.

— Aujourd'hui, reprit Rantzau, tu peux faire le bien à petite échelle. C'est ce que tu fais. Je suis impressionné. Mais tu pourrais aussi changer le monde. Pas seulement rêver de le faire. Tu es en mesure d'acquérir du pouvoir. Tu ne peux pas dire non.

Ils restèrent longuement silencieux.

— Mon ami taciturne, finit par dire gentiment Rantzau. Mon ami taciturne. Que vas-tu devenir ? Toi qui rêves tant de nobles rêves, et conçois tant de craintes de les réaliser. Mais tu restes un intellectuel, comme moi, et je te comprends. Nous ne voulons pas salir nos idées au contact de la réalité.

Struensee leva alors sur Rantzau un regard plein de vigilance, ou comme s'il venait d'être frappé d'un coup de fouet.

— Les intellectuels, murmura-t-il. Les intellectuels, oui. Sauf que je ne me considère pas comme un intellectuel. Je ne suis qu'un médecin.

Plus tard dans la soirée, Struensee accepta l'offre.

Un bref passage dans les confessions que Struensee rédigea en prison éclaire cet incident d'une lueur étrange.

Il écrit être devenu médecin personnel du roi "par hasard", et en vérité ne pas l'avoir souhaité. Il nourrissait de tout autres projets. Il était sur le point de quitter Altona, pour partir en voyage, "à Málaga ou aux Indes orientales".

Aucune explication. Seulement un désir de fuite, vers quelque chose.

3

Non, il ne se considérait pas comme un intellectuel. Tant d'autres du Cercle d'Altona méritaient mieux ce qualificatif.

L'un de ceux-ci était son ami et professeur, le comte Rantzau. Un véritable intellectuel, lui.

Il possédait le domaine d'Ascheberg, qu'il venait d'hériter de son père. L'endroit était situé à cent dix kilomètres d'Altona, ville danoise à l'époque. La base économique du domaine était le servage, ou le travail forcé des paysans ; comme dans de nombreux domaines du Holstein, cependant, la brutalité n'était pas de mise et les principes relativement humains.

Le comte Rantzau se considérait comme un intellectuel, et un homme des Lumières.

Et ceci pour la raison suivante.

Vers l'âge de trente-cinq ans, marié et père d'un enfant, il avait été nommé chef d'un régiment de l'armée danoise, du fait d'une précédente expérience militaire dans l'armée française sous les ordres du maréchal Lœvendahl, qu'il invoquait du moins mais qui restait difficile à prouver. L'armée danoise, en comparaison de ce passé, était un havre de tranquillité. En tant que chef de régiment, on n'avait pas à y craindre de guerre. Il aimait le calme d'une telle occupation. Malgré cela, il était tombé amoureux d'une chanteuse italienne, ce qui avait ruiné sa réputation, puisque non seulement il avait fait d'elle sa maîtresse, mais qu'il l'avait aussi suivie dans le Sud de l'Europe avec sa troupe d'opérette. La troupe passait de ville en ville mais il ne se calmait pas pour autant. Pour conserver son anonymat, il changeait sans cesse d'aspect, tantôt "somptueusement attifé", tantôt déguisé en prêtre, manigances nécessaires parce que partout il contractait des dettes.

Dans deux villes de Sicile, il fut convoqué devant les tribunaux pour escroquerie, trop tard puisqu'il avait déjà rejoint Naples et le continent. A Gênes, il émit une lettre de change sur "mon père, gouverneur en Norvège", mais ne put être traduit en justice vu qu'il se trouvait alors à Pise, où une plainte fut déposée, alors qu'il faisait route pour Arles. Plus tard, la police fut incapable de le retrouver.

A la suite d'une scène de jalousie, il avait abandonné la chanteuse italienne à Arles, ce qui lui avait permis de revenir très temporairement sur son domaine, histoire de renflouer ses caisses, ce qu'une dotation royale supplémentaire avait rendu possible. Après sa visite à Ascheberg, où il avait renoué les relations familiales avec son épouse et sa fille, il s'était rendu en Russie. Là, il était allé rencontrer, sur son lit de mort, l'impératrice russe Elisabeth Petrovna. Il prévoyait que le successeur aurait besoin de lui comme expert en questions danoises et européennes. La raison de ce voyage en Russie était aussi qu'une rumeur circulait sur une guerre prochaine entre la Russie, dirigée par le successeur de l'impératrice, et le Danemark. Rantzau pensait pouvoir offrir à ce successeur certains services compte tenu de sa grande connaissance des armées française et danoise.

En dépit de cette proposition intéressante pour la Russie, le noble Danois fut accueilli avec aversion. Ses nombreuses relations féminines, et le fait que la guerre n'éclata pas, lui portèrent préjudice, et nombreux furent ceux qui se méfiaient de "l'espion danois". A la suite d'un conflit à la cour de Russie, causé par un désaccord sur les faveurs d'une dame de rang élevé, il fut obligé de fuir, et arriva à Gdansk, sans plus un sou dans sa caisse de voyage.

Il y rencontra un fabricant.

L'homme désirait s'installer au Danemark, y investir de l'argent et se placer sous la protection d'un gouvernement qui voyait d'un bon œil les investissements étrangers dans l'industrie. Le comte Rantzau assura à ce fabricant que, du fait de ses contacts à la Cour, il lui ferait accorder la protection souhaitée. Après avoir en partie épuisé le capital du fabricant, sans pour autant avoir obtenu la protection du gouvernement danois, le comte Rantzau réussit à rentrer au Danemark, royaume qu'il ne tenait plus à trahir pour les Russes. La Cour lui octroya alors, du fait de son nom et de sa notoriété, une rente annuelle. Il expliqua qu'il s'était rendu en Russie afin d'espionner pour le compte du Danemark et qu'il était maintenant en possession de secrets dont allait profiter son pays.

Durant tout ce temps, il avait laissé son épouse et sa fille au domaine d'Ascheberg. Ce fut alors qu'il réunit autour de lui un groupe d'intellectuels des Lumières.

L'un d'eux était un jeune médecin du nom de Struensee.

Sa carrière, comme ses vastes contacts internationaux et l'influence qu'il conservait à la cour danoise, permettait au comte Rantzau de se considérer comme un intellectuel.

Il jouera un rôle essentiel dans les événements de la révolution danoise qui va suivre, un rôle dont on ne peut comprendre la diversité qu'à la lumière de cette description de sa vie.

Le rôle qu'il joue est celui d'un intellectuel.

Sa première contribution pour le Danemark fut de recommander le médecin allemand J. F. Struensee comme médecin personnel du roi Christian VII.

4

Quelle étrange ville que cette Altona !

Située à l'embouchure de l'Elbe, ce bourg commerçant de dix-huit mille habitants était devenu vers le milieu du XVIIe siècle une ville à part entière. Premier port franc des pays nordiques, Altona était aussi devenue le port franc de toutes sortes d'idées.

La tolérance était bonne pour le commerce.

On aurait dit que le climat intellectuel attirait les idées et l'argent, et Altona devint la tête de pont du Danemark en Europe, et la deuxième ville en importance après Copenhague. Située à proximité de la grande ville franche allemande de Hambourg et haïe des réactionnaires, elle avait la réputation d'être le nid de serpents des idées radicales.

L'opinion générale était celle-ci : un nid de serpents. Mais, le radicalisme s'étant révélé rentable économiquement, Altona put conserver sa liberté intellectuelle.

Struensee était médecin. Né en 1737, il s'inscrivit à l'âge de quinze ans comme étudiant en médecine à l'université de Halle. Son père était le théologien Adam Struensee, happé très jeune par le piétisme et qui devint par la suite professeur en théologie à l'université de Halle. Tandis que la mère est décrite d'humeur plus légère, le père était pieux, érudit, juste, sombre et enclin à la mélancolie. Son piétisme était celui de Francke, mettant en avant l'importance de l'utilité publique et influencé par l'adoration de la raison, caractéristique à cette époque de l'université de Halle. L'autorité régnait dans le foyer, la vertu et la bonne moralité servaient de guides.

Le jeune Struensee allait cependant bousculer tout cela. Il devint libre penseur et athée. Il affirmait que, pourvu qu'on laisse l'homme se développer librement, il choisirait, aidé par la raison, la bonne voie. Plus tard, il écrivit qu'il en était venu très tôt à adopter une conception de l'homme "en tant que machine", expression caractéristique du rêve de rationalité de son époque. Il utilise effectivement l'expression et, pour lui, cela signifie que c'est uniquement l'organisme de l'homme qui crée l'âme, les sentiments, le mal et le bien.

Il semble ainsi avoir voulu dire que la perspicacité et la spiritualité n'ont pas été données à l'homme par un être suprême, mais qu'elles sont forgées par nos expériences. Ce sont nos devoirs envers nos prochains qui donnent un sens à tout, qui créent la satisfaction profonde, donnent son sens à la vie, et qui devraient déterminer les actes des hommes.

D'où l'expression trompeuse de "machine", qui doit sans doute être comprise comme une image poétique.

Il soutint sa thèse sur "Les risques liés aux faux mouvements des membres".

L'analyse est formaliste, mais scrupuleuse. Le manuscrit de sa thèse a cependant une drôle d'allure ; dans la marge, Struensee a dessiné des visages humains, avec une encre différente. Il révèle là un trait équivoque et peu clair de son for intérieur. Les visages des gens qu'il a dessinés masquent la grande clarté intellectuelle de sa thèse.

A part cela, l'idée de la thèse est qu'un travail médical préventif est important, que l'entraînement physique est nécessaire mais que, lorsque la maladie ou la blessure sont survenues, une grande prudence est de mise.

A en juger par cette thèse, il est bon dessinateur. Les visages humains sont intéressants.

Le texte présente moins d'intérêt.

A l'âge de vingt ans, Struensee s'installe à Altona, où il ouvre un cabinet médical. Il tient, et par la suite tiendra toujours, à être considéré comme médecin.

Pas comme dessinateur, ni comme politicien, ni comme intellectuel. Mais médecin.

Un autre aspect de son personnage est cependant d'être éditeur.

Si les Lumières ont un visage rationnel et dur, qui est celui de la foi en la raison ainsi que de l'empirisme en médecine, en mathématique, en physique et en astronomie, elles sont dotées d'un autre visage plus doux, celui de la liberté de pensée, de la tolérance et de la liberté.

On peut oser dire qu'à Altona, Struensee s'éloigne du côté dur des Lumières, celui de l'évolution des sciences vers le rationalisme et l'empirisme, pour s'approcher du côté doux, celui de la nécessité de la liberté.

Le premier périodique qu'il fonde – *Monatsschrift zum Nutzen und Vergnügen* – contient dans son premier numéro une longue analyse des risques liés au déplacement excessif des populations des campagnes vers les villes. Il s'agit d'une analyse de médecine sociale.

Là encore, Struensee attribue au médecin un rôle politique.

L'urbanisation, écrit-il, est une menace sur la santé dont les causes sont politiques. Les impôts, la crainte de l'enrôlement dans les armées, le service médical déplorable, l'alcoolisme, tous ces facteurs contribuent à la constitution d'un prolétariat urbain qu'un suivi médical plus largement développé dans les campagnes empêcherait. Il brosse un tableau sociologique froid et inquiétant d'un Danemark en pleine déchéance ; démographie en baisse, épidémies de variole récurrentes. Il note que "le nombre de mendiants d'origine paysanne a maintenant dépassé les soixante mille".

D'autres articles ont pour titre *La Transmigration des âmes*, *Les Moustiques* et *L'Insolation*.

Un écrit fortement satirique intitulé *Apologie des chiens et de l'effet divin de la merde de chien* provoque cependant sa chute ; son texte étant, à juste titre, considéré comme une attaque personnelle contre un médecin célèbre d'Altona qui a fait fortune avec un remède douteux contre la constipation fabriqué à base de crotte de chien.

Le périodique est interdit.

L'année suivante, Struensee lance cependant une nouvelle publication. Il s'efforce cette fois d'éviter les diffamations, au profit de formulations vides de toute critique envers l'Etat ou la religion. Il échoue cependant dans un article sur la fièvre aphteuse que l'on considère – à juste titre encore une fois – remettre en question la religion.

Ce nouveau périodique se voit lui aussi frappé d'interdiction.

Dans son tout dernier écrit, rédigé en prison et achevé la veille de son exécution, Struensee mentionne cette période journalistique de sa vie. "Mes concepts moraux à cette époque se développaient avec l'étude des écrits de Voltaire, de Rousseau, de Helvétius et de Boulanger. Je devins un libre penseur, et j'affirmais que si effectivement un principe supérieur avait créé le monde et l'homme, il n'existait cependant pas de vie après celle-ci, et que les actes ne possédaient une valeur morale que s'ils influençaient positivement la société. J'estimais absurde la croyance en une punition dans une vie après celle-ci. L'homme est suffisamment puni dans sa vie sur terre, et qui y accomplit le bien est vertueux. Les principes du christianisme étaient bien trop sévères – et les vérités qu'ils exprimaient étaient tout aussi bien exprimées dans les écrits des philosophes. Je considérais les délits de volupté comme des faiblesses parfaitement excusables, pour peu qu'elles n'eussent aucune conséquence nuisible sur soi-même ou sur autrui."

Ses détracteurs, résumant bien trop brièvement sa pensée, se cantonnaient à un "Struensee considérait que l'homme n'était qu'une machine".

Un livre fondamental pour lui fut cependant les *Pensées morales* de Ludvig Holberg dont, après sa mort, on retrouva un exemplaire agrémenté de notes et de commentaires.

Un des chapitres de ce livre allait transformer sa vie.

5

Le 6 mai 1768 commença le grand voyage du roi Christian VII à travers l'Europe.

La suite comprenait au total cinquante-cinq personnes. Ce voyage devait être avant tout un voyage de formation, un "voyage sentimental" dans l'esprit de Laurence Sterne (il fut dit plus tard que Christian avait été fortement influencé par le septième livre de *Vie et opinions de Tristram Shandy*), mais ce voyage devait aussi, de par le faste qu'affichait la suite royale, servir à donner à l'étranger une forte impression de la richesse et de la puissance du Danemark.

A l'origine, le projet prévoyait une suite plus nombreuse, mais celle-ci fut diminuée à plusieurs reprises ; l'un de ceux qui furent congédiés était un courrier du nom d'Andreas Hjort. Il fut renvoyé dans la capitale, d'où il fut exilé sur l'île de Bornholm, pour la raison qu'un soir de loquacité et de beuverie, il avait révélé à des oreilles indiscrètes que le roi lui avait donné comme mission pendant le voyage de rechercher Catherine-aux-Bottines.

Struensee avait rejoint la suite lors de son passage à Altona.

La rencontre avait été étrange.

Le roi était logé dans la résidence du maire lorsque, le soir, il avait réclamé un de ses courriers nommé Andreas Hjort. On lui avait fait savoir que celui-ci s'en était retourné sans donner aucune explication. Le comportement de cet homme était incompréhensible, avait-on dit, mais la cause pouvait être la maladie d'un membre de sa famille.

Christian avait alors eu une crise de ses étranges spasmes puis, enragé, il s'était mis à démolir la pièce, avait jeté des chaises, brisé des fenêtres et, se servant d'un morceau de charbon ramassé dans l'âtre, il avait écrit sur la belle tapisserie couvrant les murs le nom de Guldberg, avec des fautes d'orthographe intentionnelles. Au cours de l'échauffourée, le roi avait été blessé à la main, il saignait, et Struensee – ce fut sa première intervention du voyage – dut alors s'occuper de panser le monarque.

On venait donc de faire appel au nouveau médecin du roi.

Sa première impression de Christian, selon ses souvenirs, fut que le garçon, d'aspect fragile, était assis sur une chaise, que sa main saignait, et qu'il gardait les yeux fixés dans le vide devant lui.

Après un très long moment de silence, Struensee avait gentiment demandé :

— Sire, pourriez-vous m'expliquer ce soudain... emportement ? Rien ne vous oblige à me répondre, mais...

— Non, rien ne m'y oblige.

Puis, un instant plus tard, Christian avait ajouté :

— J'ai été berné. Elle ne se trouve nulle part. Et, si elle se trouve quelque part, de toute façon le voyage n'y passera pas. Et si même le voyage y passe, on la conduit ailleurs. Peut-être même est-elle morte. C'est ma faute. Je dois être puni.

Struensee écrit qu'il n'avait alors pas compris (il allait comprendre plus tard) et qu'il avait seulement continué à panser la main du roi sans rien dire.

— Vous êtes né à Altona ? demanda ensuite Christian.

Struensee répondit :

— A Halle. Mais je suis venu très tôt à Altona.

— On raconte, dit Christian, qu'à Altona ne se trouvent que des hommes des Lumières et des libres penseurs qui veulent précipiter la société dans la ruine et les cendres.

Struensee ne fit que hocher calmement la tête.

— Précipiter !!! La société éternelle !!!

— Oui, sire, dit Struensee. C'est ce que l'on raconte. D'autres parlent d'un centre européen des Lumières.

— Et quel est votre avis, docteur Struensee ?

Le pansement était terminé maintenant. Struensee était agenouillé devant Christian.

— Je suis un adepte des Lumières, dit-il, mais je suis avant tout un médecin. Si Votre Majesté le désire, je peux à l'instant quitter mon poste et retourner à mon activité habituelle de médecin.

Christian dévisagea alors Struensee avec un intérêt nouveau, ni irrité ni indigné par l'information presque provocatrice qui venait de lui être fournie.

— N'avez-vous jamais, docteur Struensee, désiré nettoyer le Temple des luxurieux ? demanda-t-il à voix basse.

Aucune réponse ne venant, le roi poursuivit :

— Chasser les marchands du Temple ? Briser ? Pour que tout puisse renaître des cendres comme… le Phénix ?

— Votre Majesté connaît sa Bible, dit Struensee pour changer de sujet.

— Ne pensez-vous pas qu'il est impossible de faire des progrès ! DES PROGRÈS ! tant que l'on ne se rend pas dur… et que l'on casse… pour que le Temple…

Il se mit soudain à marcher à grands pas dans la pièce jonchée de chaises et de morceaux de verre. Struensee le trouvait pathétique, avec son corps de garçon si frêle et insignifiant qu'on avait du mal à comprendre comment il avait pu causer une telle dévastation.

Puis il s'approcha de Struensee, tout près, et chuchota :

— J'ai reçu une lettre. De monsieur Voltaire. Un philosophe réputé. A qui j'avais fait envoyer de l'argent, pour un procès. Et dans sa lettre, il me salue. Comme… comme…

Struensee attendait. Puis cela vint, à voix basse, un premier message mystérieux qui allait les unir.

Oui, par la suite, Struensee allait se souvenir de cet instant. Il le décrit dans ses notes de prison : un instant de proximité absolue, celui où ce jeune garçon dément, ce roi par la Grâce de Dieu, lui confia un secret inouï, précieux, et qui allait les unir pour toujours.

— … il me salue… comme homme des Lumières.

Tout était très calme dans la pièce. Et le roi poursuivit, dans le même chuchotement :

— A Paris, j'ai rendez-vous avec monsieur Voltaire. Que je connais. De par notre correspondance. Pourrai-je vous emmener avec moi, à ce moment ?

Et Struensee, avec un petit sourire :

— Volontiers, sire.

— Puis-je avoir confiance en vous ?

Et Struensee répondit, simplement et calmement :

— Oui, sire. Plus que vous ne pouvez imaginer.

Chapitre 6

LE COMPAGNON DE VOYAGE

1

Ils allaient voyager loin.

Ce voyage allait durer huit mois, et les cinquante-cinq personnes allaient parcourir un peu plus de quatre mille kilomètres en voiture à cheval, sur des routes minables. On allait être en été, puis en automne, puis finalement en hiver. Les voitures dépourvues de chauffage étaient pleines de courants d'air. Et personne ne comprenait vraiment le but du voyage : à part qu'il fallait le faire et que, pour cela, la population et les paysans – car on faisait une distinction entre population et paysans – se tiendraient au long des routes, bouches bées et délirants de joie, ou plongés dans un silence haineux.

Le voyage allait continuer et continuer encore ; il devait bien y avoir un but.

Le but était de mener ce petit souverain à travers la pluie, ce petit roi de plus en plus apathique qui haïssait son rôle, se cachait dans la voiture, veillait sur ses spasmes et rêvait d'autre chose, mais que personne ne comprenait. On allait ainsi le transporter en un immense périple à travers l'Europe, à la recherche de quelque chose qui avait peut-être été un jour le secret espoir de retrouver la Maîtresse de l'Univers, celle qui devait rendre sa cohérence à tout. Un rêve secret qui s'éteignait maintenant en lui, s'estompait, se diluait dans la douleur sourde d'une rage qu'il n'arrivait pas à formuler.

Sous la pluie de l'Europe, ils avançaient, telles des chenilles processionnaires, vers rien. Le voyage les menait de Copenhague à Kolding, Gottorp, Altona, Celle, Hanau, Francfort, Darmstadt, Strasbourg, Nancy, Metz, Verdun, Paris, Cambrai, Lille, Calais, Douvres, Londres, Oxford, Newmarket, York, Leeds, Manchester, Derby, Rotterdam, Amsterdam, Anvers, Gand, Nimègue – non, tout cela se mélangea par la suite dans leur souvenir. Nimègue, n'était-ce pas avant Mannheim, et Amsterdam avant Metz ?

Oui, ce devait être ça.

Mais à quoi bon cette incroyable expédition sous la pluie d'Europe qui n'arrêtait pas de tomber ?

Oui, c'est cela : Amsterdam vint après Nimègue. C'était au début du voyage. Struensee s'en souvenait parfaitement. C'était au début de ce voyage incompréhensible, et quelque part avant Amsterdam. Dans la voiture, à l'entrée d'Amsterdam, le roi, très confidentiellement, avait commencé à expliquer à Struensee qu'il "avait maintenant l'intention de se débarrasser de l'enfermement de la dignité royale, de l'étiquette et de la morale. Il allait dorénavant mettre en œuvre le projet de fuite qu'il avait un jour envisagé avec son précepteur, Reverdil."

Et Struensee note : "Il me proposa, sérieusement, de m'enfuir avec lui. Il voulait alors devenir soldat, pour ne plus avoir de comptes à rendre qu'à lui-même."

Cela se passait à l'entrée d'Amsterdam. Struensee avait écouté patiemment. Puis il avait persuadé Christian d'attendre, quelques semaines, et en tout cas jusqu'après la rencontre avec Voltaire et les encyclopédistes.

Christian avait dressé l'oreille, comme interpellé par quelque chose qui, un jour, avait été de la plus grande importance, mais qui aujourd'hui se trouvait infiniment loin.

Voltaire ?

On était entré dans Amsterdam en silence. Le roi, hébété, regardait par les fenêtres de la voiture, et voyait de nombreux visages.

— Ils nous reluquent, avait-il fait remarquer à Struensee. Eh bien je les reluque aussi. Mais je ne vois pas de Catherine.

Plus jamais le roi n'avait abordé ce projet de fuite.

Ce moment particulier ne fut jamais rapporté à la cour de Copenhague.

Pratiquement tout le reste le fut. D'innombrables dépêches furent lues avec attention.

Trois fois par semaine, le rituel voulait que les trois reines jouent aux cartes. Elles jouaient au tarot. Les lames étaient suggestives ; en particulier le Pendu. Les joueuses étaient la reine Sophie Magdalene, veuve de Christian VI et qui survivait à son époux depuis vingt-quatre ans, la reine Juliane Marie, veuve de Frédéric V ; et puis Caroline Mathilde.

On considérait normal qu'il y eût trois reines à la Cour, de trois générations, puisque l'ordinaire de la maison royale était justement que les rois se tuaient à force de boire avant d'avoir eu le temps d'être veufs, et que si, par exemple, la reine mourait en couches, un remariage était toujours arrangé, ce qui, régulièrement, laissait en fin de compte toujours une reine veuve, comme un coquillage abandonné sur la plage.

La postérité parla beaucoup du piétisme et de la foi profonde des reines douairières. Ceci ne mettait cependant pas d'entraves à leur langage. Juliane Marie, en particulier, développa une rigueur linguistique inhabituelle, qui à l'occasion se manifestait sous forme d'un langage très cru.

On pourrait aller jusqu'à dire que les exigences sévères posées par la religion en matière de vérité, et son propre vécu terrifiant, avaient donné à son langage une étrange netteté capable de choquer beaucoup de gens.

Les parties de cartes lui offraient maintes occasions de donner des informations, et des conseils, à la jeune reine Caroline Mathilde. Elle jugeait toujours la jeune reine comme un être dénué de qualités, et de volonté.

Plus tard, elle allait changer d'avis.

— Nous avons, annonça-t-elle un soir, reçu des dépêches très inquiétantes du voyage. Le médecin qui a été engagé à Altona a gagné la confiance du roi. Ils sont continuellement assis ensemble dans la voiture du roi. On dit que ce Struensee est un homme des Lumières. Si tel est le cas, c'est un malheur pour le pays. La mise à pied de Reverdil, qui fut pour nous une chance inespérée, se révèle maintenant inutile. Puisque nous voyons maintenant un nouveau serpent.

Caroline Mathilde, qui avait cru comprendre la raison de l'inexplicable renvoi de Reverdil, ne fit pas de véritable réponse.

— Struensee ? demanda simplement Caroline Mathilde. Est-il allemand ?

— Je suis inquiète, reprit la reine douairière. On le décrit comme étant intelligent, un charmeur qui est la coqueluche des femmes, un dépravé. Il est d'Altona, qui a toujours été un nid de serpents. Rien de bon ne peut jamais venir d'Altona.

— Les dépêches annoncent cependant, intervint la reine douairière la plus âgée en une tentative d'apaisement, que le roi est calme et ne fréquente pas de putains.

— Estimez-vous heureuse, dit alors Juliane Marie à la reine. Estimez-vous heureuse qu'il soit absent pendant un an. Mon époux, feu le roi, devait vider son gland séminal quotidiennement pour trouver la paix dans son esprit. Je le lui disais : videz-vous dans les putains mais pas dans moi ! Je ne suis pas un caniveau ! Pas une poubelle ! Tirez la leçon de ceci, ma jeune amie. On se façonne soi-même sa moralité et son innocence. C'est par la résistance que l'on reconquiert l'innocence.

— S'il est homme des Lumières, demanda alors la reine douairière la plus âgée, cela signifie-t-il que nous avons commis une erreur ?

— Pas nous, répondit la reine douairière. Quelqu'un d'autre.

— Guldberg ?
— Il ne commet pas d'erreurs.

Mais la jeune reine, elle, comme une question, devant ce nom que plus tard elle dit avoir entendu pour la première fois justement lors de cette partie de tarot, dit :

— Quel nom étrange. Struensee… ?

2

Effroyable.

L'Europe était effroyable. On dévisageait Christian. Il se fatiguait. Il se sentait honteux. Il redoutait quelque chose, sans savoir quoi. Une punition ? En même temps, il aspirait à la punition, pour être délivré de la honte.

Il avait eu un but à son voyage. Puis il avait compris que le but n'existait pas. Il s'était alors armé de courage. S'armer de courage était une manière de se rendre dur, et invulnérable. Il avait cherché d'autres sens à son voyage. Voyager à travers l'Europe pouvait signifier quelques extravagances, ou des rencontres avec des gens. Mais ce n'était pas le cas, ses extravagances n'étaient pas celles des autres. Les rencontres lui faisaient peur.

Ne restait que la torture.

Il ne savait pas quoi dire à ceux qui le dévisageaient. Reverdil lui avait appris beaucoup de belles répliques qui permettaient de briller. Des aphorismes courts, presque toujours utilisables. Mais il commençait à oublier ses répliques. Et Reverdil n'était plus là.

C'était tellement abominable de participer aux représentations et de ne pas posséder les répliques du jeu.

La jeune comtesse Van Zuylen parle dans une lettre de sa rencontre avec le jeune roi du Danemark Christian VII au cours de son périple en Europe et, plus particulièrement, lors d'un séjour au château de Termeer.

Il était petit, avec un air enfantin, "presque comme un garçon de quinze ans". Il était mince, fluet, et son visage était d'une pâleur maladive, autant que s'il avait été poudré de blanc. Il semblait paralysé et n'arrivait pas à mener une conversation. En présence des courtisans, il avait lâché quelques répliques qu'on aurait dites apprises par cœur mais, quand les applaudissements avaient cessé, il n'avait fait que regarder la pointe de ses souliers.

Pour lui éviter de souffrir de la situation, elle l'avait alors conduit dans le parc, pour une courte promenade.

Une pluie fine tombait. Les souliers de la comtesse étaient mouillés et ce fut la planche de salut du roi. "Durant tout le temps que nous passâmes dans le parc, c'est-à-dire près d'une demi-heure, le roi ne cessa de regarder mes souliers, qui étaient en train de se mouiller, et il ne parla de rien d'autre tout le temps que nous passâmes ensemble."

Elle l'avait ensuite ramené vers les courtisans qui attendaient.

A la fin, il était convaincu d'être un prisonnier que, dans une gigantesque procession, on menait au châtiment.

Il cessa donc d'avoir peur. Mais une infinie lassitude s'étendit sur lui ; il avait l'impression de s'enfoncer lentement dans le chagrin, et la seule chose qui l'aidait à refaire surface était ses accès de rage réguliers, quand il pouvait cogner des chaises par terre jusqu'à ce qu'elles se brisent.

Les rapports et les dépêches étaient éloquents. "Peu d'auberges au cours du voyage furent exemptes d'une certaine dévastation et, à Londres, les meubles de la chambre du roi furent quasiment tous brisés."

Telle était la situation en résumé.

Il n'arrivait à se sentir calme qu'en compagnie de Struensee. Il n'aurait su dire pourquoi. En une occasion, Christian mentionne que, considérant qu'il était "orphelin" (sa mère était morte quand il avait deux ans et il n'avait guère eu de contact avec son père) et qu'il ignorait donc comment des parents se comportaient, Struensee, de par son calme et son silence, lui avait fait comprendre comment un père ("un père au ciel", écrit-il bizarrement !) se devait d'être.

Un jour, il avait demandé à Struensee si celui-ci était son "bienfaiteur". En souriant, Struensee avait demandé comment devait être constitué un tel personnage, et Christian lui avait alors répondu :

— Un bienfaiteur a le temps.

Les voyageurs avaient désormais baptisé Struensee "le Taciturne".

Chaque soir, il faisait la lecture au roi pour qu'il s'endorme. Durant la première moitié du voyage, il avait choisi l'*Histoire de Charles XII* de Voltaire.

"Il est, écrira plus tard Struensee, l'un des hommes les plus sensibles, les plus doués et attentifs que j'ai rencontrés mais, durant le voyage, il parut lentement s'enfoncer dans le silence et dans le chagrin, cet état n'étant interrompu que par ses accès de rage inexplicables, cependant uniquement dirigés contre lui-même et contre les meubles innocents exposés à sa colère incompréhensible."

Quand Struensee lui lisait des pages de l'*Histoire de Charles XII*, il devait être assis sur une chaise à côté du lit du roi et lui tenir la main gauche, tandis que de son autre main il tournait les pages. Une fois le roi endormi, Struensee devait doucement dégager sa main, et le laisser ensuite seul avec ses rêves.

Lentement, Struensee commençait à comprendre.

3

L'hôte de Christian VII à Londres fut le roi anglais George III qui, en cette année 1768, s'était rétabli de sa première maladie mentale, mais qui donnait maintenant dans l'hypocondrie. Il allait régner sur l'empire anglais pendant soixante années, jusqu'en 1820 ; durant ce long règne, sa maladie mentale revint par intermittence, à partir de 1805 il fut aveugle et, après 1811, irresponsable.

On le considérait manquant d'intelligence, hypocondriaque, de caractère têtu et fidèle à son épouse à laquelle il donna huit enfants.

Il fit un accueil royal à l'époux de sa sœur. Le séjour en Angleterre allait durer deux mois.

Lentement, la situation commençait à dégénérer.

L'inquiétude se répandit dans toute la suite royale. Rien n'était vraiment cohérent chez le roi ni dans ce qui se passait. Le faste déployé, l'hystérie et la crainte que la maladie de Christian n'éclate au grand jour et ruine la campagne royale suscitaient un malaise qui ne cessait de croître.

Maladie ou normalité : personne ne savait ce qui allait donner le ton de la journée.

Ce fut au cours du séjour à Londres que Struensee commença à comprendre que rien ne pouvait être véritablement cohérent. Il arrivait au roi de rester assis durant de longues matinées, comme paralysé, les yeux fixés droit devant lui, murmurant des litanies incompréhensibles avant de soudain s'agripper, mû par une profonde détresse, aux jambes de Struensee. Puis tout changeait ; comme au cours de la soirée à l'opéra italien, où Christian fit organiser un bal masqué pour trois mille personnes, et où celles-ci furent régalées aussi bien que s'il avait eu l'intention de devenir suffisamment populaire pour briguer le trône d'Angleterre.

Telle fut l'ambiance. Ce petit roi danois, incompréhensible et généreux ! qui prononça en danois un discours confus (stupéfiant : il semblait être soudain sorti de sa timidité) et qui ensuite du haut d'un balcon jeta des pièces d'or à la populace des rues.

Le coût du bal masqué fut de vingt mille rixdales et, s'il l'avait su, Struensee aurait pu constater que son propre salaire annuel, très confortable, de médecin personnel du roi n'était que de cinq cents rixdales.

Dans la nuit qui suivit l'orgie masquée à l'italienne, après que le roi s'était endormi, Struensee dut rester longtemps assis à son côté, seul dans le noir, à réfléchir à la situation.

Fondamentalement, quelque chose allait de travers. Christian était malade et son état empirait. Certes, et curieusement, le roi avait réussi à sauvegarder les apparences ; mais les témoins de ses moments de faiblesse avaient aussi la langue dure. Le dédain des commentaires effrayait Struensee. Horace Walpole avait dit que "le roi est aussi petit que s'il était sorti de la coquille de noix d'une fée" ; on parlait de sa manière de trottiner comme une petite marionnette. Ils s'étaient rendu compte que toutes ses répliques étaient apprises ; ce qui faisait souffrir Struensee, c'est qu'ils ne voyaient pas le reste, ce qu'il y avait dessous.

On avait remarqué ses spasmes, mais pas ses moments lumineux. D'une manière générale, cependant, tout le monde était perplexe. Samuel Johnson avait été reçu en audience par Christian, l'avait écouté pendant une demi-heure, puis était reparti.

En ressortant, il n'avait fait que secouer la tête.

Le seul vrai succès qu'obtenait Christian VII, c'était dans les rues. Et pour cause : chaque vibrant hommage populaire sous son balcon était récompensé par une poignée de pièces d'or. Les limites des possibilités économiques s'approchaient à grands pas.

Le tournant eut lieu à la fin d'octobre.

4

Un certain comédien nommé David Garrick était aussi le directeur du théâtre de Drury Lane. Superbe interprète de Shakespeare, ses mises en scène avaient renouvelé la tradition shakespearienne anglaise. On le considérait comme insurpassable aussi bien dans les rôles comiques que tragiques, mais c'était surtout sa mise en scène de *Hamlet*, pièce dont il jouait le rôle principal, qui avait attiré énormément d'attention.

Christian VII ayant exprimé son intérêt pour le théâtre, on donna pour lui une suite de représentations en matinée et en soirée. Le point culminant devait être une représentation de *Hamlet*, avec Garrick dans le rôle.

Struensee fut informé de cette représentation trois jours à l'avance, et il demanda immédiatement à rencontrer Garrick.

L'entretien ne fut pas facile.

Struensee expliqua qu'il connaissait bien le thème du drame. Hamlet était un prince royal danois dont le père avait été assassiné. Shakespeare avait repris la vieille légende pour la modifier de manière très ingénieuse mais problématique. La question principale de la pièce étant de savoir si Hamlet était ou non un malade mental.

Il demanda à Garrick s'il était d'accord avec lui sur cette interprétation schématisée du drame. Garrick se contenta de demander à Struensee où il voulait en venir.

Le problème, poursuivit Struensee, était que la suite danoise en visite, tout comme le reste des spectateurs, risquait de se poser la question de savoir si le choix de cette pièce de théâtre était une sorte de commentaire sur le royal visiteur.

Ou, pour dire les choses sans ambages : nombreux étaient ceux qui considéraient que le roi Christian VII du Danemark était un malade mental. Dans ce cas, était-il opportun de jouer cette pièce ?

Quelles pouvaient être les réactions du public ? Et qu'allait être la réaction du roi Christian VII ?

— Est-il au courant de sa maladie ? demanda Garrick.

— Il n'est pas au courant de sa maladie, mais il se connaît et il sait qu'il est perturbé, répondit Struensee. Sa sensibilité est excessive. Il vit la réalité qui l'entoure comme une pièce de théâtre.

— Voilà qui est très intéressant, dit Garrick.

— Peut-être, dit Struensee. Mais on ne peut pas savoir comment il va réagir. Il pourrait s'imaginer être lui-même Hamlet.

Un long silence suivit.

— Christian Amleth, finit par dire Garrick avec un sourire.

Il accepta cependant immédiatement de modifier son programme.

Le 20 octobre 1768, on joua *Richard III* pour le roi danois et sa suite.

Christian VII n'allait jamais assister à une représentation de *Hamlet*. Mais Struensee allait toujours se souvenir de la réplique de Garrick : Christian Amleth.

La nuit qui suivit la représentation, Christian refusa de s'endormir.

Il ne voulut pas écouter la lecture de l'*Histoire de Charles XII*. Il voulait discuter d'une chose qui apparemment l'avait révolté. Il demanda à Struensee pourquoi la représentation prévue de *Hamlet* avait été modifiée pour une autre pièce.

Il connaissait bien la pièce *Hamlet*. Et, en larmes, il demandait maintenant à Struensee d'être sincère. Estimait-on qu'il était fou ? Pour sa part, il ne se considérait pas comme fou. C'était à la fois sa ferme conviction et son espoir et, tous les soirs, il priait son Bienfaiteur, pour que cela ne soit pas.

Mais existait-il des ragots ? Parlait-on de lui ? Ne comprenait-on pas ?

Disant cela, il n'essayait pas de garder une quelconque dignité. Il n'était pas furieux, pas royal non plus. Il lui arrivait souvent de manquer de dignité. Mais, ce soir-là, il avait, et pour la première fois, abordé le soupçon et le doute sur sa propre maladie, et cela avait très fortement ému Struensee.

— Sire, dit Struensee. Vous êtes parfois difficile à comprendre.

Le roi le regarda alors seulement d'un œil vide et se mit à parler de la pièce de théâtre à laquelle il venait d'assister, *Richard III.* Quelle cruauté ! dit-il. Un roi de par la Grâce de Dieu, et qui faisait preuve de cette cruauté inouïe. C'était insupportable.

— Oui, dit Struensee. C'est insupportable.

— Mais en contemplant cette cruauté, dit ensuite Christian, j'ai vécu quelque chose de... d'épouvantable. Dans mon esprit.

Roulé en boule dans son lit, Christian cherchait à se cacher en dissimulant son visage sous les draps.

— Votre Majesté, lui dit Struensee sur un ton aimable et très calme, qu'est-ce donc qui était si épouvantable ?

Et, finalement, le roi répondit :

— Le désir, dit-il. Je ressentais du désir. Suis-je malade, docteur Struensee ? Dites-moi que je ne suis pas malade.

Que pouvait-il répondre ?

Cette nuit-là, pour la première fois en présence du roi, le docteur Struensee s'était mis à pleurer. Et Christian l'avait consolé.

— Nous partons, dit Christian. Nous partons, mon ami, dès demain je vais ordonner notre départ pour Paris. Nous devons voir la lumière de la raison. Monsieur Voltaire. Nous devons quitter cette maison de fous anglaise. Sinon nous allons tous devenir fous.

— Oui, dit Struensee. Nous devons nous en aller. Cela devient intenable.

5

L'abrègement du séjour en Angleterre surprit tout le monde ; les préparatifs furent faits en toute hâte, comme s'il s'agissait d'une fuite.

On ne sait pas comment Christian avait imaginé son séjour à Paris. Mais ce fut une avalanche de cérémonies.

Au dixième jour, on fit savoir que le roi était "indisposé du fait d'un rhume" ; la vérité était qu'il passait la journée dans une apathie totale, tout habillé dans sa chambre, et qu'il refusait de discuter avec qui que ce soit. Struensee étant celui que maintenant, au moins en partie, l'on considérait comme exerçant une influence sur le roi, on lui demanda s'il n'existait pas un remède pour atténuer sa mélancolie. Comme il répondit par la négative, décision fut prise de rentrer rapidement au Danemark. Le lendemain, l'hypocondrie inexplicable du roi refusant de s'atténuer, Struensee entra le voir.

Une heure plus tard, il ressortit de la chambre pour annoncer que Sa Majesté avait décidé de recevoir le lendemain en audience les philosophes qui avaient réalisé la grande *Encyclopédie*.

En cas d'impossibilité, le retour au pays s'imposait.

Cette rencontre ne figurant pas au programme, ce fut l'affolement général et plus d'un nourrit de mauvais pressentiments car les hommes des Lumières français n'étaient pas bien considérés par la cour de ce pays, à l'exception de Diderot, un moment protégé de Mme de Pompadour, maîtresse de Louis XV.

La rencontre fut organisée en toute hâte. L'indisposition du roi cessa instantanément. Il paraissait de bonne humeur, et aucun meuble ne fut brisé.

La rencontre eut lieu le 20 novembre 1768, chez l'ambassadeur du Danemark à Paris, le baron Carl Heinrich Gleichen.

Tous les rédacteurs de la grande *Encyclopédie* – soit dix-huit hommes – étaient là, avec à leur tête Matran, d'Alembert, Marmontel, La Condamine, Diderot, Helvétius et Condillac. L'invité que le roi souhaitait cependant le plus voir, Voltaire, était absent puisque, comme à son habitude, il se trouvait à Ferney.

Curieuse assemblée !

Le petit adolescent danois – il avait dix-neuf ans –, sans doute malade mental, était assis là, entouré des philosophes des Lumières qui allaient changer le cours de l'histoire européenne pour quelques siècles.

Il avait commencé par être terrorisé. Puis, comme par miracle, il se calma, la terreur se dissipa, et un profond sentiment de confiance l'emplit, au point que, lorsque Diderot s'inclina pour le saluer, le roi, presque dans un chuchotement, lui dit :

— Je voudrais que vous fassiez savoir à votre ami, le grand Voltaire, que c'est lui qui m'a appris à penser.

Une forte émotion intérieure faisait trembler sa voix. Mais il ne s'agissait pas de peur. Diderot l'avait fixé avec surprise, et étonnement.

Ensuite, on vit que Christian était heureux.

Il s'était très bien débrouillé. Il avait parlé avec tous les philosophes français, chacun à son tour, il avait su discuter de leurs œuvres, il leur avait parlé en un français excellent, et il les avait sentis chaleureusement disposés à son égard.

Il venait peut-être de vivre le plus grand moment de sa vie.

Le bref discours que Diderot avait prononcé en son honneur à la fin de la rencontre lui avait aussi mis du baume au cœur. Je crois, avait dit Diderot, que l'éclat des Lumières pourrait aussi briller dans ce petit pays qu'est le Danemark. Que mené par ce monarque éclairé, le Danemark allait devenir un modèle. Que toutes les réformes radicales – celles qui sont fondées sur la liberté de la pensée, sur la tolérance, sur l'humanisme – allaient pouvoir être réalisées sous la conduite du roi du Danemark. Que Christian VII du Danemark allait de ce fait devenir pour toujours un chapitre de l'histoire des Lumières.

En entendant cela, Christian avait été très ému, et il n'avait rien pu répondre. Et M. d'Alembert avait alors doucement ajouté :

— Et nous savons qu'une simple étincelle peut allumer un feu de prairie.

Struensee raccompagna les invités jusqu'à leurs voitures, tandis que, d'une fenêtre à l'étage, le roi leur adressait des signes d'adieu. Diderot avait alors pris Struensee à part pour échanger quelques mots.

— Le roi compte donc rentrer bientôt à Copenhague ? dit-il, alors que le sujet ne semblait pas particulièrement l'intéresser mais qu'il avait autre chose en tête.

— Rien n'est définitivement fixé, dit Struensee. Cela sera, dans une certaine mesure, déterminé par le roi. Par la santé du roi.

— Et vous-même êtes le médecin personnel du roi ? Vous venez d'Altona, c'est cela ?

Avec un petit sourire, Struensee répondit :

— D'Altona, oui. Vous êtes bien renseigné.

— Et vous êtes, si j'en crois ce que l'on m'a dit, tout à fait au courant des idées que prônent les hommes des Lumières en France ?

— De leurs idées, oui, mais aussi de celles de Holberg, le grand philosophe danois des Lumières, dit Struensee avec un sourire que l'invité français eut du mal à interpréter.

— On dit, poursuivit Diderot, que le roi est… malade ?

Struensee ne répondit pas.

— Instable ?

— Un jeune homme très intelligent, mais sensible.

— Oui, je suis relativement bien renseigné. Etrange situation. Mais il semble que vous ayez son entière confiance.

— Je suis le médecin de Sa Majesté.

— Oui, dit Diderot. Plusieurs lettres en provenance de Londres m'ont expliqué que vous êtes le médecin personnel de Sa Majesté.

Suivit un instant d'étrange tension. Les chevaux, impatients, tiraient sur leurs rênes, une légère pluie tombait, mais Diderot semblait vouloir dire quelque chose qu'il hésitait à présenter.

Pour finir, cependant, il le dit :

— La situation est unique, dit Diderot à voix basse. En principe, le pouvoir est détenu par un roi intelligent, très intelligent, mais psychiquement instable. Certains disent même – pour ma part j'hésite à le répéter – qu'il est un malade mental. Vous avez sa confiance. Cela vous donne une grande responsabilité. Il est extrêmement rare que, comme dans le cas présent, un monarque éclairé ait une possibilité de percer les ténèbres de la réaction. Nous avons certes Catherine de Russie, mais la Russie est un océan de ténèbres. La possibilité existe bel et bien au Danemark. Sans qu'il soit question de révolte du peuple ou des masses, d'une révolte issue du fond. Mais grâce au détenteur d'un pouvoir qui a été octroyé par le Très-Haut.

Struensee sourit alors, et l'interrogea du regard.

— Le Très-Haut ? Je ne vous savais pas embrasser si chaleureusement la foi en le Très-Haut ?

— Le pouvoir a été donné au roi Christian VII du Danemark, docteur Struensee. A été donné. Qui que soit celui qui l'a donné, il a été donné. N'est-ce pas ?

— Il n'est pas un malade mental, dit Struensee après un moment de silence.

— Mais si c'était le cas. Si c'était le cas. Je ne sais pas. Vous ne savez pas. Mais si c'était le cas… eh bien, sa maladie laisserait un grand vide au centre du pouvoir. Et la personne qui y entrerait tiendrait là une occasion fantastique.

Tous deux se turent.

— Et qui, demanda finalement Struensee, pourrait bien y entrer ?

— Ceux qui le font d'ordinaire. Les fonctionnaires. La noblesse. Ceux qui y entrent habituellement.

— Oui, bien sûr.

— Ou quelqu'un d'autre, dit alors Diderot.

Il serra la main de Struensee, monta en voiture, puis se pencha dehors et dit :

— Mon ami Voltaire dit souvent que l'histoire, parfois, ouvre, par hasard, une fissure unique vers le futur.

— Oui ?

— Et qu'alors on peut se glisser dedans.

6

Cela se passait le 20 novembre 1768.

Ce fut le plus grand moment de Christian, ensuite, les hommages et les réceptions reprirent et, lentement, il retomba dans la grisaille, dans ce qui était juste à côté de l'obscurité.

Tout recommençait. A vrai dire, Paris était plus épouvantable que Londres. Sauf que les accès de rage semblaient s'être atténués. On le considérait comme très intéressé par le théâtre, et tous les soirs qui n'étaient pas consacrés à des réceptions, des représentations théâtrales particulières étaient organisées.

La plupart du temps, il dormait pendant ces représentations.

Le projet était de poursuivre plus loin son voyage, à Prague, à Vienne et à Saint-Pétersbourg, mais la situation finit par devenir invivable. Pour éviter une catastrophe, on décida d'abréger le voyage.

Le 6 janvier 1769, le roi Christian VII mettait à nouveau le pied sur le sol danois.

Au cours des dernières étapes, il n'autorisa que Struensee à voyager avec lui dans la voiture royale.

On comprit que quelque chose s'était passé. Le jeune médecin allemand aux cheveux blonds, au petit sourire timide et au regard aimable, était devenu quelqu'un. Ne possédant pas de titre, il ne pouvait être situé dans aucune hiérarchie précise, et par conséquent il inquiétait.

On essaya de le comprendre. L'homme était difficile à comprendre. Aimable et discret, il ne désirait pas se servir de son pouvoir ; ou plutôt de ce qu'ils imaginaient être du pouvoir.

On ne le comprenait pas.

Le voyage de retour fut épouvantable.

Une semaine de tempête de neige, un voyage dans un froid mordant. Les voitures glaciales. On s'enveloppait de couvertures. On aurait dit une armée battant retraite dans les étendues russes, non, plus rien de grandiose dans cette cour danoise en débandade. On ne pensait même plus à ce que l'expédition avait coûté, c'était trop effroyable ; on aurait toujours la possibilité de lever des impôts.

Allons-y pour les impôts. Mais on verrait ça plus tard. Pour l'instant, il s'agissait de rentrer.

Struensee restait seul avec ce garçon endormi, silencieux ou gémissant, qu'on disait roi, et il avait tout son temps pour penser.

Il ne croyait pas en la vie éternelle et l'idée de gaspiller la seule vie qu'il possédait l'avait toujours effrayé. La médecine lui avait fourni une mission pour cette vie. Il considérait cette mission médicale comme une sorte de service religieux, comme le seul sacrement possible de la vie sacrée. La vie de l'homme était bien la seule chose sacrée qui existait, et cette notion de sacré distinguait l'homme des animaux, car à part cela il n'existait aucune différence ; et ceux qui avaient pu dire que sa foi était de considérer l'homme comme une machine n'avaient rien compris.

L'aspect sacré de la vie était sa foi profane. Il avait enseigné l'anatomie à Altona : les corps des condamnés à mort exécutés et des suicidés servaient d'objet d'étude ; les premiers étaient aisément reconnaissables, souvent il leur manquait la main droite et la tête. Les suicidés n'étaient cependant aucunement différenciables de ceux qui étaient morts dans la foi, ceux que l'on pouvait enterrer en terre consacrée, aucune différence. La machine homme, étendue là sous son scalpel, devenait alors réellement une machine. Ce qui était sacré, à savoir la vie, était parti. Qu'était donc cette chose *sacrée* ?

C'était ce que l'on accomplissait quand le sacré était encore là.

Le sacré était ce que le sacré accomplissait. Tel était le résultat de son raisonnement. Holberg l'approchait un peu, mais Holberg n'avait pas été clair dans la cent unième épigramme des *Pensées morales* ; c'étaient les animaux qui étaient des machines, écrivait Holberg, c'était le caractère sacré de l'homme qui différenciait l'homme de l'animal.

Il avait lu cela comme une indication possible. Il trouvait parfois que toutes ses pensées n'étaient que les échos de ce que d'autres avaient pensé. Restait donc à épurer, afin qu'il ne soit pas réduit à une simple chambre d'échos. Parfois, il lui semblait avoir une pensée qui n'appartenait qu'à lui seul ; alors, cela pouvait devenir vertigineux, comme devant un précipice, et il pouvait penser : c'est cela, le sacré.

Cette pensée est peut-être la mienne, elle n'appartient à personne d'autre, voici donc le sacré qui me distingue d'un animal.

Souvent, il se mesurait à Holberg. On trouvait presque tout chez Holberg, Holberg pouvait donc être mis à l'épreuve, puisque la mission de tout être était de penser par lui-même. Holberg avait pratiquement toujours raison ; sauf quand, parfois, lui venait une pensée qui n'appartenait qu'à lui, qu'on ne trouvait pas chez Holberg, qui lui était propre.

Alors cela devenait vertigineux, et Struensee se disait que c'était ça, le sacré.

Je ne suis pas une machine.

Ce qu'il y avait aussi, avec Holberg, c'était que l'on pouvait choisir de prendre ce qu'on voulait : s'en servir et éliminer le reste. Il avait par conséquent exclu la soumission métaphysique souvent assez confuse de Holberg, et il n'avait conservé que l'essentiel.

En fin de compte, cela lui avait paru très simple et évident.

Le sacré est ce qu'accomplit le sacré. Et c'était une énorme responsabilité.

La responsabilité, justement, était importante.

En fait, il aurait dû quitter la suite royale durant son retour, au passage à Altona. Il avait déjà reçu une récompense royale de mille rixdales, il avait de quoi y vivre longtemps. Il avait continué, pourtant. Peut-être à cause de – la responsabilité. Il s'était mis à aimer ce garçon fou, intelligent et confus, qui était élu de Dieu, et qui maintenant allait être livré aux loups d'une cour qui, de toute évidence, allait l'enfoncer encore plus dans sa maladie.

C'était peut-être inévitable. Le fragile petit Christian, aux grands yeux terrorisés, était peut-être irrémédiablement perdu. Peut-être fallait-il qu'il soit enfermé, qu'il devienne un royal cadavre ordinaire exploité par les loups.

Mais Struensee l'aimait bien. A vrai dire, c'était plus que cela ; il n'aurait su dire le mot exact. Mais c'était un sentiment dont il ne pouvait se défaire.

Il n'avait pas d'enfants.

Il s'était toujours imaginé la vie éternelle ainsi : avoir un enfant. C'était cela, avoir la vie éternelle : continuer à vivre à travers un enfant. Mais le seul enfant qu'il avait maintenant était ce garçon tremblant, à l'esprit dérangé, qui aurait pu être bien, si les loups ne l'avaient pas quasiment déchiqueté.

Il haïssait les loups.

Rantzau l'avait persuadé un jour, c'était neuf mois plus tôt, et cela lui semblait une éternité. Il y a aussi des maladies à Copenhague, lui avait-il dit. Et on pouvait effectivement dire ça. Mais ce n'était pas aussi simple. Il n'était pas naïf à ce point. S'il continuait maintenant jusqu'à Copenhague, ce n'était pas pour devenir médecin des pauvres à Nørrebro et pour appliquer des ventouses à la misère danoise. Ni aux enfants de la Cour. Il comprenait ce que cela voulait dire.

Ne pas quitter l'expédition à Altona. Ne pas s'enfuir aux Indes orientales. C'était une sorte de responsabilité. Et il était à peu près sûr d'avoir pris une mauvaise décision.

Si toutefois il s'agissait d'une décision.

Si ce n'était pas tout simplement que lui-même n'avait pas décidé de rester dans la voiture à Altona, qu'il n'avait pas décidé de descendre, et par conséquent n'avait pas décidé d'être remis dans son ancienne vie ; mais qu'il avait simplement continué, vers une nouvelle vie. Simplement continué, jamais décidé.

Ils avaient débarqué à Korsör, et avaient poursuivi à travers la tempête d'hiver vers Copenhague.

Le roi et Struensee étaient seuls dans la voiture.

Christian dormait. Il s'était allongé, la tête sur les genoux de Struensee, sans perruque, enveloppé dans une couverture, et tandis que lentement ils cheminaient vers le nord-est à travers la tempête de neige, Struensee restait assis là, immobile, et pensait que le sacré est ce qu'accomplit le sacré, tout en caressant les cheveux de Christian. Le voyage en Europe touchait à sa fin, et quelque chose de totalement différent allait prendre la suite, dont il ne connaissait rien, et ne voulait rien connaître.

Christian dormait. Il gémissait faiblement, mais ces bruits étaient difficilement interprétables : on aurait dit qu'il rêvait de quelque chose de merveilleux, ou d'épouvantable ; impossible de le savoir. Peut-être était-il question de retrouvailles des amants.

Troisième partie

LES AMANTS

Chapitre 7

LE MAÎTRE D'ÉQUITATION

1

Le 14 janvier 1769, la royale retraite atteignait enfin Copenhague.

A trois kilomètres de la ville, les voitures usées et crottées furent arrêtées pour être remplacées par d'autres qui les attendaient, avec des couvertures de soie à la place de celles en laine et, pour terminer, la reine prit place dans la voiture de son époux Christian VII.

Eux deux seulement. Ils s'observèrent attentivement, comme en attente de changements qu'ils avaient espérés, ou craints.

Avant que la procession puisse se mettre en branle, l'obscurité avait eu le temps de tomber, et le froid était mordant. L'entrée se fit par Vesterport où cent soldats étaient postés, torches à la main. La garde défila, mais sans musique.

Les seize voitures se dirigèrent vers le portail du château. La Cour au complet était en ligne juste après. Ils avaient attendu longtemps dans le froid et l'obscurité, et l'ambiance était on ne peut plus morne.

A l'arrivée, on oublia de présenter Struensee à la reine.

A la lueur des flambeaux, sous une neige fondue glaciale, commença la cérémonie de l'accueil du roi. Une fois les voitures arrêtées, il avait fait signe à Struensee de s'approcher, et ce dernier marchait maintenant légèrement en retrait du couple royal.

Au dernier rang de ceux qui attendaient, du comité d'accueil chargé des hommages, se tenait Guldberg. Il n'avait pas détaché ses yeux du roi et de son médecin personnel.

Ils étaient nombreux à ne pas détacher leurs yeux ainsi, à examiner.

Dans l'escalier, Struensee demanda au roi :

— Qui était ce petit homme au regard si malveillant ?

— Guldberg.

— Qui est-il ?

Le roi tarda à répondre. Il poursuivit son chemin, puis se retourna et, avec une expression de haine totalement inattendue, il cracha :

— Il sait ! IL SAIT !!! où se trouve Catherine !

Struensee ne comprenait pas.

— Malveillant ! continua le roi sur le même ton haineux. Malveillant !!! et insignifiant !!!

— Ses yeux, dit alors Struensee, n'étaient en tout cas pas insignifiants.

2

Dans la voiture, seule avec le roi, la petite Anglaise n'avait pas dit un mot.

Elle ne savait pas si elle avait détesté l'idée de ces retrouvailles, ou si elle les avait souhaitées. Ce n'était peut-être pas Christian qu'elle avait souhaité. Mais autre chose. Un changement.

Elle avait commencé à comprendre qu'elle possédait un corps.

Auparavant, le corps était quelque chose que les dames d'honneur, à l'aide de leurs paupières discrètement baissées, contribuaient à dissimuler, et qu'ensuite elle promenait devant les yeux de la Cour enserré dans sa cuirasse, tel un petit vaisseau de guerre. Au début, elle avait eu l'impression de n'être qu'un cuirassé. Sa qualité était d'être une reine cuirassée. Dans ce rôle de petit cuirassé, elle était contemplée par ces Danois surprenants, qui parlaient si mal sa langue, et dont l'hygiène personnelle était si dégoûtante. Ils étaient tous sales, puants de parfum médiocre et de vieille poudre.

Puis elle avait découvert le corps.

Après la naissance de l'enfant, le soir, une fois les dames d'honneur sorties de sa chambre, elle avait pris l'habitude de retirer sa chemise de nuit, pour rester honteusement nue sous le drap glacial. Elle avait alors touché son corps ; pas par lubricité, non, il ne s'agissait pas de luxure, pensait-elle, mais d'identifier lentement et d'explorer ce corps une fois libéré des costumes officiels et des fards.

Rien que sa peau.

Elle avait alors commencé à aimer son corps. Elle sentait de plus en plus que c'était le sien. Une fois l'enfant né, et que ses seins avaient fondu pour retrouver leur taille normale, elle avait commencé à aimer son corps. Elle aimait sa peau. Elle aimait son ventre, ses cuisses, elle pouvait rester des heures à penser : ça, c'est mon corps, vraiment.

Il est bon à toucher.

Durant le voyage du roi en Europe, elle avait pris un peu de poids, et en même temps elle avait eu l'impression de se glisser dans son propre corps. Elle pouvait sentir qu'on ne la regardait pas seulement en tant que reine, mais comme autre chose aussi. Elle n'était pas naïve. Elle savait que de la combinaison de son corps nu sous la cuirasse et de son titre émanait quelque chose, quelque chose qui créait autour d'elle un champ rayonnant invisible de sexe, de désir et de mort.

La reine en effet était interdite, et elle était femme. Et, pour cette raison, elle savait d'instinct que les hommes regardaient droit à travers ses vêtements, et qu'ils percevaient ce corps qu'elle aimait maintenant. Elle était certaine qu'ils désiraient la pénétrer, et que c'était la mort que cela impliquait qui les attirait.

L'interdit était là. Il rayonnait à travers la cuirasse. Elle représentait ce qu'il y avait de plus interdit, et elle savait que le périmètre sexuel autour d'elle était pour eux irrésistible.

C'était l'interdit le plus grand, une femme nue, mais qui était également la reine, ce qui par conséquent signifiait aussi la mort. Si l'on désirait la reine, on touchait la mort. Elle était interdite et désirable, et toucher au plus grand interdit signifiait mourir. Cela les excitait, elle le savait. Elle le voyait à leurs regards et, dès lors qu'elle en eut conscience, ce fut comme si tous ceux qui l'entouraient aussi étaient pris, de plus en plus puissamment, dans un champ rayonnant intense et silencieux.

Elle pensait beaucoup à cela. Cela l'emplissait d'une étrange exaltation ; elle se disait qu'elle était le Saint Graal, et que si ce saint graal était conquis, ils obtiendraient la jouissance suprême, et la mort.

Elle le voyait sur eux. Son sexe était en permanence dans leur conscience. Comme une démangeaison. Un tourment qu'ils enduraient. Elle les imaginait pensant constamment à elle quand ils forniquaient avec leurs concubines et leurs catins, elle les voyait fermant les yeux pour imaginer qu'il ne s'agissait pas de la putain ou de l'épouse, mais du corps infiniment interdit de la reine qu'ils perçaient ; et cela l'emplissait d'une sensation inouïe de pouvoir.

Elle hantait leurs corps telle la certitude que son corps à elle signifiait la mort. Tout en étant le Graal.

Elle était comme une démangeaison dans la verge de la Cour. Et ils ne pouvaient pas l'atteindre. Le sexe, la mort et la démangeaison. Ils avaient beau forniquer pour s'en libérer, ils avaient beau essayer d'apaiser la démangeaison dans leurs femmes, ils n'arrivaient pas à se débarrasser de cette obsession. Elle était la seule à être hors d'atteinte, et la seule à associer ainsi la passion et la mort.

C'était une sorte de… pouvoir.

Parfois, cependant, elle pensait : j'aime mon corps. Et je sais que je suis comme une démangeaison dans la verge de la Cour. Mais pourquoi ne puis-je pas, moi aussi, utiliser mon corps, librement, et sentir à quel point la mort est proche de mon sexe, et en jouir moi aussi ? Et parfois, la nuit, quand elle reposait nue dans son lit, elle se touchait, touchait son sexe, et la jouissance venait comme une vague brûlante parcourant ce corps qu'elle aimait de plus en plus.

Et, à son étonnement, elle ne ressentait aucune honte, seulement qu'elle était un être vivant.

3

Christian, ce frêle époux qui ne lui adressait pas la parole, qui était-il, dans ce cas ? Ne ressentait-il pas la démangeaison ?

Il s'en trouvait à l'extérieur. Et elle essayait de savoir qui il était.

En avril, au Théâtre de la Cour, la reine assista à la représentation de *Zaïre*, une pièce du Français Voltaire.

Monsieur Voltaire avait transmis cette pièce au roi en y joignant ses amitiés, et le roi avait souhaité jouer lui-même un des rôles, rôle qu'il avait effectivement appris.

Dans une lettre jointe, Voltaire laissait entendre qu'était glissé dans la pièce un message secret, une clé des actions que le Très Honorable roi du Danemark, Lumière du Nord et sauveur des opprimés, n'allait pas tarder à accomplir.

Après avoir lu la pièce plusieurs fois, le roi avait déclaré qu'il souhaitait jouer le rôle du Sultan.

Il n'avait pas été un mauvais acteur.

Il avait prononcé ses répliques avec lenteur, avec de curieuses intonations qui donnaient aux vers une force surprenante. Ses pauses déconcertantes créaient une tension, comme si, au milieu d'un pas, il s'était arrêté, brusquement clairvoyant. Et, quand elle le vit sur scène, Caroline Mathilde ressentit, malgré elle, une étrange attirance pour son époux.

Sur la scène du théâtre, il était un autre. Les répliques semblaient plus sincères que sa conversation. Il émergeait, littéralement.

Mais fureur est plus grande, et j'en tremble moi-même.
J'ai honte des douleurs où je me suis plongé :
Mais malheur aux ingrats qui m'auront outragé !

Il avait l'air plutôt comique dans son costume. Ce déguisement oriental ! ce turban ! et le cimeterre qui semblait trop gros pour ce petit corps fragile ! Et pourtant : il avait dit ses longs monologues empli d'une étonnante conviction, comme si sur cette scène justement, devant la Cour assemblée, il avait créé les répliques. Des répliques conçues à l'instant. On aurait dit que ce jeune garçon fou, qui jusque-là n'avait vécu qu'en disant les répliques de la Cour, à l'intérieur du théâtre que représentait la Cour, venait pour la première fois de parler en s'écartant du manuscrit, venait pour la première fois d'exprimer ce qu'il y avait en son for intérieur.

Et avait inventé les répliques à l'instant même, sur la scène du théâtre.

Allez, il me suffit... Ote-toi de mes yeux
Laisse-moi : tout mortel me devient odieux
Laisse-moi seul, te dis-je, à ma fureur extrême
Je hais le monde entier, je m'abhorre moi-même.

Il avait joué le rôle calmement, mais avec passion, et les autres comédiens semblaient à tel point paralysés par son jeu qu'ils en oubliaient certaines de leurs propres répliques, et restaient figés dans leur pose, fixant le roi des yeux. D'où venait cette rage contrôlée de Sa Majesté, et cette conviction, qui n'avait plus rien à voir avec du théâtre ?

Tu vois mon sort, tu vois la honte où je me livre
Mais ces pleurs sont cruels, et la mort va les suivre.
Plains Zaïre, plains-moi. L'heure approche : ces pleurs
Du sang qui va couler sont les avant-coureurs.

Les applaudissements en fin de spectacle avaient été longs, mais presque effrayés. Elle avait noté que le médecin allemand, le docteur Struensee, avait vite cessé d'applaudir. Elle s'était dit qu'il n'appréciait peut-être pas. A moins que ce ne soit pour une autre raison.

Etonné, penché en avant comme s'il s'apprêtait à se lever pour rejoindre le roi, Struensee observait Christian, et on aurait dit qu'il voulait lui poser une question.

Et elle avait été immédiatement convaincue que ce nouveau favori, le docteur Struensee, était son ennemi le plus dangereux. Et qu'il lui fallait à tout prix l'écraser.

4

Le silence entourant la reine semblait s'être chargé de magnétisme depuis que le nouvel ennemi était apparu.

Elle en était sûre. Quelque chose de dangereux était en train de se produire, quelque chose arrivait, quelque chose changeait. Auparavant, le monde n'avait été qu'insupportablement ennuyeux ; la vie au Danemark et à la cour de Copenhague ressemblait à cette journée d'hiver où elle était allée sur la côte. Un épais brouillard stagnait sur le détroit d'Øresund, elle s'était assise sur les rochers et avait vu les oiseaux flotter sur une eau noire, immobile, lourde comme du mercure. Quand un oiseau s'était envolé, la pointe de ses ailes fouettant la surface avant qu'il disparaisse dans le brouillard humide, elle avait pensé : *cette eau est la grande mer, et de l'autre côté se trouve l'Angleterre, et si j'étais un oiseau doté d'ailes* mais ensuite le froid et l'ennui lui avaient fait quitter l'endroit.

La vie, à ce moment, avait été immobile, sentant la mort et le varech. Maintenant, la vie était immobile, mais sentait la mort ou la vie ; la différence était que l'immobilité paraissait plus dangereuse, et l'emplissait, elle, d'une étrange excitation.

Quelle en était la cause ? Etait-ce le nouvel ennemi ?

Le docteur Struensee ne ressemblait pas aux autres, et il était son ennemi. Il voulait l'anéantir, elle en était sûre. Il restait en permanence à proximité du roi, et il exerçait un pouvoir sur lui. Tout le monde avait remarqué le pouvoir du docteur Struensee. Mais ce qui les troublait tous, et elle en particulier, c'était que Struensee ne semblait pas désireux d'utiliser ce pouvoir. Il exerçait de plus en plus de pouvoir, c'était indéniable. Mais avec une sorte d'aversion tranquille.

Où voulait-il au juste en venir ?

On le tenait pour bel homme. Il était jeune encore. Il dépassait d'une tête tous les courtisans, il était très aimable et silencieux, et à la Cour on l'appelait "le Taciturne".

Mais que cachait-il sous son silence ?

Un jour, elle était assise avec son ouvrage dans l'allée aux Roses, à l'extérieur de l'enceinte du château, et brusquement elle avait été emplie d'un chagrin si grand qu'elle n'avait su se maîtriser. Son ouvrage au crochet était tombé sur ses genoux, sa tête avait basculé en avant, et elle s'était caché le visage dans les mains saisie du désarroi le plus total.

Ce n'était pas la première fois qu'elle pleurait à Copenhague. Certains jours, elle avait l'impression que son séjour au Danemark n'était depuis le début qu'une longue suite de larmes. Mais c'était la première fois qu'elle pleurait en dehors de ses appartements.

Assise seule ainsi, le visage enfoui dans ses mains, elle n'avait pas vu arriver Struensee. Soudain, il s'était trouvé devant elle. Très calmement, il s'était approché, avait sorti un mouchoir garni de dentelle, et le lui avait tendu.

Il avait ce faisant indiqué qu'il avait vu ses larmes. Quelle insolence, quel manque de discrétion !

Elle avait cependant accepté le mouchoir, et avait séché ses larmes. De son côté, il s'était contenté de s'incliner, puis avait reculé d'un pas, comme prêt à s'en aller. Elle avait alors estimé nécessaire de le réprimander.

— Docteur Struensee, avait-elle dit. Tout le monde cherche à s'agglutiner autour du roi. Mais bientôt, il n'y aura plus que vous de collé à lui. Que désirez-vous si ardemment ? Autour de quoi vous collez-vous ?

Il s'était contenté d'esquisser un de ses petits sourires brefs et amusés, avait secoué la tête, s'était incliné, et s'en était allé sans rien dire.

Sans dire un mot !

Ce qui l'avait surtout mise en rage, c'était cette inaccessibilité affable.

Il ne semblait même pas avoir regardé à travers ses vêtements, comme les autres, pour voir son corps interdit. Si elle était ce qu'il y avait de plus défendu, le Saint Graal, une démangeaison dans la verge de la Cour, pourquoi alors se montrait-il aussi silencieux, si affable et dénué d'intérêt pour elle ?

Elle se disait parfois : ne serait-il pas attiré par l'appel de la mer de la mort, noire comme du mercure ?

5

En avril, l'été arriva.

Il arrivait tôt, avec une brusque explosion de verdure rendant merveilleuses les promenades dans le parc Bernstorff. Les dames d'honneur suivaient avec l'enfant dans son landau. Pour sa part elle préférait marcher seule, dix mètres en avant des dames d'honneur.

Depuis qu'on lui avait retiré Mme von Plessen, décision de principe, elle avait refusé d'avoir une confidente.

Ce fut le 12 mai qu'elle rencontra Struensee dans le parc.

Il s'était arrêté, il marchait seul, il s'était incliné légèrement, avec sur les lèvres ce petit sourire affable, ironique peut-être, qui l'irritait et la troublait tant.

Pourquoi s'était-elle alors, elle aussi, arrêtée ? Parce qu'elle avait une demande à formuler. C'est cela, la raison. Elle avait une vraie demande, légitime, et c'était pour cela qu'elle s'était arrêtée et lui avait adressé la parole.

Qu'elle se soit arrêtée était donc parfaitement normal.

— Docteur… Struensee, dit-elle. C'est bien… Struensee… n'est-ce pas ?

Il ignora la légère pique et répondit simplement :

— Oui, Madame ?

— Il s'agit de l'application de ventouses au prince royal. La variole sévit à Copenhague, on dit que vous êtes un spécialiste, mais j'ai peur, je ne sais pas si nous devons oser…

Il la regarda avec sérieux.

— Il n'y a aucun mal à éprouver des craintes.

— Vraiment ???

Les dames d'honneur menant le landau de l'enfant s'étaient arrêtées à distance respectueuse et attendaient.

— Je peux, dit-il alors, si Votre Altesse royale l'envisage et le désire, entreprendre une application. Je pense avoir le bénéfice d'une longue expérience. J'ai utilisé la méthode des ventouses à Altona pendant de nombreuses années.

— Et vous êtes… un scientifique… vous savez tout sur les ventouses ?

Il esquissa un léger sourire.

— Je n'ai pas écrit ma thèse sur l'application des ventouses. Je me suis contenté de la pratique. Quelque chose comme un millier d'enfants. Ma thèse ne parlait pas de cela.

— Quel en était le sujet, alors ?

— "Les risques liés aux faux mouvements des membres".

Il se tut.

— Et... quels sont les membres qui courent les plus grands risques ?

Il ne répondit pas. Une tension étonnante emplissait l'air. Elle le savait déstabilisé, et cela l'emplissait d'une sorte de triomphe. Maintenant, elle pouvait continuer.

— Le roi dit du bien de vous, dit-elle.

Il s'inclina légèrement.

— Les quelques fois où le roi m'adresse la parole, il dit du bien de vous, précisa-t-elle en le regrettant immédiatement ; pourquoi avait-elle dit cela ? "Les quelques fois où il m'adresse la parole..." Il comprenait bien sûr ce qu'elle voulait dire, mais cela ne le regardait pas.

Pas de réponse.

— Mais je ne vous connais pas, ajouta-t-elle sur un ton plus léger.

— Non. Personne ne me connaît. Pas à Copenhague.

— Personne ?

— Pas ici.

— Avez-vous d'autres intérêts que... la santé du roi ?

Il parut cette fois plus attentif, comme si une brèche venait d'être ouverte dans l'inaccessibilité, et il la regarda pour la première fois avec intensité, comme s'il venait de s'éveiller et de la voir.

— La philosophie, dit-il.

— Ah, ah. Mais encore ?

— L'équitation aussi.

— Ahhh, dit-elle. Je ne sais pas monter à cheval.

— On peut... apprendre... à monter à cheval.

— Est-ce difficile ?

— Oui, dit-il. Mais merveilleux.

Là, pensa-t-elle, cette fois ce bref entretien a trop vite tourné à l'intimité. Elle savait qu'il avait aperçu l'interdit. Elle en était tout à fait certaine ; et brusquement elle se sentit furieuse contre elle-même, d'avoir elle-même provoqué cela. Il aurait dû voir tout seul. Sans aide. Comme les autres.

Elle fit quelques pas. Puis s'arrêta, se retourna, et dit vivement :

— Vous êtes un étranger à la Cour.

Ce n'était pas une question. Mais une constatation. Qui allait le remettre à sa place.

Et ce fut alors qu'il dit, comme une évidence, les mots naturels, les mots absolument justes :

— Oui. Comme vous, Madame.

Elle fut alors incapable de se retenir.

— Dans ce cas, dit-elle très rapidement et sans tonalité particulière, vous allez m'apprendre à monter à cheval.

6

Le comte Rantzau, qui un an seulement auparavant avait avancé à Guldberg l'idée que le médecin allemand Struensee ferait un médecin personnel convenable du roi, ne comprenait plus la situation.

Il sentait confusément qu'elle échappait à tout contrôle.

Soit tout s'était très bien passé, soit il s'était trompé dans l'appréciation de son ami et disciple Struensee. Ce dernier restait en permanence à proximité du roi, mais semblait étonnamment passif. Tout près de Sa Majesté, mais autour de ces deux personnages-là : le silence. On disait que Struensee ouvrait maintenant le courrier du roi, le triait pour arriver à l'essentiel, et écrivait les textes originaux des décrets du roi.

Qu'était-ce, sinon les rudiments du pouvoir ? Et même pas seulement les rudiments.

Pour cette raison, il avait demandé à Struensee de faire avec lui une promenade afin d'analyser la situation dans “la question de l’application des ventouses”.

Il s’était exprimé ainsi. La question de l’application des ventouses lui semblait être un bon point de départ pour retrouver l’intimité d’autrefois avec son ami.

L’homme taciturne d’Altona.

Leurs pas les menaient à travers Copenhague. Struensee paraissait indifférent à la misère et à la saleté, comme s’il ne les connaissait que trop bien. Rantzau, lui, était épouvanté.

— Une épidémie peut atteindre la Cour, dit Rantzau. Elle peut s’insinuer… nous laisser sans défense…

— Malgré la défense danoise, dit Struensee. Malgré les énormes budgets de l’armée.

— Le prince royal doit être protégé, répliqua froidement Rantzau, qui ne trouvait là aucune matière à plaisanterie.

— Je sais, répondit vivement Struensee, sans doute pour changer de sujet. La reine m’a déjà prié d’intervenir. Et c’est ce que je vais faire.

Rantzau demeura interloqué, puis il se maîtrisa, et dit ce qu’il fallait sur le ton qui convenait.

— La reine ? Déjà ? Tant mieux.

— Oui, la reine.

— Le roi te chérirait jusqu’à la fin de tes jours si l’application de ventouses était couronnée de succès. Il t’adore déjà. C’est merveilleux. Il a confiance en toi.

Struensee ne répondit pas.

— Quelle est… la situation du roi ? Réellement ?

— Elle est complexe, dit Struensee.

Il ne dit pas plus que cela. C’était aussi ce qu’il pensait. Il pensait avoir compris, au cours des mois écoulés depuis le retour d’Europe, que la situation du roi était justement – complexe.

Ce moment à Paris, où Christian avait discuté avec les encyclopédistes français, avait été incroyable.

Et, durant quelques semaines, il s'était imaginé que Christian allait pouvoir guérir ; que ce petit garçon, certes, avait eu l'esprit perturbé, une engelure dans l'âme, mais qu'il n'était pas trop tard pour tout. Au cours de ces semaines, Christian avait paru émerger de son engourdissement, avait parlé de sa mission de créer un royaume de la raison, et dit que la Cour était une maison de fous, mais qu'il accordait son entière confiance à Struensee.

Il faisait entièrement confiance. Entièrement. Il le répétait constamment.

Les motifs de cette affection, par contre, restaient mystérieux, voire inquiétants. Struensee allait devenir son "bâton", avait-il dit ; comme si à nouveau il était redevenu enfant, s'était emparé du bâton de l'effroyable surveillant, et l'avait maintenant confié à un nouveau vassal.

Struensee avait dit qu'il ne tenait pas à être un bâton, ni une épée, ni un vengeur. Le royaume de la raison ne pouvait pas se construire sur une vengeance. Et ensemble, comme pour un rituel, ils avaient lu et relu la lettre que Voltaire avait écrite pour lui, et sur lui.

La lumière. La raison. Mais Struensee savait aussi que cette lumière et cette raison se trouvaient entre les mains d'un garçon qui, tel un énorme flambeau noir, portait en lui l'obscurité.

Comment la lumière pouvait-elle naître de cela ?

Pourtant, et malgré lui, quelque chose dans l'image du "bâton" avait attiré Struensee. Un "bâton" était-il nécessaire pour le changement ? Voltaire avait mentionné quelque chose qui s'était incrusté en lui ; à propos de nécessité, ou avait-il parlé de devoir ? d'utilisation de la fissure qui pouvait soudain s'entrouvrir dans l'histoire. Et lui-même avait toujours rêvé de changements possibles, en se disant cependant que, pour sa part, en tant qu'insignifiant médecin allemand d'Altona, il n'était qu'un petit artisan de la vie dont la mission avait été de racler au couteau la saleté de la vie de tous ces gens. Il n'avait pas pensé "scalpel" ; c'était trop pointu, trop menaçant. C'était associé aux autopsies, quand il avait découpé des suicidés, ou des exécutés. Non, il n'avait pensé qu'au simple couteau de l'artisan. Sculpter pour dégager le bois pur de la vie. Comme un artisan.

Racler, avec le couteau de l'artisan. Racler pour enlever la saleté de la vie. Pour que la surface du bois devienne pure, veinée et vivante.

Mais le message de Diderot de la part de Voltaire signifiait autre chose.

Il n'avait pas parlé de devoir. Mais c'est ce qu'il avait voulu dire. Et il arrivait à Struensee de se réveiller la nuit, dans sa chambre de cet horrible château glacial, et de rester immobile à fixer le plafond et de se dire *c'est peut-être moi et ceci est le moment qui ne reviendra peut-être jamais mais si le pouvoir me coince je suis perdu et condamné à la ruine et ce n'est pas ce que je désire* et ce genre de pensées accélérait sa respiration, le plongeait dans l'angoisse, et il se mettait à penser qu'il s'agissait là de responsabilité, d'une responsabilité inouïe, et que cet instant n'allait jamais revenir. Cet instant qui s'appelait Copenhague.

Et que c'était LUI !!!

Et c'était comme s'il voyait s'entrouvrir la fissure dans l'histoire, et il savait qu'il s'agissait de la fissure de sa vie, et que lui seul pouvait se glisser par cette fissure. Que peut-être, peut-être, il s'agissait là de son devoir.

Et il avait terriblement peur.

Il n'avait pas voulu décrire la situation du roi à Rantzau. Cela lui avait soudain paru poisseux. Rantzau était poisseux. Il ne s'en était pas rendu compte auparavant, dans le jardin d'Ascheberg, pas durant ces merveilleuses soirées d'été dans la cabane de Rousseau, mais maintenant il sentait nettement à quel point l'homme était poisseux.

Il désirait le tenir à l'écart.

— Complexe ? demanda Rantzau.

— Il rêve de créer une lumière, dit Struensee. Et un royaume de la raison. Et je crains d'être capable de l'y aider.

— Tu crains ? dit Rantzau.

— Oui, j'ai peur.

— Très bien, dit Rantzau avec une étrange intonation dans la voix. Le royaume de la raison. La raison. Et la reine ?

— Une femme remarquable.

— Alors, espérons que la raison ne sera pas tuée par l'hydre de la passion, dit Rantzau sur un ton léger.

A ceci, il faut ajouter un incident qui s'était produit trois jours auparavant.

Après coup, Struensee craignit de l'avoir mal interprété. Mais ce que la situation, justement, avait de complexe l'avait tracassé plusieurs jours durant.

C'est peut-être à cause de cet incident que, dans la conversation avec Rantzau, il utilisa le mot “complexe”.

Voilà ce qui s'était passé.

Christian et Struensee se trouvaient seuls dans le cabinet de travail du roi. Le chien, comme d'habitude, était couché sur les genoux du roi, et celui-ci signait d'une main une série de documents que Struensee, à la demande du roi, avait remaniés du seul point de vue syntaxique.

Il s'agissait d'un accord entre eux. Struensee écrivait tout. Il insistait cependant pour dire qu'il ne s'agissait que de remaniements purement syntaxiques. Christian apposait lentement son élégante signature, et tout ce temps, il ne cessait de marmonner.

— Ah, dans quelle rage cela va mettre Bernstorff ! Et Guldberg. Guldberg va apprendre sa place ! Il va comprendre maintenant quelle est sa place !!! Je vais briser. Le cabinet. Tout.

Struensee l'observait attentivement, mais sans rien dire, car il avait appris à bien connaître les litanies maniaques du roi sur la destruction, sur le Phénix et sur le nettoyage du Temple.

— Briser ! Tout briser !!! N'est-ce pas, Struensee, que je raisonne comme il faut ?!

Struensee avait alors dit très calmement :

— Oui, sire. Il faut faire quelque chose dans ce royaume en décadence.

— Une lumière ! Venue du Nord !

Il embrassa le chien, chose qui dégoûtait régulièrement Struensee, et il poursuivit :

— Il faut nettoyer le Temple ! Destruction totale !!! Vous êtes d'accord, n'est-ce pas !!!

Jusque-là, la situation était connue. Mais Struensee, qui, un moment, avait été empli d'une sorte de lassitude devant l'éclat du roi, murmura à voix basse, pour lui-même en fait :

— Votre Majesté, parfois il n'est pas très simple de vous comprendre.

Il s'était dit que cela allait passer inaperçu compte tenu du peu d'attention du roi. Mais celui-ci posa sa plume et contempla Struensee, son visage exprima un intense chagrin, ou la terreur, ou quelque chose qu'il aurait aimé que Struensee comprenne.

— Oui, dit-il. Je possède de nombreux visages.

Struensee l'observa attentivement, car il venait de déceler une intonation nouvelle pour lui.

Le roi poursuivit ensuite :

— Cependant, docteur Struensee, dans le royaume de la raison que vous voudriez créer, il n'y a peut-être de place que pour des hommes faits d'une seule pièce ?

Et, après un instant, il avait ajouté :

— Mais, cela dit, y a-t-il de la place pour moi ?

7

On aurait dit qu'ils étaient en attente.

Après la rencontre avec Struensee dans le parc, la reine avait ressenti une rage étrange ; elle avait clairement identifié ce sentiment comme étant de la rage.

Elle n'était pas calme. C'était bien de la rage.

La nuit, elle avait à nouveau retiré sa chemise de nuit, et elle avait intensément caressé son sexe. Trois fois, le plaisir était venu, telle une grande vague, mais cette fois-ci cela ne lui avait procuré aucun calme, et n'avait justement laissé que de la rage.

Je suis en train de perdre les rênes, avait-elle pensé. Il faut que je reprenne les rênes.

Il faut que je reprenne les rênes.

Christian, Caroline Mathilde, Struensee. Eux trois.

Ils semblaient s'observer avec curiosité, méfiance. La Cour les observait aussi. Eux observaient la Cour. Tout le monde semblait attendre.

En quelques occasions, ils furent aussi observés de l'extérieur. Plus tard à l'automne, une lettre fut écrite qui, dans une certaine mesure, présageait de ce qui allait se passer. Un observateur perspicace, le prince royal suédois Gustave, le futur Gustav III, fit cette année-là un voyage à Paris, et s'arrêta un court moment à Copenhague. Il vit quelque chose. Rien sans doute ne s'était encore passé, mais quelque chose allait peut-être se passer.

Dans quelques lettres, il rend compte à sa mère de la situation à la cour du Danemark.

Il n'apprécie pas la cour danoise, trouve le château dépourvu de goût. De l'or, de l'or, tout est de l'or recouvert d'or. Aucune allure. Les parades sont minables. Les soldats ne marchent pas au pas, ils tournent lentement, sans rigueur. Passions et débauche à la Cour, "pire même que chez nous". Le Danemark ne peut guère représenter une menace militaire pour la Suède, tel est son jugement.

Mauvais goût et des demi-tours lents.

C'est néanmoins le couple royal et Struensee qui captent son attention.

"Le plus étonnant, cependant, reste le seigneur du château, et tout ce qui l'entoure. Il a joli visage, mais il est si petit et fluet qu'on le prendrait aisément pour un enfant de treize ans, ou pour une fille déguisée en homme. Mme Du Londelle en habit d'homme lui ressemblerait beaucoup, et je ne crois pas que le roi soit beaucoup plus grand qu'elle.

Ce qui fait qu'on a vraiment du mal à croire qu'il puisse être roi, c'est qu'il n'arbore aucun ordre, et non seulement il s'abstient de porter l'insigne des Séraphins, mais il ne porte pas non plus la plaque. Il ressemble beaucoup à notre princesse royale suédoise, et il parle comme elle, à la seule différence qu'il parle plus. Il semble timide et, lorsqu'il a dit quelque chose, il change d'avis tout comme elle et semble avoir peur d'avoir dit quelque erreur. Sa démarche est invraisemblable, c'est comme si ses jambes fléchissaient sous lui.

La reine est très différente. Elle donne l'impression d'être déterminée, forte et robuste. Ses manières ne sont pas affectées, et pas plus empreintes de réserve. Son discours est vivant et spirituel, mais très rapide aussi. Elle n'est ni belle ni laide ; d'une stature ordinaire bien qu'un peu forte sans être grosse, toujours vêtue d'un habit d'équitation, chaussée de bottes, et toutes les dames de sa suite doivent être vêtues comme elle, ce qui fait qu'au théâtre, et partout ailleurs à vrai dire, on peut distinguer des autres les dames de sa suite."

Il a aussi minutieusement observé Struensee. A table, celui-ci se trouvait en face de la reine. Il "lorgnait" du côté de la reine d'une manière qui déplaît au prince royal suédois. "Le plus étonnant, cependant, est que Struensee est devenu le seigneur du château, et qu'il règne même sur le roi. Le mécontentement que cela occasionne est immense et semble augmenter de jour en jour. S'il y avait autant de force dans cette nation qu'il y a actuellement de mécontentement, les choses pourraient prendre une tournure grave."

Cela se passe à l'automne. Le prince royal suédois, futur roi Gustav III – il héritera du trône plus tard la même année –, a l'impression d'avoir perçu quelque chose.

Et quelque chose, effectivement, s'est passé.

Chapitre 8

UN ÊTRE VIVANT

1

Guldberg concevait souvent l'histoire comme un fleuve implacable, coulant de plus en plus large vers la mer, et qui s'unissait là à la grande eau qu'il considérait image originelle de l'Eternel.

Les mouvements de l'eau étaient la volonté de Dieu. Lui-même n'était pour sa part qu'un observateur insignifiant sur la rive.

En apparence, cela ne lui laissait guère de place dans le déroulement de l'histoire. Mais en même temps, il se disait que ce petit observateur insignifiant, le dénommé Guldberg aux yeux brillants d'un bleu de glace, du fait justement de son insignifiance, de sa résistance et de ses yeux perçants qui ne clignaient jamais, avait été doté d'un rôle. Il n'était pas seulement l'observateur du pouvoir implacable de Dieu, il était aussi un interprète des tourbillons de l'eau. Le caractère propre du fleuve était d'être insondable. Il était donné, par contre, à quelqu'un de voir les courants sous les tourbillons, de maîtriser la logique de l'insondable, et de comprendre les secrets de la volonté de Dieu.

C'était la raison pour laquelle, par précaution, il s'était adjoint des informateurs.

Après la rencontre avec la reine douairière dans l'église du château, il avait compris en quoi consistait sa mission. Elle n'était pas confinée au rôle de l'interprète. Une orientation de cette interprétation s'imposait. Sa mission à lui était d'aimer le fils de la reine douairière, le petit difforme ; et, moyennant l'amour pour cet être insignifiant, la volonté de Dieu allait enfin être réalisée au Danemark.

La volonté de Dieu était, avant tout, que la saleté soit brûlée, et que les idées des Lumières se consument dans le grand brasier divin.

La rencontre dans l'église du château avait été d'extrême importance. Il n'était pas devenu pour autant un homme de main qu'on soudoie. Cette mission, cette vocation, n'était pas le fruit d'un désir de récompense. Il n'était pas quelqu'un qu'on achète. Il avait eu envie de dire cela à la reine douairière quand il l'avait rencontrée dans l'église, mais il lui était impossible de l'exprimer. Il n'avait pas apprécié ce mot de "récompense". Elle n'avait pas compris qu'il n'était pas de ceux qu'on achète. Il ne désirait ni titres, ni récompenses, ni pouvoir ; il voulait rester l'humble, dont la mission était d'interpréter la grande eau insondable de Dieu.

Son inquiétude pour l'évolution de la situation était considérable. Elle était liée au fait qu'il soupçonnait que Struensee lui non plus n'était pas de ceux qu'on achète. Et si réellement on pouvait l'acheter, Guldberg ne savait pas encore avec quoi. Peut-être ne pouvait-on pas l'acheter. Peut-être ce grand arbre allait-il être abattu par autre chose : mais alors il lui restait à percer Struensee à jour, à discerner où était le point faible de cet homme.

Struensee était un parvenu, sur ce point il ressemblait à Guldberg. Tous deux étaient de petits buissons parmi les grands arbres prétentieux. Il adorait cette comparaison. Buisson, arbre, forêt abattue. Avec, pour finir, le triomphe. Il lui arrivait de haïr Struensee avec amour, presque avec sympathie, tendresse même. Mais il n'oubliait pas que sa mission était de le démasquer.

Il craignait que Struensee ne soit pas un intellectuel ordinaire. Il devinait cependant aussi où se situait le point faible. Seul Guldberg, sur la rive du fleuve, avait compris ce fait paradoxal : la faiblesse de Struensee était qu'il n'aspirait pas au pouvoir. Son idéalisme hypocrite était réel. Struensee ne désirait peut-être pas se laisser attraper et corrompre par le pouvoir. Il renonçait peut-être au grand jeu. Peut-être était-il un être parfaitement pur au service du Mal. Peut-être nourrissait-il le rêve naïf d'une pureté possible. Peut-être ne voulait-il pas être sali par le pouvoir. Peut-être était-il en passe de réussir à résister à la saleté du pouvoir, à ne pas tuer, à ne pas anéantir, à ne pas jouer le grand jeu du pouvoir. A savoir rester pur.

Et c'était pour cela que Struensee était condamné à perdre.

2

A distance, Guldberg avait suivi le grand voyage en Europe, presque jour par jour, par l'intermédiaire de ses informateurs. Le visage impassible, il avait lu les lettres racontant ce gaspillage démentiel. Il ne s'était cependant pas inquiété avant l'arrivée des premières lettres de Paris.

Alors, il avait compris qu'un autre danger menaçait.

Qui aurait pu s'en douter ? Rantzau, peut-être. Rantzau lui avait recommandé Struensee, et savait, forcément. La nouvelle de la rencontre du roi avec les encyclopédistes était venue couronner le tout. En juin, il avait par conséquent eu un long entretien avec le comte Rantzau.

L'entretien s'était déroulé sur un ton neutre. Guldberg avait récapitulé une partie du curriculum vitae de Rantzau, y compris son prétendu espionnage pour le compte de l'impératrice de Russie, en soulignant à quel point il importait d'oublier cet incident insignifiant compte tenu de l'infinie cruauté des châtiments pour trahison à la patrie. Il avait brièvement esquissé les règles du jeu. Ils s'étaient accordés pour établir que Struensee était un arriviste extrêmement dangereux.

Rantzau, pour sa part, était resté silencieux la majeure partie du temps, ou avait révélé quelques signes de nervosité.

Guldberg avait vu son impression se confirmer. Rantzau était un homme absolument dépourvu de caractère.

Qui, en plus, avait contracté de grosses dettes.

Durant l'entretien, Guldberg s'était astreint à la plus grande maîtrise de lui-même, afin de ne pas révéler son mépris. Les grands et beaux arbres pouvaient être achetés, avant d'être abattus.

Mais les petits buissons, non.

En mai, la situation était devenue obscure, et par conséquent dangereuse. En juillet, il fut obligé de faire un rapport particulier à la reine douairière.

Ils étaient convenus d'un rendez-vous au Théâtre de la Cour, compte tenu du fait qu'une conversation menée dans la loge de la reine douairière avant la représentation ne pouvait guère être soupçonnée d'être conspiratrice. Lieu public par excellence, le théâtre convenait parfaitement aux entretiens secrets.

Sans compter que l'orchestre accordait ses instruments.

Il fit un rapide exposé des faits. En mai, les ventouses avaient été appliquées au petit prince royal, et ce avec succès. Cela avait renforcé la position du "Taciturne". Au niveau des intrigues, Holck était en disgrâce, Rantzau en grâce, mais ce dernier un homme inoffensif et dépourvu de caractère. Bernstorff allait être relevé de ses fonctions à l'automne. Struensee n'était plus le protégé de Rantzau, et Struensee allait bientôt détenir tout le pouvoir. C'était pourquoi Rantzau le haïssait, tout en se considérant comme le plus proche, voire seul ami de Struensee. Brandt était en grâce. Le roi, échappant à tout contrôle, signait machinalement les décrets. La semaine suivante, Struensee allait être nommé Conseiller en conférence, avec un salaire annuel de mille cinq cents rixdales. La lettre décrétant l'interdiction, ou la “cessation”, de la distribution d’insignes d’ordres et de récompenses que le roi avait signée la semaine précédente avait été rédigée par “le Taciturne”. Une cascade de “réformes” était en attente.

— Comment le savez-vous ? demanda la reine douairière. Struensee n’est pas homme à vous avoir fait ses confidences.

— Mais Rantzau peut-être, répondit alors Guldberg.

— N’est-il pas le seul ami de Struensee ?

— Struensee a refusé de décréter que ses dettes soient annulées, expliqua brièvement Guldberg.

— Un intellectuel couvert de dettes, en conflit avec un homme des Lumières armé de principes, dit pensivement comme pour elle-même la reine douairière. Une tragédie pour chacun d’eux.

Guldberg poursuivit alors son analyse. Ce que Struensee avait récemment qualifié de “remaniement syntaxique” des décrets du roi était désormais un exercice non dissimulé du pouvoir. Le roi signait tout ce que Struensee proposait. Les réformes affluaient en torrent. Les projets, qui n’allaient pas tarder à être réalisés, incluaient aussi une liberté totale de la presse, la liberté de culte, l’attribution de la douane d’Øresund à l’Etat et non plus à la maison du roi, le règlement de la question paysanne et l’abolition du servage, la suppression des subventions aux industries peu rentables propriétés de la noblesse, une réorganisation des services de santé, ainsi qu’une série de projets isolés, telle par exemple la saisie des locaux de l’église d’Amaliegade pour les transformer en orphelinat.

— Un orphelinat pour des bâtards de catins, commenta amèrement la reine douairière.

— Ainsi que, bien évidemment, l’interdiction du recours à la torture lors des interrogatoires.

— Ce point-là, intervint alors la reine douairière, sera en tout cas définitivement rétabli lorsque ce rat aura été capturé et neutralisé.

Les musiciens avaient à ce moment terminé d'accorder leurs instruments, et la reine douairière demanda en chuchotant :

— Et comment la reine considère-t-elle Struensee ?

— Personne ne sait rien sur elle, répondit alors Guldberg lui aussi dans un murmure. Mais lorsque quelqu'un saura, je serai le premier à en être informé.

3

De plus en plus souvent, elle se faisait conduire sur la côte. Elle descendait de voiture, et restait en attente au bord de l'eau. L'odeur était la même, mer et varech, mais pourtant pas la même. Au début, il ne s'était agi que d'ennui. Ensuite était venu le mélange de plaisir et de mort. Maintenant, c'était autre chose.

Et qui avait peut-être un rapport avec Struensee. Elle voulait en savoir plus.

Elle avait demandé où il se trouvait et l'avait appris : raison pour laquelle elle avait situé sa promenade de l'après-midi aux écuries royales où, chaque mardi et vendredi, le docteur Struensee montait à cheval.

Il s'y trouvait effectivement. C'était pour cette raison qu'elle y était allée, sans dames d'honneur pour l'accompagner. Elle y était allée pour connaître les raisons de sa rage, et pour remettre cet homme à sa place.

Il était en train de seller son cheval et, parce qu'elle avait décidé de le remettre à sa place et qu'elle était furieuse, elle alla droit au but.

— Docteur Struensee, dit-elle, je vois que vous êtes occupé, je ne voudrais pas vous déranger, vous êtes si occupé.

Perplexe, il se contenta de la saluer, puis continua à seller le cheval, mais sans rien dire. C'était invraisemblable. Un minimum de connaissance de l'étiquette indiquait qu'il se devait de répondre, et avec toute la politesse obligatoire ; mais il était un homme du peuple, évidemment.

— Vous offensez la reine du Danemark, dit-elle alors. Je vous parle. Vous ne répondez pas. Quelle insolence !

— Telle n'était pas mon intention, dit-il.

Il ne paraissait même pas avoir peur.

— Toujours occupé, ajouta-t-elle. Mais que faites-vous, réellement ?

— Je travaille, dit-il.

— A quoi ?

— Je suis au service du roi. Je rédige des textes. J'ai des entretiens. Donne des conseils parfois, si tel est le désir du roi.

— Vous m'aviez promis des leçons d'équitation, je vous ai autorisé à le promettre, et ensuite vous n'avez pas le temps ! Pas le temps ! Mais prenez garde, vous pourriez tomber en disgrâce ! En DISGRÂCE !!!

Il s'arrêta alors de seller, se retourna, et la regarda avec stupeur, et avec irritation, peut-être.

— Puis-je demander, ajouta-t-elle d'une voix si peu maîtrisée qu'une seconde elle s'entendit elle-même et en fut emplie de honte, puis-je vous demander si ce TRAVAIL est à ce point nécessaire, puis-je vous le demander ? et je le puis !!! qu'est-ce qui...

— Dois-je répondre ? demanda-t-il.

— Répondez, docteur Struensee.

Et cela vint soudainement. Si soudainement qu'elle ne s'y attendait pas. Il lui répondit avec une brusque fureur qui les surprit tous deux.

— Madame, avec tout le respect que je vous dois, je travaille vraiment, dit-il plein d'une rage sourde. Mais pas autant que je le devrais. Ce sur quoi je devrais travailler exige du temps, je ne l'ai pas, je dois dormir aussi, je suis insuffisant, mais personne ne dira que je n'essaie pas. Je sais malheureusement très bien ce que je ne fais pas, Votre Majesté, malheureusement ; je devrais travailler pour rendre décent ce fichu Danemark, travailler pour les droits des paysans, ce que je ne fais pas, pour diminuer la maison du roi de moitié, au moins ! au moins !!! ce que je ne fais pas non plus ; pour modifier la loi afin que les mères d'enfants illégitimes ne soient pas condamnées, NE SOIENT PAS CONDAMNÉES !!! ce que je ne fais pas ; travailler pour que les peines hypocrites pour cause d'infidélité soient supprimées, ce que je ne fais pas non plus, ma reine Très Honorée. Il y a une telle quantité incroyable de choses pour lesquelles je ne travaille pas ! je ne travaille pas !!! que je devrais, mais que je ne peux pas, et je pourrais continuer longtemps avec d'autres exemples de ce sur quoi je ne travaille pas !!! je pourrais…

Il s'interrompit soudain. Il savait qu'il s'était laissé emporter. Il y eut un long silence, puis il dit :

— Je vous demande pardon. Je demande… que vous me pardonniez. Pour cette…

— Oui ?

— Bévue inexcusable.

Soudain, elle se sentit tout à fait calme. Sa rage s'était évanouie, non pas parce qu'elle l'avait remis à sa place, ni parce qu'elle avait été remise à sa place ; non, sa rage s'était tout simplement évanouie.

— Quel beau cheval, dit-elle.

Oui, les chevaux étaient bien beaux. Comme ce devait être merveilleux d'évoluer parmi ces beaux animaux, leurs peaux, leurs naseaux, leurs yeux qui la contemplaient si doucement et en silence.

Elle s'approcha du cheval, lui flatta le flanc.

— Quel bel animal. Pensez-vous que les chevaux aiment leur corps ?

Il ne répondit pas. Elle continua de le flatter : l'épaule, l'encolure, la tête. Le cheval restait immobile. Elle ne se tourna pas vers Struensee, dit seulement tout bas :

— Est-ce que vous me méprisez ?

— Je ne comprends pas, dit-il.

— Vous dites-vous : jolie petite fille, dix-sept ans, sotte, n'a rien vu du monde, rien compris ? Un bel animal. En va-t-il ainsi ?

Il ne fit que secouer la tête.

— Non.

— Et que suis-je, alors ?

Il s'était remis à brosser le cheval, lentement ; il s'arrêta.

— Vivante.

— Que voulez-vous dire ?

— Un être vivant.

— Ainsi donc, vous l'avez vu ?

— Oui. Je l'ai vu.

— Tant mieux, dit-elle tout bas. Tant... mieux. Il n'y a pas beaucoup d'êtres vivants à Copenhague.

Il la regarda.

— Votre Majesté ne peut pas le savoir. Il existe un monde extérieur à la Cour aussi.

Elle pensa : c'est vrai, et il ose le dire. Il a peut-être vu autre chose que le vaisseau de guerre cuirassé, ou que le corps. Il voit autre chose et il est courageux. Mais le dit-il parce qu'il me considère comme une petite fille, ou parce que c'est vrai ?

— Je comprends, dit-elle. Vous vous dites qu'elle n'a pas vu grand-chose du monde. N'est-ce pas ? C'est ce que vous pensez ? Dix-sept ans, n'a jamais vécu en dehors de la Cour ? N'a rien vu ?

— Il ne s'agit pas d'années, dit-il alors. Certains vivent cent ans et n'ont cependant rien vu.

Elle le regarda droit dans les yeux et, pour la première fois, sentit qu'elle n'avait pas peur, et n'était pas non plus furieuse, mais seulement calme et dans l'expectative.

— Qu'importe que vous vous soyez mis en colère, dit-elle. C'était très bien de voir quelqu'un qui... brûle. Qui soit vivant. Je ne l'avais jamais vu auparavant. C'était très bien. Maintenant, vous pouvez monter votre cheval, docteur Struensee.

4

Le cabinet était réuni, pour une fois dans sa totalité, lorsque le roi annonça que le docteur en médecine

J. F. Struensee venait d'être nommé Conférencier royal, avec le titre de Conseiller en conférence.

On s'y attendait. Personne ne broncha.

Il annonça aussi qu'il n'y avait aucune raison de tenir d'autres réunions du cabinet avant la fin du mois de septembre, et que les décrets royaux qu'il aurait signés entre-temps ne nécessitaient pas d'être confirmés par le cabinet.

Il y eut un silence glacial, paralysé. Cela, on ne s'y attendait pas. Qu'est-ce que cela signifiait, concrètement ?

— Par la même occasion, termina le roi, je voudrais gracieusement vous signifier que j'ai bien voulu ce jour nommer mon chien Vitrius Conseiller du royaume, et que, dorénavant, il devra être traité avec le respect qui revient à ce titre.

Le silence qui s'ensuivit dura longtemps.

Puis le roi se leva sans un mot, tous imitèrent son exemple, et la salle se vida.

Dans le couloir, de petits groupes se formèrent, puis se dispersèrent rapidement. Durant ce bref instant, Guldberg eut cependant le temps d'échanger quelques mots avec le Maréchal de la Cour, le comte Holck, ainsi qu'avec le ministre des Affaires étrangères, le comte Bernstorff.

— Le pays, dit-il, affronte aujourd'hui sa pire crise de tous les temps. Rencontrons-nous ce soir chez la reine douairière à dix heures.

Etrange situation. Guldberg semblait outrepasser autant les droits de son titre que l'étiquette. Mais aucun des deux ne s'en était formalisé. Ensuite, "tout à fait inutilement" comme il le jugea plus tard, il ajouta :

— Secret absolu.

A la réunion de la matinée du lendemain, seules trois personnes étaient présentes.

Il y avait le roi Christian VII, son chien – Conseiller du royaume nommé de fraîche date, le schnauzer

Vitrius, couché sur les pieds du roi et qui dormait –, et Struensee.

Struensee passait l'un après l'autre des documents au roi qui cependant, au bout d'un moment, indiqua d'un geste de la main qu'il souhaitait s'interrompre un moment.

Le roi regardait obstinément la table, sans tambouriner des doigts dessus, sans être agité de spasmes. Son visage semblait seulement empli d'un chagrin si intense qu'un instant Struensee eut peur.

Ou bien s'agissait-il d'une extrême solitude ?

Sans lever les yeux, et sur un ton de calme absolu et de grande concentration, le roi dit ensuite :

— La reine souffre de mélancolie. Elle est seule, elle est étrangère dans ce pays. Je n'ai pas réussi pour ma part à atténuer cette mélancolie. Vous devez ôter ce fardeau de mes épaules. Vous devez ! vous occuper d'elle.

Après un long moment, Struensee dit :

— Mon seul désir est que cesse l'actuelle tension entre les deux époux.

Le roi ne fit que répéter :

— Vous devez ôter ce fardeau de mes épaules.

Struensee fixait les documents étalés devant lui. Christian ne levait pas les yeux. Le chien dormait pesamment sur ses pieds.

5

Il n'arrivait pas à la comprendre.

A Altona, lors de son bref séjour avant l'arrivée à Copenhague, Struensee ne l'avait qu'aperçue. De toute évidence elle n'était alors qu'une enfant, et terrorisée.

Il avait été indigné. On n'avait pas le droit de traiter ainsi des êtres humains. Mais il ne l'avait pas réellement vue.

Puis il l'avait vue. Et brusquement il avait compris qu'elle représentait un grand danger. Tous ceux qui parlaient d'elle la disaient "charmante" ou "ravissante", mais cela ne répondait qu'à une obligation quand on parlait de reines. Ça ne signifiait rien. On l'avait supposée dépourvue de volonté et charmante, et on avait dit que sa vie allait devenir un enfer, sur un plan plus élevé néanmoins que celui des épouses de la bourgeoisie, et sur une autre planète par rapport au peuple. Mais quelque chose en elle l'avait amené à penser qu'on avait sous-estimé la petite Anglaise.

Sa peau était merveilleuse. Elle avait de très belles mains. Une fois, il s'était surpris en train d'imaginer cette main entourant sa verge.

Son désir d'apprendre à monter à cheval l'avait stupéfié.

Elle le stupéfiait pratiquement toujours, les rares fois où ils se rencontraient. Il lui semblait la voir grandir, mais il ne voyait pas où cela allait se terminer.

Organiser une première leçon d'équitation n'avait pas posé de problème. Mais l'heure venue, elle était arrivée habillée en homme ; aucune femme de la maison royale, pourtant, n'était jamais montée à cheval comme un homme, c'est-à-dire les jambes écartées et pendant de part et d'autre du cheval.

C'était considéré comme obscène. Mais elle était arrivée vêtue d'une tenue d'équitation d'homme.

Il n'avait fait aucun commentaire.

Il l'avait prise doucement par la main, l'avait guidée jusqu'au cheval pour la première leçon.

— La première règle, avait-il dit, est la prudence.

— Et la deuxième ?

— Le courage.

— J'aime mieux la deuxième, avait-elle dit alors.

Le cheval avait été soigneusement choisi, il était resté très calme. Ils avaient chevauché dans le parc Bernstorff pendant une heure.

Le cheval était resté très lentement au pas. Tout s'était très bien passé.

Elle était montée à cheval, pour la première fois de sa vie.

Des champs ouverts. Des bosquets.

Struensee chevauchait à son côté. Ils parlaient d'animaux.

La manière dont les animaux bougeaient, si les animaux pouvaient rêver, s'ils avaient conscience de leur propre vie. Si leur amour était réservé à une personne en particulier.

S'ils prenaient eux-mêmes conscience de leur propre corps, comment ils voyaient les hommes, ce que pouvaient être les rêves des chevaux.

La reine dit qu'elle s'était imaginé les chevaux différents des autres animaux. Qu'à leur naissance ils étaient insignifiants, avec des pattes trop longues, mais que très vite ils prenaient conscience de leur propre vie, de leur corps, et commençaient à rêver, qu'ils pouvaient ressentir de l'angoisse ou de l'amour, qu'ils possédaient des secrets qu'on pouvait lire dans leurs yeux, pourvu qu'on regarde dedans. Il fallait regarder dans leurs yeux, alors on comprenait que les chevaux rêvaient quand ils dormaient, debout, entourés de leurs secrets.

Il dit : Je me rends compte que jamais de ma vie je n'ai osé me pencher sur les rêves d'un cheval.

Alors la reine rit, pour la première fois depuis bientôt trois années qu'elle vivait à Copenhague.

Dès le lendemain, la rumeur circulait.

Struensee franchissait le porche du château et y croisa la reine douairière ; elle l'arrêta.

Son visage était dur comme de la pierre. Son visage était pratiquement toujours dur comme de la pierre ; mais on y discernait maintenant une rage sous-jacente qui la rendait effrayante.

— Docteur Struensee, dit-elle, on m'a informée que la reine est montée à cheval vêtue d'un costume d'homme, et à califourchon sur le cheval. Est-ce exact ?

— C'est exact, dit-il.

— Il s'agit d'une infraction à l'étiquette, et c'est indigne.

— A Paris, répondit-il, les dames montent toujours ainsi. Sur le continent, personne ne considère cela comme indigne. A Paris, ceci est…

— A Paris, l'interrompit-elle sèchement, règne beaucoup de dépravation. Nous n'avons nul besoin d'importer tout cela au Danemark.

Il s'inclina, mais ne répondit pas.

— Juste une autre question, docteur Struensee, au sujet de ces… idées continentales.

Il se pencha légèrement en avant.

— Quel est l'objectif final de ces… hommes des Lumières ? Je me suis… posé la question.

Il prépara soigneusement sa réponse.

— Faire de la terre un ciel, dit-il ensuite avec un petit sourire.

— Et qu'advient-il alors du… véritable ciel ? Je veux dire par là le ciel de Dieu.

Avec un sourire tout aussi doux, il répondit :

— Il deviendra alors… selon eux… moins nécessaire.

Sur le même ton de calme, la reine douairière répliqua :

— Je comprends. C'est d'ailleurs pour cette raison que ces blasphémateurs doivent être anéantis.

Puis elle se retourna, et s'en alla.

Struensee resta longtemps immobile en la regardant partir. Il pensait : en fait, je ne suis pas un homme courageux. Je me sens parcouru d'une pique glaciale quand une vieille femme s'adresse à moi. Si l'on aperçoit une fissure dans l'histoire et que l'on sait que l'on devrait s'y glisser – est-il raisonnable qu'un homme qu'une vieille femme effraie assume cette tâche ?

Après coup, il se dit aussi : la résistance se manifeste. Pas seulement une vieille femme. La noblesse. Guldberg. Ils sont nombreux. La résistance ne va pas tarder à se dessiner.

Ceux qui sont contre, je dois pouvoir les distinguer. Mais ceux qui sont pour ?

Chapitre 9

LA CABANE DE ROUSSEAU

1

De plus en plus difficile de comprendre ce qui se passe.

Le rond de lumière semble se réduire autour de quelques rares acteurs sur une scène de théâtre. Ils ne se regardent cependant pas encore mutuellement en face.

Incessamment prêts à dire leurs répliques. Toujours leurs visages détournés, et le silence.

Le soir où, une fois encore, et en s'égarant dans les détails, Christian raconta à Struensee ses cauchemars sur la mort douloureuse du sergent Mörl, Struensee se mit à arpenter la pièce en enjoignant au roi avec colère de s'arrêter.

Christian en resta stupéfait. Du temps où Reverdil était encore là, avant qu'on le punisse d'exil, il pouvait parler de ces choses. Maintenant, Struensee semblait incapable de se maîtriser. Et, Christian lui en ayant demandé la raison, Struensee répondit :

— Votre Majesté ne comprend pas. Et ne s'est jamais efforcée de comprendre. Bien que nous nous connaissions depuis longtemps maintenant. Mais je ne suis pas un homme courageux. La douleur me terrorise. Je ne veux pas penser à la douleur. Je suis vite effrayé. Voilà, ce que Votre Majesté aurait su, si Votre Majesté avait été intéressée.

Christian fixa Struensee avec étonnement tout le temps que ce dernier s'emballa, puis il dit :

— Moi aussi, j'ai peur de la mort.

— Je n'ai pas peur de la mort !!! répliqua Struensee avec impatience. Seulement de la douleur. Seulement de la douleur !!!

Datant de la fin de l'été 1770, il existe un dessin de la main de Christian représentant un jeune négrillon.

A part cela, il dessinait rarement, mais les dessins qui existent sont faits avec beaucoup de talent. Ce dessin-là représente Moranti, le page nègre que l'on avait offert au roi pour atténuer sa mélancolie et "pour qu'il dispose de quelqu'un pour jouer".

Personne ne devrait s'exprimer ainsi. "Mélancolie" était le mot juste, mais pas "camarade de jeux". Brandt, pourtant, celui qui avait eu l'idée, parle bien de camarade de jeux pour le roi. Un sentiment de sourde résignation s'était répandu autour du roi. On avait du mal à trouver des camarades de jeux parmi les courtisans. Le roi semblait concentrer son énergie quotidienne pour l'heure où il signait les documents et missives que Struensee lui présentait ; mais, une fois qu'ils s'étaient séparés pour la journée, l'apathie l'envahissait, et il retombait dans ses marmonnements. S'étant lassé de la compagnie du roi, Brandt lui avait acheté comme jouet un page nègre. Quand il en avait demandé l'autorisation à Struensee, ce dernier s'était contenté de secouer la tête avec résignation, mais il avait accepté.

La position de Struensee à la Cour était maintenant si évidente qu'on avait aussi besoin de son accord pour l'achat d'esclaves nègres.

On pouvait aisément comprendre qu'il se soit lassé, avait souligné Brandt. Tenir compagnie à Sa Majesté en jouant avec Elle ne pouvait guère être considéré comme une de ses tâches manifestes de Directeur du Théâtre. En réalité, Brandt était épuisé et furieux. Les moments passés avec Sa Majesté s'étaient enfoncés de plus en plus dans la monotonie, car le roi restait souvent la journée entière assis sur une chaise, agitant les mains et marmonnant entre ses dents, ou contemplant le mur d'un air hébété. Le roi avait en outre l'habitude de placer sa chaise près du mur, et tournée vers le mur, pour s'éviter de voir son entourage.

Que pouvait faire Brandt ? Il avait du mal à entamer une conversation. Il ne pouvait pas se glisser entre la chaise et le mur, avait-il expliqué à Struensee.

— Faites comme vous voulez, avait répondu Struensee. De toute façon, nous sommes dans une maison de fous.

On avait baptisé le page nègre Moranti.

Moranti fut appelé à jouer un certain rôle dans la suite des événements. Il apparaît aussi dans les comptes rendus diplomatiques.

Plus tard, le même automne, la situation s'étant compliquée et des rapports inquiétants sur les pouvoirs de Struensee étant parvenus aussi à quelques puissances étrangères, l'ambassadeur de France avait demandé une audience au roi. Lorsque l'ambassadeur arriva, il n'y avait cependant que Struensee dans la pièce, pour expliquer que le roi Christian VII était indisposé ce jour-là, mais qu'il tenait à témoigner à l'envoyé du gouvernement français de son respect et de son dévouement.

— Docteur Struensee…, commença l'envoyé français, immédiatement repris par Struensee :

— Monsieur le Conseiller en conférence.

L'ambiance était lourde et hostile, mais polie.

— … des rumeurs sont parvenues jusqu'à nous concernant les projets… quasi révolutionnaires du monarque danois. Intéressant. Intéressant. Nous connaissons bien ces idées à Paris. Et nous les critiquons. Comme vous le savez sans doute. Nous aimerions, avec tout le respect que nous vous devons, nous assurer que de sombres forces… révolutionnaires…

ne seraient pas libérées par erreur ! Par erreur. Chez vous. Et en Europe. Et qui permettraient à la contagion des Lumières… oui, permettez-moi d'utiliser cette expression de contagion ! de se répandre. Et, comme nous savons que le jeune monarque est à votre écoute, nous aimerions…

Contrevenant à l'étiquette, Struensee n'avait pas invité l'ambassadeur français à s'asseoir ; ils étaient maintenant debout face à face, à deux aunes et demie de distance.

— Aurait-on peur, à Paris ? demanda Struensee sur un ton de légère ironie. Peur du petit Danemark insignifiant ? Est-ce cela que vous essayez de me dire ?

— Nous aimerions savoir ce qui se passe.

— Ce qui se passe est une affaire danoise.

— Qui ne concerne pas… ?

— Exactement.

L'envoyé fixa Struensee d'un regard glacial, puis, comme si un instant il perdait le contrôle de lui-même, il proféra d'une voix violente :

— Les hommes des Lumières comme vous, docteur Struensee, ne devraient pas être insolents !

— Nous ne sommes qu'objectifs.

— Mais si le pouvoir royal est en danger…

— Il n'est pas en danger.

— Ce n'est pas ce qui nous a été communiqué.

— Alors évitez d'écouter.

Soudain, des cris violents parvinrent de la cour du château. Struensee sursauta et s'approcha de la fenêtre. Et il découvrit le roi Christian VII jouant avec son page. Christian faisait le cheval, et le petit négrillon était perché sur son dos, criant de toutes ses forces et faisant tournoyer une cravache tandis que le roi rampait à quatre pattes.

Struensee se retourna, mais trop tard. L'envoyé français l'avait suivi à la fenêtre, et il avait vu. Le visage fermé, Struensee tira alors les rideaux.

La situation avait malheureusement été très explicite.

— Monsieur Struensee, dit l'envoyé français sur un ton de dédain et de rage, je ne suis pas un imbécile. Mon roi n'en est pas un non plus, ni les autres souverains d'Europe. Je vous dis ceci avec la clarté que vous dites tant apprécier. Vous jouez avec le feu. Nous ne permettrons pas que le grand brasier révolutionnaire qui consume tout démarre dans ce petit pays de merde.

Et ensuite : la stricte courbette nécessaire.

La scène en bas dans la cour du château avait été parfaitement révélatrice, et authentique. C'était indéniable.

Etait-ce cela, le despote brandissant le flambeau de la raison ? Ou était-il un fou ? Qu'allait-il faire de lui ?

Non, il ne savait pas ce qu'il allait faire de Christian.

Le problème ne faisait que croître. Et, au bout du compte, cela devenait un problème qui semblait le remettre lui-même en question. Etait-il l'homme qu'il fallait ? Ou bien portait-il aussi en lui-même le flambeau noir ?

Dans la semaine qui avait précédé la venue du jeune page nègre à la Cour, Struensee avait été saisi de désespoir. Peut-être fallait-il écouter la voix de la raison ? Peut-être était-il plus sage de laisser Christian à sa maladie, de le laisser se faire dévorer par l'obscurité ?

La lumière, pouvait-elle émaner de l'obscurité du flambeau noir ? La raison devait bien être ce levier glissé sous la maison du monde. Mais sans le point d'appui ? Si la raison ne trouvait pas de pivot pour pivoter ?

Pourtant, il aimait beaucoup cet enfant. Il ne voulait pas abandonner Christian, cet être qui appartenait peut-être aux inutiles, à ceux qui n'avaient pas de place dans le grand dessein. Mais les inutiles, n'étaient-ils pas eux aussi une partie du grand dessein ?

N'était-ce pas pour les inutiles que le dessein avait été conçu ?

Il s'interrogeait beaucoup sur sa propre hésitation. Christian était blessé, il avait une engelure dans l'âme, mais en même temps son pouvoir était nécessaire. Que convoitait-il lui-même, ou en tout cas de quoi se servait-il maintenant ? La maladie de Christian créait un vide au centre du pouvoir. Lui-même y était passé en visite. Il devait exister une possibilité de sauver à la fois le garçon et le rêve d'une société modifiée.

Il s'était dit cela. Mais il n'aurait su dire si, en premier lieu, c'était Christian ou lui-même qu'il défendait.

L'image du flambeau noir qui rayonnait à partir de l'obscurité ne le lâchait pas. Un flambeau noir brûlait en ce jeune monarque, il le savait maintenant, et sa lueur semblait éteindre la raison. Pourquoi l'image ne le laissait-elle pas tranquille ? Peut-être existait-il un flambeau noir en lui-même aussi. Non, peut-être pas.

Mais alors, qu'y avait-il ?

La lumière, le feu de prairie. De si belles paroles !

Christian, lui, était à la fois la lumière et la possibilité, et un flambeau noir qui jetait son obscurité sur le monde.

Etait-ce ainsi qu'était l'homme ? Simultanément possibilité et flambeau noir ?

Une fois, dans un de ses moments de lucidité, Christian avait parlé d'hommes faits d'une seule pièce ; il n'était pas pour sa part constitué d'une seule pièce, avait-il dit. Il possédait de multiples visages. Ensuite, Christian avait demandé : Y a-t-il donc de la place pour des gens comme moi au royaume de la raison ?

Quelle question simple et puérile. Mais qui soudain avait fait très mal à Struensee.

Il devrait y avoir de la place pour Christian aussi. N'était-ce pas de cela qu'il s'agissait ? N'était-ce pas justement que la fissure dans l'histoire s'ouvrirait devant Struensee ; n'était-ce pas aussi une partie de la mission ?

En quoi alors la mission consistait-elle ? Il pouvait s'imaginer face à la postérité : un médecin allemand venu rendre visite à la maison de fous.

A qui on avait donné une mission ?

"Visite" était un mot plus approprié, mieux que "vocation" ou "mission". Oui, il s'était mis à penser ainsi. Cela avait grandi en lui. Une visite, une mission à accomplir, une tâche proposée, une fissure qui s'ouvrait dans l'histoire ; il allait donc s'y glisser, puis disparaître.

Tout en tenant Christian par la main. Cela peut-être était très important. De ne pas abandonner Christian derrière lui. Cet être qui possédait de multiples visages, et qui n'était pas fait d'une seule pièce, et au sein duquel brûlait maintenant de plus en plus fort un flambeau noir qui jetait son obscurité sur tout.

Nous deux, avait parfois pensé Struensee. Un couple grandiose. Lui avec son flambeau noir qui dispense son obscurité, et moi avec mon regard franc et mon abominable peur, celle que je cache si habilement.

Et ces deux-là glisseront alors un levier sous la maison du monde.

2

Il savait qu'il n'aurait pas dû autoriser le cadeau.

Le petit négrillon était un jouet. Ce n'était pas de jouets que le roi avait besoin ; cela le menait dans la mauvaise direction, comme une poussée mal ajustée sur une boule de billard.

Ce qui l'avait fait "céder" – ce mot précis lui vint à l'esprit plus tard – était un incident qui s'était produit dans la première semaine de juin 1770.

Christian avait commencé à le suivre comme un chien : babillant et affectueux, ou cantonné dans un silence suppliant. Il fallait faire quelque chose pour tirer le roi hors de sa léthargie. Struensee avait par conséquent décidé que l'on partirait en voyage, brièvement, non pas vers les cours européennes, mais vers la réalité. La Réalité allait tirer le roi de sa mélancolie. Le voyage parcourrait la campagne danoise et présenterait au roi une image de la situation de servage des paysans danois ; mais une image vraie et réaliste, dépouillée des agencements de la Cour, sans que ces serfs soient conscients que le roi les côtoyait et les regardait vivre.

Ce voyage devait donc être entrepris incognito.

La veille du départ – le plan du voyage ayant été accepté sans discussion par le roi, puisqu'il n'avait pas été informé de la véritable intention, ni ne lui aurait accordé le moindre intérêt –, des rumeurs avaient cependant commencé à circuler. Et une violente altercation avait eu lieu avec Rantzau, qui à l'époque semblait être revenu en grâce à la Cour et jouissait à nouveau des faveurs du roi, et qui passait pour l'un des amis les plus proches de Struensee.

Ce matin-là, prévoyant de faire une courte promenade à cheval, Struensee se trouvait aux écuries ; c'était juste après le lever du soleil. Son cheval sellé, il s'apprêtait à passer le portail quand il fut arrêté par Rantzau qui saisit son cheval par la bride. Sensiblement irrité, Struensee lui demanda ce qu'il voulait.

— A ce que j'ai compris, dit Rantzau avec une rage mal contenue, c'est toi qui en veux, des choses. Mais qu'est-ce qui se passe, maintenant, que signifie ceci ? On va traîner le roi chez les paysans. Il ne rencontrera ni ceux qui prennent des décisions ni ceux dont nous avons besoin pour nos réformes. Mais des paysans ! Et pour voir quoi ?

— La réalité.

— Tu as sa confiance. Mais tu es en train de commettre une erreur.

Un instant, Struensee faillit s'emporter, mais il se ressaisit. Il expliqua qu'il fallait guérir le roi de sa léthargie et de sa mélancolie. Le roi séjournait depuis si longtemps dans cette maison de fous qu'il en avait perdu la raison. Le roi ne connaissait rien du Danemark.

— Qu'en pense la reine ? demanda Rantzau.

— Je ne le lui ai pas demandé, répondit Struensee. Lâche mon cheval.

— Tu es en train de commettre une erreur ! cria alors Rantzau si fort que tous ceux qui se trouvaient à proximité purent l'entendre. Tu es naïf, tu détiendras bientôt tout entre tes mains, mais tu ne comprends pas les règles du jeu, laisse ce fou tranquille, tu ne peux pas…

— Lâche, dit Struensee. Et je ne souffre pas que tu le traites de fou.

Mais Rantzau ne lâcha pas, et continua à parler d'une voix forte.

Struensee piqua alors des éperons, Rantzau trébucha en arrière, tomba à la renverse, et Struensee partit à cheval sans regarder derrière lui.

Le lendemain matin, le roi et Struensee entamèrent leur voyage d'étude parmi les paysans danois.

Les deux premières journées furent couronnées de succès. C'est le troisième jour que la catastrophe eut lieu.

C'était tard dans l'après-midi, à hauteur de Hillerød. De la voiture, ils avaient pu voir, à distance, un groupe de paysans rassemblés autour de – quelque chose. Une sorte de réunion innocente. Puis la voiture s'était approchée, et la situation était devenue plus claire.

Un groupe d'hommes étaient rassemblés autour d'un objet. La voiture approchant, il y eut de l'agitation, le groupe se dispersa, quelqu'un partit en courant vers le bâtiment principal du domaine adjacent.

La voiture s'arrêta. De l'intérieur, le roi et Struensee virent un homme assis sur un bâti en bois. Le roi ordonna que la voiture approche encore, et ils purent dès lors distinguer plus nettement le personnage.

Sur un chevalet en bois, constitué de deux tréteaux soutenant une poutre grossière, un jeune paysan était assis, nu, les mains attachées dans le dos et les pieds liés sous la poutre. Il avait peut-être seize ou dix-sept ans. Son dos était en sang, il paraissait avoir été fouetté, et le sang s'était coagulé.

Il tremblait violemment et semblait sur le point de perdre connaissance.

— Je suppose, dit Struensee, qu'il a essayé de s'enfuir. Dans ces cas-là, on les installe sur le cheval de bois. Ceux qui y survivent ne s'enfuient plus jamais. Ceux qui meurent sont débarrassés du servage. C'est ainsi, sire, que cela se passe dans votre royaume.

Rempli de terreur, bouche bée, Christian fixait le jeune homme torturé. Entre-temps, la petite foule s'était retirée.

— Toute une classe paysanne est ainsi mise sur le cheval de bois, dit Struensee. Voilà la réalité. Libérez-les. Libérez-les.

Quand, en 1733, le servage avait été établi, il avait constitué pour la noblesse un moyen de contrôler, ou plus exactement d'empêcher la mobilité de la main-d'œuvre. Quand on était paysan, et né sur un domaine, on n'avait pas le droit de quitter ce domaine avant l'âge de quarante ans. Les modalités, le salaire, les conditions de travail et de logement étaient fixés par le propriétaire du domaine. A quarante ans, on avait le droit de s'en aller. La réalité étant qu'à cet âge, la majeure partie des paysans étaient à tel point devenus passifs, profondément alcooliques, criblés de dettes et physiquement épuisés, qu'on ne comptait guère de départs.

C'était l'esclavage danois. En tant que système économique pour la noblesse, son fonctionnement avait été parfait. Les conditions étaient pires au nord que dans le sud du Jutland, mais il s'agissait bien d'esclavage.

Parfois, les esclaves s'enfuyaient. Sur ce point, Struensee avait raison. Ils devaient donc être châtiés.

Christian, cependant, ne semblait pas avoir compris. C'était seulement comme si la scène lui avait rappelé autre chose, qu'il avait vécu autrefois. Il ne semblait pas avoir entendu les explications de Struensee ; il se mit à remuer frénétiquement les mâchoires, grinça des dents comme si les mots refusaient de sortir et, quelques secondes plus tard, il entonna une longue litanie incohérente, qu'il acheva dans un murmure.

— Mais ce jeune paysan – a peut-être été échangé – comme moi !!! Pourquoi me punit-on ? Ainsi !!! Struensee !!! Qu'ai-je fait, la punition qu'on m'inflige est-elle juste, Struensee, me punit-on maintenant…

Puis les murmures de Christian se firent de plus en plus forts.

— Ce jeune homme s'est enfui, le châtiment est le cheval de bois, essaya d'expliquer Struensee, mais le roi n'arrêtait plus ses balbutiements absurdes et de plus en plus incohérents.

— Il faut vous calmer, insista Struensee. Du calme. Du calme.

Mais non.

Le crépuscule tombait, le dos du jeune ligoté était noir de sang coagulé, il devait être sur le cheval de bois depuis longtemps. Struensee, forcé finalement d'abandonner ses tentatives pour calmer le roi, vit le jeune homme torturé s'affaisser lentement en avant, glisser autour de la poutre, et rester accroché, la tête pendant de travers.

Christian poussa un cri, sauvage et incompréhensible. Le garçon sur le cheval de bois était silencieux. La situation était maintenant totalement hors de contrôle.

Il fut impossible de calmer le roi. Des gens arrivèrent en courant du bâtiment principal. Le roi n'arrêtait pas de hurler, un cri strident, refusant d'être réduit au silence.

Le jeune homme sur le cheval de bois pendait, muet, le visage à un pied seulement du sol.

Struensee cria au cocher de faire faire demi-tour à la voiture. Le roi était indisposé, il fallait rentrer immédiatement à Copenhague. Mais, quand la voiture eut effectué son demi-tour en toute hâte, Struensee eut une pensée pour le jeune homme suspendu au cheval de bois. Ils ne pouvaient pas le laisser comme ça. Sinon il allait mourir. Il descendit de voiture pour voir s'il y avait moyen d'obtenir une grâce ; mais la voiture se mettait en branle, les cris désespérés de Christian augmentaient sans cesse.

Le jeune homme pendait immobile. Les gens qui approchaient semblaient hostiles. Struensee eut peur. Ce fut plus fort que lui. Il se trouvait dans les contrées sauvages du Danemark. La raison, les règles, les titres ou le pouvoir n'avaient pas cours par ici. Ici, les hommes étaient des bêtes. Et ils allaient le mettre en pièces.

Il sentit une énorme terreur l'emplir.

Struensee abandonna donc l'idée de sauver le jeune homme sur le cheval de bois.

Les chevaux et la voiture, avec le roi qui criait encore, penché à la fenêtre, s'éloignèrent dans le crépuscule. Il avait plu. La route était boueuse. Struensee courait, en hurlant au cocher d'attendre, trébuchant dans la boue, il courait derrière la voiture.

Ainsi prit fin le voyage chez les paysans danois.

3

Le roi jouait de plus en plus souvent avec Moranti, le page nègre.

Cela n'étonnait personne. Le roi se calmait quand il jouait.

Au début du mois d'août, Moranti, affecté d'une fièvre soudaine, resta alité pendant trois semaines et ne se rétablit que lentement ; le roi, extrêmement inquiet, retomba dans sa mélancolie. Durant les deux jours où la maladie de Moranti parut fatale, l'humeur du roi fut totalement déstabilisée. Le premier secrétaire, B. W. Luxdorph, témoin de l'incident des fenêtres de la chancellerie, note brièvement dans son journal que “entre onze heures et midi, furent jetés de la terrasse du château des poupées en porcelaine, des livres, des étagères, des partitions, etc. Plus de quatre cents personnes se rassemblèrent sous la terrasse. Chacun partit avec quelque chose."

Moranti rétabli, le roi fut plus calme, mais la scène se répéta cependant encore une fois, avec une différence non négligeable : il n'était plus seul sur le balcon. L'incident, discrètement formulé, fut rapporté par un diplomate. "Le roi, qui est jeune et d'humeur badine, imagina ce vendredi matin de sortir sur son balcon, accompagné de son négrillon, et pour s'amuser à jeter en bas tout ce qui était à sa portée. Une bouteille, heurtant la jambe du secrétaire de la légation russe, lui occasionna une vilaine blessure."

Il ne spécifie pas l'éventuelle participation de Moranti au lancement des objets.

Ces accès étaient qualifiés de totalement inexplicables.

Ils évoluaient en cercles concentriques, en orbites de plus en plus rapprochées. Ils se rapprochaient l'un de l'autre.

La reine Caroline Mathilde et le médecin personnel du roi Struensee se fréquentaient de plus en plus assidûment.

Ils se promenaient souvent en forêt.

Dans la forêt, ils pouvaient parler, dans la forêt, la suite pouvait soudain se retrouver à la traîne ; la reine aimait traverser la forêt en compagnie de Struensee.

Il s'agissait d'une forêt de hêtres.

Struensee parlait de l'importance de fortifier les membres du petit prince royal par des exercices physiques ; celui-ci avait maintenant deux ans. La reine parlait de chevaux. Struensee soulignait l'importance pour le petit d'apprendre à jouer comme les enfants ordinaires. Elle parlait de la mer et des cygnes glissant sur une eau comme du mercure. Il dit que le petit devrait apprendre très tôt tous les détails de la politique ; la reine demanda une nouvelle fois si les arbres pouvaient penser.

Il répondit : Seulement en cas d'extrême danger. Elle répliqua que l'arbre ne pouvait penser que lorsqu'il était pleinement heureux.

Quand on traversait la forêt, à certains endroits il y avait d'épaisses broussailles dans lesquelles la suite n'arrivait pas toujours à suivre. Elle aimait marcher dans la forêt. Elle était d'avis que les hêtres pouvaient aimer. Que les arbres puissent rêver était pour elle une évidence. Il suffisait de regarder une forêt au coucher du soleil pour le comprendre.

Il demanda si un arbre pouvait aussi ressentir de la peur.

Brusquement, elle put lui dire pratiquement tout. Non, pas vraiment tout. Elle pouvait lui demander pourquoi elle suscitait l'indignation générale quand elle montait à cheval vêtue d'un costume masculin ; à ça il pouvait répondre. Mais elle ne pouvait pas lui demander pourquoi elle avait été élue pour être cette vache royale menée à la saillie. Elle ne pouvait pas demander : Pourquoi dois-je mettre bas des régents ? Pourquoi suis-je la première et la plus grande, alors que je ne suis qu'une femelle reproductrice, la plus inférieure et la plus basse ?

Elle marchait vite. Parfois, elle se trouvait devant lui, elle veillait à se trouver en avant de lui. Elle trouvait plus facile de poser certaines questions quand il ne pouvait pas voir son visage. Elle ne se retourna pas, demanda en lui tournant le dos :

— Comment pouvez-vous avoir tant de patience avec ce fou ? Je n'arrive pas à comprendre.

— Le roi ?

— Il est malade.

— Non, non, dit-il. Je ne veux pas que vous parliez ainsi de votre époux. Puisque vous l'aimez.

Elle s'arrêta alors brusquement.

La forêt était épaisse. Il vit son dos qui commençait à trembler. Elle pleurait, sans bruit. Loin derrière lui, il entendit les bruits des dames d'honneur, leurs voix tandis qu'elles avançaient prudemment à travers les broussailles.

Il s'approcha d'elle. Elle sanglotait sans retenue et s'appuyait contre son épaule. Ils restèrent quelques instants parfaitement immobiles. Les bruits se rapprochaient.

— Madame, dit-il à voix basse. Vous devez prendre garde à ce qu'on ne…

Elle le regarda, soudain apparemment toute calme.

— Pourquoi cela ?

— On pourrait… se méprendre…

Les bruits très proches maintenant, elle se tenait toujours très près de lui, appuyée contre son épaule ; et elle leva les yeux, et dit, presque inexpressive :

— Qu'ils le fassent. Je n'ai pas peur. Je n'ai peur de rien. De rien.

Alors il aperçut les premiers visages qui les cherchaient entres les branches des arbres et les buissons ; bientôt près, bientôt trop près. Mais, pour quelques instants encore, la reine n'avait peur d'absolument rien ; elle aussi voyait les visages à travers les branches de la forêt, mais elle n'avait pas peur.

Il le savait, elle n'avait pas peur, et cela l'emplit d'une brusque crainte.

— Vous ne craignez rien, dit-il à voix basse.

Puis ils reprirent leur marche en forêt.

4

Les parties de cartes du soir entre les trois reines, autrefois si régulières, avaient cessé sans que la reine douairière ait reçu la moindre explication. Caroline Mathilde n'en voulait plus. Sans donner ses raisons. Les soirées de tarot avaient tout bonnement cessé.

La reine douairière connaissait cependant la raison. Elle n'était plus elle-même le centre.

Pour obtenir néanmoins une explication, ou pour clarifier une bonne fois la situation, la reine douairière était venue voir Caroline Mathilde dans ses appartements.

La reine douairière n'avait pas désiré s'asseoir. Elle restait debout au milieu de la pièce.

— Depuis que vous êtes arrivée au Danemark, dit la reine douairière d'une voix glaciale, vous avez changé. Vous n'êtes plus aussi charmante. Vous n'êtes en aucune manière aussi ravissante qu'avant. Il ne s'agit pas là seulement d'une opinion personnelle, mais de l'avis général. Vous gardez vos distances. Vous ne savez pas vous comporter.

Caroline Mathilde n'avait pas froncé un sourcil, elle répondit :

— C'est exact.

— Je vous demande – instamment – de ne pas monter à cheval en costume masculin. Jamais auparavant une femme ne s'est accoutrée en vêtement d'homme. C'est dérangeant.

— Cela ne me dérange pas.

— Et ce docteur Struensee…

— Cela ne le dérange pas non plus.

— Je vous le demande.

— Je fais ce que je veux, répondit alors Caroline Mathilde. Je m'habille comme je veux. Je monte à cheval comme je veux. Je parle avec qui je veux. Je suis la reine. C'est donc moi qui édicte les règles. Mon comportement détermine ce que sont les bonnes manières. Seriez-vous jalouse de moi ?

La reine douairière ne répondit pas, la contempla seulement sans rien dire, figée de rage.

— Oui, n'est-ce pas ce qui se passe ? ajouta Caroline Mathilde. Vous me jalousez ?

— Prenez garde, dit la reine douairière.

— Certes, dit alors la reine avec un sourire, je le ferai. Mais uniquement quand je le voudrai.

— Vous êtes une insolente.

— D'ici peu, dit Caroline Mathilde, je monterai à cru. On dit que c'est très intéressant. N'êtes-vous pas jalouse de moi ? Qui connais le monde. Je crois que vous êtes jalouse de moi.

— Prenez garde. Vous êtes une enfant. Vous ne savez rien.

— Oui, mais certains vivent cent ans sans rien voir. Et ils ne savent rien. Il existe un monde, en dehors de la Cour.

Alors, la reine douairière, furieuse, s'en alla.

La reine resta. Et elle pensa : il avait donc raison. Certains vivent cent ans, mais n'ont rien vu. Il existe un monde en dehors de la Cour. Que je dise cela, et la membrane éclatera, la terreur et la rage exploseront, et je serai libre.

5

Le 26 septembre, le couple royal, accompagné de Struensee et d'une suite réduite, fit un court voyage d'agrément dans le Holstein. On allait visiter Ascheberg, et Struensee voulait montrer à la reine la célèbre cabane de Rousseau.

L'automne était splendide. Quelques journées de temps froid avaient teinté les feuilles en jaune et en léger cramoisi ; quand, dans l'après-midi, ils s'étaient tournés vers Ascheberg, la montagne brillait de toutes les couleurs de l'automne et l'air était tiède et merveilleux.

Cela se passait durant l'été indien de 1770. Dès le lendemain, ils avaient entrepris des promenades.

Au cours de l'été, il avait commencé à lui faire la lecture. Pour le voyage, elle avait exigé qu'il choisisse un livre ayant particulièrement suscité son émotion. A lui de choisir pour elle un livre qui lui procurerait une distraction, qui éveillerait son intérêt en lui fournissant de nouvelles connaissances, qui lui apprendrait quelque chose sur Struensee lui-même, et qui conviendrait à l'endroit qu'ils allaient visiter.

Un choix facile, avait-il dit, mais sans donner plus d'explication. Il allait la surprendre, avait-il dit, une fois qu'ils seraient sur les lieux, dans la cabane de Rousseau.

Alors elle allait comprendre.

Le deuxième jour, ils s'étaient rendus, seuls, à la cabane. Soigneusement et pieusement conservée et aménagée, elle était constituée de deux petites pièces : une où le philosophe devait travailler, et une où il devait dormir. On avait oublié d'installer une cuisine ; on supposait sans doute que les conditions rudimentaires seraient adoucies si les repas étaient apportés par des domestiques du domaine d'Ascheberg.

Très intéressée, elle avait lu les citations sur les murs et au plafond, et Struensee lui avait parlé de Rousseau.

Elle se sentait pleinement heureuse.

Puis il avait sorti le livre. Ils s'étaient assis dans le très beau canapé de style baroque, acheté par Rantzau père à Paris en 1755 et installé dans la pièce de travail dans l'attente de la visite de Rousseau. Le livre qu'il allait lui lire était les *Pensées morales* de Ludvig Holberg.

Pourquoi avait-il choisi plus particulièrement ce livre ?

Elle commença par dire que ce livre et ce choix lui semblaient bien mornes ; il lui demanda alors d'oublier un instant le titre certes peu engageant, le temps qu'il lui lise les intitulés des épigrammes qui, glissa-t-il, donnaient une image très différente.

— Quelque chose d'interdit ? demanda-t-elle.

— Au plus haut point, répondit-il.

Les intitulés éveillèrent effectivement son intérêt. “Ne perdez pas votre temps à des activités stériles. Seuls les fous sont heureux. Je refuse de me marier. Abandonnez une opinion si elle a été réfutée. Tous les crimes et les péchés ne sont pas de même gravité. Les ignorants seuls pensent tout savoir. Bienheureux qui s'imagine heureux. Il en est qui pèchent et prient en alternance. Le temps et le lieu décident de ce qui est moral. Vertu et vice changent au gré des époques. Supprimez la rime en poésie. Le poète vit dans l'honneur et la pauvreté. Les réformes courent souvent au naufrage. Evaluez soigneusement les conséquences d'une réforme. Que les professeurs se gardent des doctes discours, et qu'ils répondent plutôt aux questions. L'unité assomme, les conflits stimulent. Le mauvais goût est très bénéfique. C'est l'interdit qui nous attire le plus."

A ce dernier intitulé, elle l'interrompit.

— C'est vrai, dit-elle. C'est tout à fait exact. Et je tiens à savoir ce que Ludvig Holberg en dit.

— Comme vous voudrez, dit-il.

Il commença cependant par une autre épigramme.

Elle l'avait enjoint de choisir entre les épigrammes, de façon que la lecture se termine par le texte sur l'interdit. Cela permettrait une vue d'ensemble, et d'appréhender ainsi la pensée de Holberg. Il commença par le numéro 84 intitulé *Le temps et le lieu décident de ce qui est moral.* Il commença à lire ce texte le deuxième après-midi après leur arrivée à la cabane de Rousseau, en cette semaine de fin septembre à Ascheberg, cette propriété dont il avait été si familier, qui avait existé autrefois dans sa vie, une vie qu'il avait presque oubliée mais qu'il essayait maintenant d'invoquer.

Il essayait de faire concorder ses vies. Il savait qu'une cohérence existait, mais que pour le moment il ne contrôlait pas.

Le troisième après-midi, il lut l'épigramme qui commençait par "On appelle moralité ce qui coïncide avec la mode acceptée du moment, et dépravation ce qui va à l'encontre". Puis il lut l'épigramme 20 dans le livre IV, celle qui commence par "La plus étrange des qualités de l'homme est qu'il soit le plus attiré par ce qui est le plus interdit".

Elle trouvait qu'il avait une très belle voix.

Elle aimait Ludvig Holberg aussi. C'était comme si la voix de Struensee et celle de Holberg s'unissaient pour n'en former qu'une. Une voix grave et chaude qui lui parlait d'un monde qu'elle n'avait pas connu auparavant. La voix l'enveloppait, c'était comme si elle reposait dans une eau tiède, dont était exclue la Cour et le Danemark et le roi et tout le reste ; comme une eau, comme si elle flottait dans la mer chaude de la vie et qu'elle n'avait pas peur.

Elle trouvait qu'il avait une très belle voix. Elle le lui dit.

— Vous avez une très belle voix, docteur Struensee.

Il continua de lire.

Elle portait une robe de soirée, faite d'un tissu léger puisque la fin de l'été était chaude, un tissu très léger qu'elle avait choisi en fonction de la douceur de la soirée d'été. Elle s'était sentie plus libre ainsi. La robe était décolletée. Sa peau était très jeune, et parfois, quand il levait les yeux du livre, son regard contemplait cette peau ; puis il s'arrêta sur ses mains, et lui revint soudain en mémoire la pensée qu'il avait eue de cette main entourant sa verge, pensée qu'il avait eue un jour, puis il reprit sa lecture.

— Docteur Struensee, dit-elle soudain, il faut que vous touchiez mon bras quand vous lisez.

— Pourquoi ? demanda-t-il après un bref silence.

— Parce que sans cela les mots deviennent secs. Il faut que vous touchiez ma peau, alors j'arrive à comprendre ce que veulent dire les mots.

Il toucha donc son bras. La peau n'était pas couverte, très douce. Il sut immédiatement que la peau du bras était très douce.

— Bougez la main, dit-elle. Lentement.

— Madame, dit-il, je crains que…

— Bougez, dit-elle.

Il lut, sa main glissait doucement sur son bras nu. Elle dit alors :

— Je crois que Holberg dit que ce qu'il y a de plus interdit est une frontière.

— Une frontière ?

— Une frontière. Et où se trouve cette frontière, sont générées la vie et la mort, et par conséquent le plus grand plaisir.

Sa main bougeait, elle la prit alors dans la sienne, la guida vers son cou.

— Le plus grand plaisir, chuchota-t-elle, se trouve à la frontière. C'est vrai. C'est vrai, ce qu'écrit Holberg.

— Où se trouve la frontière ? chuchota-t-il.

— Cherchez, dit-elle.

Alors le livre glissa de la main de Struensee.

Ce fut elle, pas lui, qui verrouilla la porte.

Elle n'avait pas eu peur, elle n'avait pas été maladroite quand ils s'étaient déshabillés ; elle avait l'impression de se trouver encore dans ce liquide chaud de la vie, et que rien n'était dangereux, que la mort était toute proche et que cette proximité, justement, renforçait l'excitation. Tout semblait très doux et lent et chaud.

Ils s'étaient allongés côte à côte, nus, dans le lit qui occupait la partie chambre de la cabane, ce lit qu'un jour le philosophe français Rousseau aurait dû occuper mais qu'il n'avait jamais occupé. Maintenant, ils étaient couchés là. Elle n'en ressentait que plus d'excitation, c'était un lieu sacré et ils allaient franchir une frontière, ils approchaient de l'ultime interdit, de l'ultime limite. Le lieu était interdit, elle-même était interdite, c'était presque parfait.

Ils s'étaient touchés. Avec sa main, elle avait touché sa verge. Elle l'avait appréciée, et sa dureté, mais elle attendait car la proximité de la frontière était si excitante qu'elle désirait retenir le temps.

— Attends, avait-elle dit. Pas encore.

Il était allongé à côté d'elle et il l'avait caressée. Chacun respirait le souffle de l'autre, calmement, avec plaisir, et soudain elle avait compris qu'il était comme elle. Qu'il savait respirer comme elle. Au même rythme. Qu'il se trouvait dans ses poumons à elle et qu'ils respiraient le même air.

Il avait voulu entrer en elle, justement, il avait failli le faire, mais elle lui avait caressé la nuque et lui avait chuchoté :

— Pas encore. Pas encore.

Elle avait senti sa verge la frôler, glisser un petit peu à l'intérieur, ressortir, revenir.

— Pas encore, avait-elle dit. Attends.

Il avait attendu, presque en elle maintenant, mais en attente.

— Là, avait-elle chuchoté. Pas encore. Mon amour. Il faut que tu ailles et viennes sur la frontière.

— La frontière ? avait-il demandé.

— Oui, là. Est-ce que tu sens la frontière ?

— Ne bouge pas, avait-il dit. Ne bouge pas.

Il avait compris. Ils allaient attendre, se flairer comme les chevaux qui se frôlent les naseaux, tout allait se passer très lentement, il avait compris.

Et elle fut emportée par une vague de bonheur, il avait compris, il allait attendre, bientôt elle allait lui donner le signal, bientôt ; il avait compris.

— La frontière, chuchota-t-elle, et elle le répéta tandis que le plaisir montait lentement, très lentement dans son corps, tu la sens, un immense plaisir, et qui se répétait, voilà la frontière.

Dehors, le jour tombait. Il était couché sur elle, presque immobile, allait et venait presque imperceptiblement.

— Oui, chuchota-t-elle. Bientôt. Tu vas bientôt franchir la frontière. Entre. Oh, oui, franchis la frontière maintenant.

Et, pour finir, très doucement, il s'était glissé au fond d'elle, avait franchi la frontière la plus interdite, et tout entrait dans l'ordre.

Maintenant, pensa-t-elle, c'est comme d'être au paradis.

Quand ce fut terminé, elle resta allongée les yeux fermés, un sourire sur les lèvres. De son côté, il s'était rhabillé en silence, et il était resté un moment à la fenêtre, regardant dehors.

Le crépuscule était venu et il contemplait le parc immense, la vallée, le lac, le canal, les arbres, ce qui était dompté et ce qui restait sauvage.

Ils se trouvaient sur la montagne. Et la chose avait eu lieu.

— Nous devons descendre les rejoindre, dit-il à voix basse.

Ici, la nature était dans toute sa perfection. Ici, la nature était sauvage et domptée à la fois. Il pensa soudain à ce qu'ils avaient laissé derrière eux, la Cour, Copenhague. Les jours où une légère brume flottait sur l'Øresund. Un autre monde. Là-bas, l'eau était sans doute toute noire ce soir, les cygnes engoncés en eux-mêmes dormaient, il repensait à ce qu'elle lui avait raconté, l'eau tel du mercure, et les oiseaux qui dormaient, engoncés dans leurs rêves. Et puis soudain un oiseau qui s'envolait, les pointes de ses ailes qui fouettaient la surface de l'eau, sa libération, quand il disparaissait dans le brouillard.

Brouillard, eau, et des oiseaux qui dormaient, engoncés dans leurs rêves.

Mais aussi le château, antique forteresse menaçante, terrifiante, qui attendait son heure.

Quatrième partie

L'ÉTÉ ACCOMPLI

Chapitre 10

DANS LE LABYRINTHE

1

La prise de pouvoir s'était effectuée rapidement, presque naturellement. On se contenta d'une annonce. Elle ne faisait que confirmer une chose qui était déjà une réalité.

La confirmation formelle de la révolution danoise fut un décret. Personne ne sait qui rédigea ou dicta le document qui allait modifier si profondément l'histoire du Danemark. Un ordre royal fut édicté, concernant certaines modifications des directives du pouvoir ; on pourrait appeler cela des convulsions toutes proches du cœur sombre et insondable du pouvoir.

J. F. Struensee fut nommé "ministre du Cabinet royal", et la directive royale stipulait aussi : "Il pourra promulguer selon mon intention tous les ordres, que je lui donnerai verbalement et qu'il me présentera pour signature après les avoir paraphés, ou bien les promulguera en mon nom sous le sceau du cabinet." Etait aussi écrit, pour préciser, que le roi recevrait une fois par semaine un "extrait" des décrets promulgués par Struensee, mais il était indiqué explicitement, pour le cas où quelqu'un n'aurait pas compris la signification fondamentale de la première phrase, que les décrets portant la signature de Struensee avaient "la même valeur que ceux pourvus de la signature du roi".

Le titre de ministre du Cabinet royal – titre nouveau et exclusif, puisque Struensee était à la fois fraîchement nommé à ce cabinet et seul demeurant des nombreux exclus – ne signifiait pas grand-chose. L'important, c'était : "Ou bien les promulguera en mon nom sous le sceau du cabinet", c'est-à-dire le droit de promulguer des lois sans besoin de la signature du roi.

Concrètement, cela signifiait que le roi souverain Christian VII avait délégué tout pouvoir à un médecin allemand, J. F. Struensee. Le Danemark était entre des mains allemandes.

Ou des mains des Lumières ; à la Cour, on ne savait pas vraiment déterminer ce qui était le pire.

La prise de pouvoir était un fait. Après coup, personne ne comprenait comment cela s'était passé.

Peut-être avaient-ils tous deux trouvé cela pratique. Il n'avait pas été question de révolution.

Une réforme pratique. Ce que l'arrangement avait de pratique, c'était que Struensee exercerait tout le pouvoir.

Une fois la décision prise, Christian parut soulagé ; ses tics diminuèrent, ses accès d'agressivité cessèrent totalement pendant quelque temps et, pour de brefs moments, il paraissait véritablement heureux. Son chien et Moranti, le page nègre, occupaient de plus en plus le temps du roi. Il pouvait désormais se consacrer à eux. Struensee pouvait se consacrer à son travail.

Oui, un arrangement pratique.

Une période suivit le décret, où cet arrangement pratique fonctionna très bien et leur permit d'être de plus en plus proches. Proches, mais à des conditions invraisemblables, se disait souvent Struensee. Il avait la sensation que Christian, lui-même, Moranti et le chien vivaient soudés, tels des conspirateurs participant à une expédition secrète en route pour le cœur sombre de la raison. Tout était clarté et raison, mais éclairé par la maladie mentale du roi, l'étrange flambeau noir qui perçait puis disparaissait, impitoyablement et selon son propre caprice, et qui laissait son obscurité vacillante les entourer d'une manière complètement naturelle. Lentement, ils en arrivaient à se replier, comme dans une grotte rassurante, à ralentir, à en revenir à une sorte de vie familiale ayant tous les aspects de la normalité, à part les circonstances.

A part les circonstances.

Il lui arrivait de rester assis dans la salle du cabinet, la porte verrouillée et surveillée par des gardes, des piles de papiers sur la table et le nécessaire pour écrire, tandis que les garçons et le chien jouaient autour de lui. Les garçons étaient une compagnie agréable. Il se concentrait bien quand les garçons jouaient. Cela signifiait de longs après-midi de calme absolu et dans une solitude presque heureuse ; sauf que les garçons, comme il les appelait quand il pensait à eux, le roi et son page nègre donc, se trouvaient dans la même pièce que lui.

Les garçons jouaient calmement et sans trop de bruit sous la table. Le chien, un schnauzer, participait à tous leurs jeux.

Pendant qu'il écrivait et travaillait, il entendait leurs mouvements dans la pièce, leurs chuchotements ; pas plus. Il pensait : ils me considèrent comme un père qu'il ne faut pas déranger. Ils jouent à mes pieds, ils entendent le grattement de ma plume, et ils chuchotent.

Ils chuchotent par égard pour moi. C'est bien. Et il lui arrivait de sentir monter en lui une vague de chaleur très calme ; la pièce était si calme, l'automne dehors si beau, les bruits de la ville si lointains, les enfants si mignons, le chien si amusant, tout était si bien. Ils avaient des égards pour lui. Ils jouaient sous l'immense table de chêne qui n'était plus entourée par les puissants du royaume, mais par un Puissant seulement. Ils ne le considéraient cependant pas comme le Puissant, seulement comme le gentil, le taciturne, celui qui n'existait que sous les traits d'un père présent par les bruits de grattement de sa plume.

Le taciturne. *Vati. Lieber Vati, ich mag Dir, wir spielen, lieber lieber Vati.*

Peut-être les seuls enfants qu'il me sera donné d'avoir.

Est-ce ainsi que la vie doit être parfois ? pensait-il. Un travail tranquille, une plume qui gratte, des réformes inouïes qui se glissent sans douleur dans la vraie vie, mes garçons qui jouent avec le chien sous la table.

Très agréable, si tel était le cas.

Il y eut néanmoins des instants devant cette table de travail qui suscitèrent un moment de crainte.

Christian avait émergé des jeux silencieux sous la table. Il s'était assis sur le bord de la table et contemplait Struensee d'un air pensif, timide, mais avec curiosité. La perruque gisait dans un coin, ses vêtements étaient en désordre ; il avait pourtant – ou de ce fait – l'air mignon.

Il restait simplement assis là à le regarder, ensuite il demanda timidement ce que Struensee écrivait, et ce qu'il devrait lui-même signer ensuite.

— Votre Majesté est actuellement en train de réduire l'armée, répondit alors Struensee. Nous n'avons pas d'ennemis extérieurs. Cette armée, dépourvue de sens, sera dorénavant réduite, et coûtera moins cher, une économie de seize mille rixdales par an.

— Est-ce vrai ? dit Christian. N'avons-nous aucun ennemi extérieur ?

— C'est vrai. La Russie n'en est pas un. Ni la Suède. Et nous n'avons pas l'intention d'attaquer la Turquie. Ne sommes-nous pas d'accord là-dessus ?

— Et qu'en disent les généraux ?

— Ils vont être dorénavant nos ennemis. Mais nous pouvons gérer cela.

— Mais les ennemis que nous aurons à la Cour ?

— Contre ceux-là, dit Struensee avec un sourire, il est difficile d'employer cette très grande armée.

— C'est vrai, dit alors Christian avec le plus grand sérieux. Nous désirons donc réduire l'armée ?

— Oui, c'est ce que nous désirons.

— Alors je le veux aussi, dit Christian avec le même grand sérieux.

— Tout le monde n'apprécie pas cela, ajouta Struensee.

— Mais vous aimez cela, docteur Struensee ?

— Oui. Et nous ferons bientôt beaucoup plus que cela.

Ce fut alors que Christian le dit. Jamais Struensee ne l'oublierait ; un mois seulement s'était écoulé depuis que le livre était tombé de sa main, et qu'il avait franchi la frontière du plus grand interdit. Christian était assis tout près de lui sur la table, le pâle soleil d'octobre brillait, formant de grands carrés sur le parquet, et c'est alors qu'il le dit.

— Docteur Struensee, dit Christian à voix basse et avec autant de sérieux que si jamais il n'avait été l'enfant fou jouant sous la table du cabinet avec son page nègre et son chien. Docteur Struensee, je vous le demande instamment. La reine est seule. Occupez-vous d'elle.

Struensee en resta figé.

Il posa sa plume puis, après un long moment, dit :

— Que veut dire Votre Majesté ? Je ne comprends pas vraiment ?

— Vous comprenez parfaitement. Occupez-vous d'elle. Je ne peux pas porter ce fardeau.

— Comment dois-je interpréter ceci ?

— Vous comprenez parfaitement. Je vous aime.

A cela, Struensee ne répondit rien.

Il avait compris, et n'avait pas compris. Le roi était-il au courant ? Mais Christian ne fit que lui toucher le bras d'un léger mouvement de la main, le regarda avec ce sourire si douloureusement mal assuré et en même temps si beau que jamais Struensee n'allait l'oublier, puis, avec un mouvement du corps presque imperceptible, il glissa sous la table, et retourna au petit page nègre et au chien, sous la table où la douleur n'était pas visible et où le flambeau noir ne brûlait pas, et où ne se trouvaient que le chien et le négrillon.

Où tout n'était que calme, bonheur et affection dans la seule famille que le roi Christian VII allait jamais posséder.

2

Lorsque la garde royale rendit les armes, Guldberg était présent, et à son étonnement il vit que le comte Rantzau était aussi venu assister à cette nouvelle mesure d'économie.

Rassemblement des armes, des effets d'habillement. Renvoi dans les foyers.

Guldberg alla saluer Rantzau. Ensemble, et silencieusement, ils suivaient la cérémonie.

— Une métamorphose du Danemark, finit par dire prudemment Rantzau.

— Oui, répondit Guldberg, beaucoup de métamorphoses ont lieu en ce moment. Tout cela sur un rythme très enlevé, comme vous le savez. Je comprends que vous appréciez. Votre ami, "le Taciturne", est un rapide. Ce matin, j'ai aussi lu le décret sur "La liberté de pensée et de parole". Vous n'êtes pas très prudents. Supprimer la censure. Pas très prudent.

— Que voulez-vous dire ?

— L'Allemand ne comprend pas que la liberté pourrait être utilisée contre lui. Si l'on offre la liberté à ce peuple, des pamphlets seront écrits. Peut-être contre lui aussi. Contre vous, je veux dire. Si vous êtes son ami.

— Et que diront ces pamphlets ? demanda Rantzau. A votre avis ? Le savez-vous ?

— Le peuple est si imprévisible. Des pamphlets librement écrits raconteront peut-être la vérité, et enflammeront les masses ignorantes.

Rantzau ne répondit rien.

— Contre vous, reprit Guldberg.

— Je ne saisis pas.

— Les masses ne comprennent pas les bienfaits des Lumières. Malheureusement. Pour vous. Les masses ne sont intéressées que par les saletés. Par les rumeurs.

— Quelles rumeurs ? demanda Rantzau, cette fois très froid et sur ses gardes.

— Vous le savez certainement.

Guldberg le regardait avec ses yeux de loup tranquille et, l'espace d'un instant, il ressentit quelque chose qui ressemblait à du triomphe. Seuls les très insignifiants, et les méprisés comme lui-même, ne ressentaient aucune crainte. Il savait que cela faisait peur à Rantzau. Ce Rantzau, avec son mépris pour l'honneur, pour les traditions et pour les parvenus. A quel point ne méprisait-il pas, en son for intérieur, son ami Struensee ! Le parvenu Struensee ! C'était d'une telle évidence.

Il méprisait les parvenus. Guldberg y compris. Le fils d'un entrepreneur en pompes funèbres de Horsens. Sauf que la différence était que Guldberg ne savait pas éprouver la peur. Et c'était pour cela qu'ils pouvaient se retrouver ici, un parvenu de Horsens et un comte fantoche des Lumières, deux ennemis se haïssant mutuellement, et que Guldberg pouvait tout dire d'une voix calme, comme si aucun danger n'existait. Comme si le pouvoir de Struensee n'était qu'une parenthèse à la fois amusante et effrayante de l'histoire ; et sachant parfaitement que Rantzau savait ce qu'était la peur.

— Quelles rumeurs ? répéta Rantzau.

— Les rumeurs sur Struensee, répondit alors Guldberg de sa voix sèche, disent que la jeune reine libidineuse lui a maintenant ouvert ses bras. Nous avons seulement besoin de preuves. Mais nous les obtiendrons.

Muet, Rantzau fixa Guldberg, comme s'il n'avait pas la force de comprendre que quelqu'un puisse avancer cette accusation insensée.

— Comment osez-vous ! réussit-il finalement à dire.

— Voilà la différence, comte Rantzau. Voilà la différence entre nous. J'ose. Et je pars du principe, dit

Guldberg sur un ton entièrement neutre, avant de faire demi-tour et de s'en aller, que très bientôt vous allez être obligé de choisir votre camp.

3

Il restait immobile en elle, attendant les battements du pouls.

Il avait commencé à comprendre que la jouissance suprême se déclenchait quand il attendait les pulsations au fond d'elle, quand leurs muqueuses respiraient et remuaient de concert, doucement, en une pulsation. C'était cela, le plus fantastique. Il avait aimé apprendre à l'attendre. Elle n'avait pas eu une seule fois besoin d'en parler, il avait appris presque immédiatement. Il pouvait rester complètement immobile, longtemps, avec son sexe profondément en elle, et être attentif aux muqueuses qu'il sentait là, comme si leurs corps avaient disparu et que seuls existaient leurs sexes. Il ne bougeait presque pas, restait immobile, les corps n'étaient plus là, ni les pensées, tous deux étaient exclusivement concentrés sur l'écoute des pulsations et sur le rythme. Il n'y avait rien d'autre que ses muqueuses douces et humides, elle remuait presque imperceptiblement son bas-ventre, infiniment lentement, il tâtait en elle avec son sexe comme s'il s'était agi de la pointe d'une langue sensible à la recherche de quelque chose, et il restait immobile et attendait, attendait les pulsations, comme si en elle il cherchait les surfaces pulsantes qui allaient battre au même rythme que son propre sexe, puis il remuait légèrement, et attendait, bientôt allait venir un instant où il la sentirait se contracter et se relâcher, se contracter et se relâcher, sa verge était là, en attente dans son vagin étroit, et sentait alors une sorte de rythme, une sorte de pouls. S'il attendait, elle obtiendrait elle aussi un pouls, et quand il le trouverait, tout pourrait se passer sur le même rythme, celui qu'elle donnerait du fond d'elle-même. Sous lui, elle fermait les yeux, et il sentait qu'elle attendait les pulsations, tous les deux ils attendaient, lui inséré profondément en elle, mais c'était comme si leurs corps n'existaient pas, mais que tout se trouvait en elle, muqueuse contre muqueuse, des muqueuses qui lentement, imperceptiblement, gonflaient et dégonflaient, cherchaient des pulsations lentement adaptées l'une à l'autre, qui remuaient ensemble, très lentement, et quand il sentait son propre sexe s'adapter aux muqueuses dans lesquelles il était inséré, prendre la même respiration, il pouvait alors commencer à bouger, en un rythme qui par moments disparaissait, et puis son sexe pouvait respirer à nouveau au même rythme que les muqueuses, lentement ; ce qu'elle lui avait appris, c'était cette lente attente de la pulsation des muqueuses secrètes, il ne comprenait pas comment elle avait pu savoir, mais quand le rythme venait, et que les muqueuses respiraient au même rythme, ils pouvaient lentement se mettre à bouger, et venait cette jouissance inouïe, et ils disparaissaient dans le même souffle lent et interminable.

Très doucement. En attendant les pulsations internes, puis leurs corps disparaissaient et tout était concentré en elle, et il respirait avec son sexe au même rythme lent que ses muqueuses, et jamais il n'avait rien vécu de semblable.

Il avait connu beaucoup de femmes, et elle n'était pas la plus belle. Mais aucune ne lui avait appris ainsi à attendre le rythme des muqueuses et les pulsations internes du corps.

Ils s'organisèrent dans la disposition des chambres de manière à faciliter la clandestinité, et au cours de l'hiver ils furent de moins en moins prudents quand ils faisaient l'amour. Ils montaient aussi de plus en plus souvent à cheval ensemble, dans le froid, sous une légère neige, parcouraient des champs gelés. Ils commencèrent à chevaucher en bordure de plage.

Elle s'avançait jusqu'à l'eau et faisait craquer la glace du bord, les cheveux au vent, insouciante.

Elle pesait trois grammes, et seul le poids du cheval l'empêchait de voler. Pourquoi aurait-elle dû protéger son visage des flocons puisqu'elle était un oiseau ? Elle pouvait voir plus loin que jamais, au-delà des dunes du Sjælland et au-delà de la côte de la Norvège, jusque vers l'Islande et les grands icebergs du pôle Nord.

Elle allait s'en souvenir, de cet hiver ; et Struensee à cheval la suivait de très près le long de la plage, sans rien dire, mais tout près de chacune de ses pensées.

Le 6 février 1771, elle annonça à Struensee qu'elle était enceinte.

Ils avaient fait l'amour. Et elle le dit, après.

— Je suis enceinte, dit-elle. Et nous savons que l'enfant est de toi.

Elle découvrit qu'elle voulait faire l'amour tous les jours.

Le désir enflait chaque matin et, à midi, il était violent. A cette heure précise le désir était irrésistible et au maximum, et elle voulait que Struensee interrompe son travail et la rejoigne pour lui faire un rapide compte rendu de ses activités du matin.

De cette manière, c'était devenu naturel. Auparavant, rien n'avait été naturel, désormais ça l'était.

Il s'adapta à cela. Au début avec surprise, puis avec une joie immense, puisqu'il découvrit que son corps partageait la joie de l'autre corps, que le plaisir qu'elle éprouvait suscitait son plaisir à lui. C'était ainsi. Jamais il n'aurait pu imaginer que son propre désir pût être suscité par celui qu'elle ressentait. Il pensait que le plaisir n'était que ce qui était interdit. Il y avait de cela. Mais le plaisir et l'interdit devenaient pour elle le naturel, et qui chaque jour enflait de sorte que vers midi le désir devenait brûlant et indomptable. Et il restait sidéré de voir que ce naturel pouvait être ainsi délivré tous les jours.

Ce n'est que bien plus tard qu'il commença à ressentir la peur.

Ils faisaient l'amour dans sa chambre à elle et, ensuite, elle restait allongée la tête sur son bras et fermait les yeux, souriant comme une petite fille qui savait qu'elle avait fécondé la jouissance de cet homme, l'avait mise au monde, et la sentait maintenant peser sur son bras, comme si cette jouissance était un enfant qui lui appartenait. Ce n'est que bien plus tard qu'il commença à ressentir la peur. Pourtant, il avait déjà dit :

— Nous devons être prudents. Je sais que l'on parle. Et ils parleront aussi de l'enfant. Nous devons être prudents.

— Non, avait-elle répondu.

— Non ?

— Parce que maintenant je n'ai plus peur de rien.

Que pouvait-il lui répondre ?

— Je le savais, dit-elle. Depuis le début, j'étais intimement convaincue que c'était toi. Depuis la première fois où je t'ai vu et où j'avais peur de toi et pensais que tu étais un ennemi qu'il fallait réduire à néant. Mais c'était un signe. Un signe dans ton corps. Qui m'a marquée au fer, comme on marque un animal. Je le savais.

— Tu n'es pas un animal, dit-il. Mais nous devons être prudents.

— Tu viens demain ? dit-elle sans l'écouter. Tu viens demain à la même heure ?

— Et si je ne venais pas, puisque c'est dangereux ?

Elle ferma les yeux. Elle ne voulait pas ouvrir les yeux.

— C'est dangereux, effectivement. Et tu le sais. Et si je leur disais que tu m'as déshonorée ? Si je les appelais ! Pour leur dire en sanglotant que tu m'as déshonorée. Ils t'attraperaient et t'exécuteraient, ils te cloueraient sur la roue, et moi aussi. Non, pas moi. Ils m'enverraient en exil. Mais je n'appelle personne, mon amour. Car tu es à moi, et je t'ai, et nous ferons l'amour tous les jours.

Il ne voulut pas répondre. Les yeux fermés, elle se tourna vers lui, lui caressa les bras et la poitrine et, pour finir, glissa la main vers sa verge. Il avait vu cela maintes fois dans ses rêves secrets, elle devant lui, qui refermait la main autour de sa verge, et maintenant c'était la réalité, et il savait que cette main possédait un formidable pouvoir d'attirance et une force inimaginable, car ce n'était pas uniquement autour de sa verge qu'elle refermait la main, mais autour de lui tout entier, et elle semblait plus forte que lui-même avait pu le deviner, et cela l'emplissait de désir mais d'autre chose aussi qui, pas encore, mais bientôt peut-être, allait ressembler à de la peur.

— Mon amour, murmura-t-il, jamais je n'aurais pu deviner que ton corps avait… un…

— Un quoi ?

— Un si grand don pour l'amour.

Elle ouvrit les yeux et lui adressa un petit sourire. Elle savait que c'était la vérité. Cela s'était passé si incroyablement vite.

— Merci, dit-elle.

Il sentait le désir monter. Il ne savait pas s'il voulait y céder. Il savait seulement qu'elle le tenait en son pouvoir, et que le désir montait, et que quelque chose l'effrayait, sans qu'il sache encore quoi.

— Mon amour, chuchota-t-il. Qu'allons-nous faire ?

— Ça, dit-elle. Et toujours.

Il ne répondit pas. Bientôt, il allait une nouvelle fois franchir la frontière totalement interdite, maintenant d'une manière différente, mais il n'aurait su dire de quelle manière.

— Et jamais tu ne seras libre de moi, chuchota-t-elle, d'une voix si basse qu'il ne l'entendit presque pas. Car je porte en moi ta marque. Comme un animal que l'on a marqué au fer.

Il l'entendit cependant. Et ce fut peut-être à ce moment précis – au moment où elle le laissa une nouvelle fois glisser en elle et qu'ils allaient une fois encore écouter les mystérieuses pulsations qui finiraient par les unir dans leur rythme inouï – qu'il ressentit le premier soupçon de peur.

Une fois, alors qu'elle était couchée contre lui, elle avait enfoncé les doigts dans sa chevelure blonde, puis elle avait dit avec un petit sourire :

— Tu vas devenir ma main droite.

— Que veux-tu dire ? avait-il dit.

Et, enjouée, mais sur un ton très sûr, elle avait chuchoté :

— Une main. Une main fait ce que la tête désire, n'est-ce pas ? Et j'ai tant d'idées.

Pourquoi ressentait-il de la peur ?

Parfois, il pensait : j'aurais dû quitter la voiture de Christian à Altona. Et retourner auprès des miens.

Un matin, très tôt, alors qu'il gagnait le cabinet de travail, le roi, en robe de chambre, les cheveux en bataille, sans chaussettes ni chaussures, l'avait rattrapé en courant dans le couloir de Marbre, lui avait saisi le bras et l'avait supplié de l'écouter.

Ils s'étaient installés dans un salon vide. Au bout d'un moment, le roi s'était calmé, avait retrouvé sa respiration normale, et il avait confié à Struensee ce qu'il appelait "un secret qui m'a été révélé cette nuit quand j'ai été visité par les cauchemars".

Voici ce que le roi lui avait raconté :

Il existait un cercle secret composé de sept hommes. Ceux-ci avaient été choisis par Dieu pour accomplir le Mal dans le monde. Ils étaient les sept apôtres du Mal. Lui-même était l'un d'entre eux. Le plus effroyable était qu'il ne pouvait ressentir de l'amour que pour qui appartenait à ce cercle. A l'inverse, s'il éprouvait de l'amour, cela signifiait que la personne en question faisait elle aussi partie des sept anges du Mal. Cette nuit, il avait clairement compris cela, et il ressentait une profonde angoisse, et puis, considérant qu'il éprouvait de l'amour pour Struensee, il voulait maintenant lui poser la question : était-il vrai que Struensee appartenait réellement à ce cercle secret du Mal ?

Struensee essaya de le calmer, et lui demanda de lui expliquer plus en détail son "rêve". Christian avait alors, à sa manière habituelle, commencé à murmurer, s'était embrouillé, puis brusquement avait dit qu'il avait ainsi acquis la certitude que c'était une femme qui, d'une mystérieuse manière, régentait l'univers.

Struensee lui demanda comment son histoire pouvait tenir debout.

Le roi ne sut pas répondre à cette question. Il répéta seulement qu'une femme régentait l'univers, qu'un cercle de sept malveillants répondait de tous les actes du Mal, qu'il était l'un d'eux, mais qu'il pourrait peut-être être sauvé par la femme qui régentait l'univers ; et qu'elle deviendrait dès lors sa bienfaitrice.

Il regarda ensuite longuement Struensee, et demanda :

— Mais n'êtes-vous pas un des Sept ?

Struensee ne fit que secouer lentement la tête. Sur quoi, la voix emplie de désespoir, le roi demanda :

— Pourquoi est-ce que je vous aime, alors ?

L'une des premières journées de printemps, au mois d'avril 1771.

Le roi Christian VII, son épouse la reine Caroline Mathilde et le médecin personnel du roi J. F. Struensee prenaient le thé au château de Fredensborg, sur le balcon donnant sur le parc du château.

Struensee parlait de la conception intellectuelle du parc. Il célébrait cet arrangement fantastique dont les allées formaient un labyrinthe, et dans lequel les haies dissimulaient la symétrie du parc. Il fit remarquer que ce labyrinthe était conçu de telle manière qu'il n'existait qu'un seul endroit duquel la logique du système du parc devenait visible. D'en bas, tout n'était que confusion, énigmes, fausses allées et sentiers qui menaient dans des culs-de-sac ou nulle part. D'un point unique, par contre, tout devenait net, logique et raisonnable. C'était à partir du balcon où ils étaient assis en ce moment. Il s'agissait du balcon du Maître. Et de ce seul endroit les cohérences devenaient visibles. Cet endroit, qui était celui de la raison et de la cohérence, ne devait être foulé que par le Maître.

En souriant, la reine demanda ce que cela signifiait. Il s'expliqua.

— Le point du Maître. Qui est celui du pouvoir.

— Cela vous semble-t-il… attirant ?

Il répondit par un sourire. Un court moment plus tard, elle se pencha vers lui, et lui chuchota, tout près de l'oreille de façon que le roi ne puisse entendre :

— Tu oublies une chose. C'est que tu es en mon pouvoir.

4

Il allait se souvenir de cette conversation, et de la menace.

Le balcon du Maître était un point de vue, et qui donnait une cohérence à la symétrie du labyrinthe, mais sans plus. Les autres contextes demeuraient chaotiques.

Le début de l'été était arrivé, et on avait décidé de passer les beaux jours au château de Hirschholm. On avait commencé à préparer les bagages. Struensee et la reine étaient d'accord. On n'avait pas demandé son avis au roi, mais il serait du voyage.

Il trouvait normal qu'on ne lui ait pas demandé, et qu'on lui permette de venir, et d'être d'accord.

Voici ce qui se passa la veille du départ.

Du balcon, où il était maintenant assis seul, Christian vit les deux jeunes amants disparaître à cheval pour leur promenade quotidienne, et il se sentit soudain très seul. Il appela Moranti, mais celui-ci resta introuvable.

Il rentra.

Le chien était là, un schnauzer qui dormait par terre dans un coin de la pièce. Christian se coucha alors sur le parquet, la tête reposant sur le corps du chien ; mais, au bout d'un moment, le chien se leva, gagna un autre coin de la pièce et s'y recoucha.

Christian le suivit, et s'allongea à nouveau avec le corps du chien comme oreiller ; le chien se releva encore une fois, et alla chercher un autre coin.

Christian resta là, fixant le plafond. Cette fois-ci, il ne suivit pas le chien. Il esquissa un sourire en direction du plafond ; il y avait là-haut des chérubins, ornant une frise entre le plafond et les murs. Il s'efforça d'arborer un sourire qui ne soit pas trop crispé, simplement calme et aimable ; les chérubins le contemplaient de leurs yeux interrogateurs. De l'autre coin de la pièce, il entendit le chien murmurer qu'il ne devait pas importuner les chérubins. Il cessa alors de sourire.

Il décida de sortir ; il était résolu à trouver le centre du labyrinthe. Depuis un bon moment maintenant, il n'avait pas été contacté par les Sept ; il avait questionné Struensee, mais celui-ci refusait de répondre. Si Struensee faisait aussi partie des Sept, cela signifiait qu'ils étaient deux des conspirateurs, et qu'il avait quelqu'un à qui se confier. Il était sûr que Struensee était l'un d'eux. Il l'aimait ; c'était le signe.

Moranti appartenait peut-être lui aussi aux Sept, et le chien ; ils étaient quatre, par conséquent. Il avait donc identifié quatre des Sept.

Il en restait trois. Catherine ? Mais elle était la Maîtresse de l'Univers. Non, restaient trois, mais il n'arrivait pas à en trouver trois autres. Pas trois qu'il aimait. Où étaient-ils ? Sans compter que le chien était une incertitude ; il aimait le chien, et quand le chien lui parlait, il en était sûr. Mais le chien ne semblait exprimer que de l'amour, de l'affection et du désintérêt. Il n'était donc pas sûr pour le chien. Pourtant, le chien lui parlait ; cela le rendait unique. Parce que, autrement, les chiens ne savaient pas parler. C'était absurde d'imaginer des animaux qui parlent, une impossibilité : mais puisque le chien parlait, il s'agissait d'un signe. Un signe presque net, mais seulement presque net.

Il restait indécis à propos du chien.

Les Sept allaient débarrasser le Temple de la saleté. Alors, lui-même allait se dresser tel le Phénix. Voilà ce qu'était la flamme brûlante des Lumières. D'où la nécessité des Sept. Le Mal était la nécessité créatrice de la pureté.

La cohérence de tout cela n'était pas très claire. Mais il pensait qu'il en allait ainsi. Les Sept étaient les anges déchus du ciel. Il fallait qu'il apprenne ce qu'il devait faire. Un signe. Un message. Celui-ci se trouvait certainement au centre du labyrinthe ; un message des Sept, ou de la Maîtresse de l'Univers.

Moitié titubant, moitié courant à petits pas, il entra dans le labyrinthe de haies taillées et essaya de se souvenir du plan des allées qu'il avait en tête, de l'image vue du balcon, quand le chaos était raison.

Au bout d'un moment, il ralentit le pas. Il haletait, et il savait qu'il devait se calmer. Il tourna à gauche, puis à droite, sa représentation du système du labyrinthe était très nette, il était sûr qu'elle était très nette. Quelques minutes plus tard, il arriva dans un cul-de-sac. La haie se dressait tel un mur devant lui, il fit demi-tour, tourna à droite, puis de nouveau à droite. Cette fois, son souvenir était moins net, mais il essaya de se maîtriser, se remit soudain à courir. A nouveau il haleta. Quand la sueur se mit à couler, il arracha sa perruque et continua à courir, ça allait mieux ainsi.

Le souvenir s'était maintenant totalement évanoui.

Aucune certitude n'existait, dorénavant. Les murs qui l'entouraient étaient verts et piquants. Il s'arrêta.

Il devait maintenant se trouver tout près du centre. Au centre, la certitude existerait. Il s'arrêta, resta immobile, l'oreille tendue. Pas d'oiseaux, pas de bruits, il regarda sa main, elle saignait, il ne comprenait pas comment cela s'était produit. Il savait qu'il se trouvait tout près du centre. Au centre, il allait trouver le message, ou Catherine.

Silence total. Pourquoi les oiseaux ne chantaient-ils même pas ?

Soudain, il entendit le chuchotement d'une voix. Il ne bougea plus de là où il était. Il reconnaissait la voix, elle venait de l'autre côté de la haie, d'un endroit qui devait être le centre.

— C'est ici, disait la voix. Viens ici.

Sans l'ombre d'un doute, il s'agissait de la voix de Catherine.

Il essaya de voir à travers la haie, mais c'était impossible. Il n'y avait plus que le silence, mais aucun doute quand même, il s'agissait de la voix de Catherine, et elle se trouvait de l'autre côté. Il respira fort, il fallait maintenant qu'il reste très calme, mais il fallait qu'il traverse. Il fit un pas dans la masse de la haie, commença à écarter les branches. Les branches étaient épineuses, il comprit brusquement que cela allait être douloureux. Il restait cependant très calme, il devait en passer par là, il devait s'endurcir, devenir dur. Il devait être invulnérable. Aucune autre solution n'existait. Les premières dizaines de centimètres furent aisément franchies, puis le mur de la haie se fit très épais, il se pencha en avant, comme s'il avait voulu tomber à travers. Il tomba, effectivement, mais contre une forte résistance. Les épines piquèrent son visage telles de petites épées, et il sentit leur brûlure, il essaya de lever le bras pour se dégager, mais du coup il tomba encore plus en avant. Maintenant, la haie était d'une densité énorme, il devait se trouver très près du centre du labyrinthe. Il n'arrivait pourtant pas à voir au travers. Il donna des coups de pied désespérés, son corps progressa encore légèrement, mais les branches du bas étaient beaucoup plus grosses, et impossibles à écarter, elles ressemblaient plus à des troncs qu'à des branches. Il essaya de se relever mais n'y arriva qu'à moitié. Ses mains le brûlaient, son visage le brûlait. Instinctivement, il tira sur les branches les plus légères, mais elles étaient couvertes d'épines, les petits couteaux lui brûlaient sans cesse la peau. Un moment, il cria, puis il se maîtrisa et essaya une nouvelle fois de se lever. Mais en vain.

Il était coincé. Le sang coulait sur son visage. Il se mit à sangloter. Tout était silencieux. Il n'entendait plus la voix de Catherine. Il se trouvait tout près du centre, il le savait, mais captif.

Les courtisans, qui l'avaient vu entrer dans le labyrinthe, s'inquiétaient et, au bout d'une heure, ils commencèrent à le chercher. Ils le trouvèrent gisant dans l'épaisseur de la haie, un pied seul en émergeant. On fit venir de l'aide. Le roi fut alors dégagé, mais il refusa de se lever.

Il semblait complètement apathique. Il ordonna cependant, d'une voix faible, qu'on fasse venir Guldberg.

Guldberg arriva.

Le sang avait séché sur le visage du roi, sur ses bras et sur ses mains, mais il était étendu immobile par terre et regardait droit en l'air. Guldberg ordonna qu'on aille chercher une civière, et que la compagnie s'éloigne afin qu'il puisse parler avec le roi.

Guldberg s'était assis à côté du roi, après avoir recouvert celui-ci de son manteau, et il essaya de cacher l'émotion qui l'étreignait en parlant à voix basse à Christian.

Avec cette émotion qui faisait violemment trembler ses lèvres, il commença par chuchoter si bas que Christian ne put l'entendre. Puis il devint audible. Sire, chuchota-t-il, ne craignez rien, je vais vous sauver de cette honte, je vous aime, tous ces dépravés (et là ses chuchotements s'étaient faits plus forts), tous ces dépravés nous déshonorent mais la vengeance les atteindra, ils nous méprisent, ils nous dédaignent, nous qui sommes insignifiants, mais nous veillerons à faire trancher ces membres pécheurs du corps du Danemark, le temps du fouleur de raisin viendra, ils rient de nous et nous bafouent, mais ils nous auront bafoués pour la dernière fois, la vengeance de Dieu va les frapper et nous, sire… je serai votre… nous ferons…

Christian, à ce moment, émergea brusquement de son apathie, il fixa Guldberg, et se redressa.

— Nous ?!!! s'écria-t-il en regardant Guldberg comme si ce dernier était devenu fou, NOUS ??? de qui parlez-vous, êtes-vous fou, fou !!! je suis l'élu de Dieu et vous osez… vous osez…

Guldberg frémit, comme cinglé par un coup de fouet, et il baissa la tête sans rien dire.

Le roi se leva alors lentement ; et jamais Guldberg n'allait oublier ce spectacle : ce garçon à la tête et au visage couverts de sang coagulé et noirci, les cheveux ébouriffés et emmêlés, les vêtements déchirés, en somme l'image parfaite d'un fou souillé de sang et de saleté ; et qui pourtant, pourtant, semblait maintenant jouir d'autant de calme et d'autorité que s'il n'était pas fou, mais effectivement un élu de Dieu.

Peut-être était-il quand même un homme, finalement.

Christian fit alors signe à Guldberg de se lever. Il lui rendit son manteau. Et, d'une voix très calme et posée, il lui dit :

— Vous êtes le seul qui sache où elle se trouve.

Il n'attendit pas la réponse, mais continua :

— Je veux que vous établissiez ce jour même un décret de grâce. Et que je signerai moi-même. Moi-même. Pas Struensee. Moi-même.

— Qui devra donc être gracié, Votre Majesté ? demanda Guldberg.

— Catherine-aux-Bottines.

Et, devant ce ton, rien ne put être opposé, aucune question ne put être posée ; les courtisans s'avancèrent alors avec la civière. Celle-ci n'était cependant plus nécessaire ; Christian sortit seul et sans assistance du labyrinthe.

Chapitre 11

LES ENFANTS DE LA RÉVOLUTION

1

Ils nettoyèrent et pansèrent les plaies de Christian, ils retardèrent le départ pour Hirschholm de trois jours, ils inventèrent une explication à la chute malencontreuse du roi dans un rosier ; lentement tout redevint normal. On reprit les préparatifs des bagages et, vers dix heures du matin, l'expédition était prête à partir pour Hirschholm.

Toute la Cour ne partait pas. Seule voyageait une petite partie, mais pas si petite : cela formait un immense train de vingt-quatre voitures. La suite, considérée comme réduite, comptait dix-huit personnes, auxquelles il fallait ajouter une poignée de soldats, dont certains semblent avoir été congédiés dès la première semaine, ainsi que du personnel de cuisine. Le noyau était formé du couple royal, de Struensee et du petit prince royal, maintenant âgé de trois ans. Un tout petit groupe.

Etait là aussi Enevoldt Brandt, qualifié de "nounou du roi" par les mauvaises langues. Plus quelques maîtresses des subordonnés. Deux menuisiers.

A l'heure du départ, on pouvait nettement voir à la silhouette de la reine qu'elle était enceinte. La Cour ne parlait que de ça. Personne n'hésitait sur l'identité du père.

Quatre voitures se tenaient déjà prêtes dans la cour du château en début de matinée, quand le comte Rantzau vint voir Struensee pour, comme il l'exprima, "un entretien urgent".

Il commença par demander s'il était établi que lui-même était du voyage. A quoi Struensee répondit, en s'inclinant aimablement : Si tu en as envie. As-tu envie, toi, que je vienne ? rétorqua immédiatement Rantzau, étrangement crispé et sur la réserve. Ils s'observaient attentivement.

Pas de réponse.

Rantzau estimait avoir correctement interprété le silence. Il demanda, "sans détour", s'il était vraiment sage d'aller passer l'été, et peut-être l'automne, à Hirschholm, avec une suite réduite à ce point. Struensee lui demanda la raison de cette question. Rantzau répondit qu'on sentait dans le pays monter une certaine agitation. Que l'avalanche de décrets et de réformes qui coulait désormais de la main de Struensee (il tint à utiliser la formule "de la main de Struensee" car il savait bien dans quel état était l'esprit du roi et que, par ailleurs, il ne pensait pas être un imbécile) –, que ces réformes, donc, étaient certainement utiles au pays. Que souvent elles étaient sages, conçues avec de bonnes intentions et parfois avec les meilleurs principes de la raison. Cela était incontestable. Et, pour rester bref, elles étaient très bien formulées. Mais, pour rester tout aussi bref, nombreuses ! Presque innombrables !

Le pays n'était pas prêt à cela, et en tout cas pas l'administration ! Par conséquent, cela mettait Struensee lui-même et tous ses amis en danger de mort. Mais, poursuivit Rantzau sans laisser à Struensee ne fût-ce que la fraction d'une possibilité de l'interrompre ou de répondre, pourquoi cet acharnement à l'imprudence ! Cette avalanche de réformes, cette vague véritablement révolutionnaire qui enflait maintenant sur le royaume du Danemark, cette soudaine révolution, n'était-elle pas un bon prétexte, ou en tout cas une bonne tactique pour Struensee et le roi, mais surtout pour Struensee !!! de se rapprocher un peu plus du camp des ennemis.

Pour, dans une certaine mesure, pouvoir observer les ennemis. C'est-à-dire : la manière de penser et d'agir des troupes ennemies.

La formulation était stupéfiante.

— Bref, est-il bien sage de s'en aller ? résuma-t-il.

— Tu n'as guère été bref, répliqua Struensee. Et je ne saurais dire si celui qui me parle est un ami ou un ennemi.

— C'est moi qui parle, dit Rantzau. Un ami. Le seul, peut-être, que tu aies.

— Mon seul ami, dit Struensee. Mon seul ami ? Voilà qui sonne bien tragique.

Le ton était celui-ci. Formel, plein d'hostilité sous-jacente. Un long silence s'ensuivit.

— Te souviens-tu d'Altona ? dit ensuite Struensee d'une voix basse.

— Je m'en souviens. C'était il y a très longtemps. J'ai l'impression.

— Trois ans ? Est-ce si long ?

— Tu as changé, répondit Rantzau avec froideur.

— Je n'ai pas changé, dit Struensee. Pas moi. A Altona, nous étions d'accord sur presque tout. Il se trouve que je t'admirais. Tu avais tout lu. Et tu m'as beaucoup appris. Je t'en suis reconnaissant. J'étais si jeune, alors.

— Mais aujourd'hui, te voilà vieux et sensé. Et tu n'éprouves plus d'admiration.

— Je mets désormais en pratique.

— Tu mets en pratique ?

— Oui. Réellement. Pas uniquement des théories.

— Il me semble percevoir une note de mépris, dit Rantzau. "Pas uniquement des théories."

— Si je savais où te situer, je répondrais.

— Du réel, donc. Pas de théories. Pas de spéculations devant une table. Et quelle est ta dernière "réalisation" en date ?

L'entretien était désagréable. Et les voitures attendaient ; Struensee avança lentement la main vers la pile de documents sur la table, il en prit quelques-uns, comme pour les montrer. Mais il ne les montra pas. Il ne fit que regarder les papiers dans sa main, silencieusement et sans joie et, un instant, il sentit comme un immense chagrin, ou une fatigue accablante, s'abattre sur lui.

— J'ai travaillé cette nuit, dit-il.

— Oui, on dit que tu travailles dur, la nuit.

Il fit semblant de ne pas entendre l'insinuation.

Il ne pouvait pas être sincère avec Rantzau. Il ne pouvait pas lui parler de l'englument. Mais quelque chose dans ce qu'avait dit Rantzau le mettait mal à l'aise. C'était la vieille sensation d'infériorité vis-à-vis des camarades brillants du jardin d'Ascheberg qui resurgissait.

Le médecin taciturne d'Altona au milieu d'une brillante compagnie d'amis. Ils n'avaient peut-être pas compris la véritable raison de son silence.

Peut-être le comprenaient-ils aujourd'hui. Lui, le praticien monté si haut et de manière incompréhensible ! voilà ce qu'insinuait Rantzau. Tu n'es pas à ta place. Si tu gardais le silence, c'était parce que tu n'avais rien à dire. Tu aurais dû rester à Altona.

Et c'était vrai : il avait parfois l'impression de voir la vie comme une suite de points alignés sur un formulaire, une longue suite de tâches numérotées, *que quelqu'un d'autre avait dressée pour lui, quelqu'un d'autre !!!* la vie numérotée par ordre d'importance, avec les numéros de un à douze – comme sur le cadran d'une horloge –, considérés comme les plus importants, puis les numéros de treize à vingt-quatre – comme les heures du jour et de la nuit –, puis les numéros de vingt-cinq à cent, égrenés en une longue spirale de tâches de plus en plus petites mais néanmoins importantes. La tâche accomplie, il devait cocher deux fois le numéro correspondant, le patient était traité. Et quand la vie serait finie, un dossier final serait établi, et tout serait clair. Alors il pourrait rentrer chez lui.

Le changement noté, la tâche pleinement accomplie, les patients traités, puis la statistique et un article résumant les expériences.

Mais ici, où donc se trouvaient les patients ? Dehors, mais il ne les avait jamais rencontrés. Il devait se fier aux théories que d'autres avaient élaborées : les brillants, les plus érudits, les philosophes remarquables, les théories que ses amis de la cabane de Rousseau maîtrisaient si joliment.

Les patients de la société danoise, cette société qu'il allait maintenant révolutionner, il devait se les imaginer : comme les petites têtes qu'il avait jadis dessinées quand il avait écrit sa thèse sur les mouvements inopportuns du corps. Ils étaient les hommes à l'intérieur du mécanisme. Car il devait bien être possible, pensait-il régulièrement quand, ne dormant pas dans son lit, il sentait le Monstrueux Château Royal Danois peser sur sa poitrine, possible ! possible !!! de discerner et de maîtriser le mécanisme, pour voir les hommes.

L'homme n'était pas une machine, mais il se trouvait à l'intérieur de la machine. Tout l'art était là. Maîtriser la machine. Alors, les visages qu'il dessinait allaient lui sourire, pleins de reconnaissance et de bienveillance. L'ennui, la véritable difficulté, c'était qu'ils ne semblaient pas reconnaissants. Que les petites têtes d'hommes méchants entre les points, ces points qui avaient été cochés ! réglés ! résolus ! que ces visages qui pointaient restaient malveillants, méchants et ingrats.

Et, surtout, ils n'étaient pas ses amis. La société était une machine, et des visages malveillants. Non, plus rien n'était évident.

Il était en ce moment en train de regarder son dernier ami, Rantzau, qu'il pouvait aussi penser être un ennemi. Ou, pire encore, un traître. Décidément, Altona était bien loin.

— Cette semaine, la “réalisation” consiste, commença-t-il lentement, en la suppression de la loi réprimant l’infidélité, ainsi que la restriction des pensions superflues des fonctionnaires, l’interdiction de la torture. Je prépare aussi le transfert de la douane d’Øresund de la caisse du roi vers la caisse de l’Etat, l’instauration d’un fonds d’aide aux enfants illégitimes, qui seront baptisés selon le rite de l’Eglise, ainsi que…

— Et le servage ? A moins que tu te contentes de légiférer pour que la morale apparaisse d’elle-même ?

Une fois encore : le visage entre les paragraphes ; méfiant, arborant un sourire malveillant. Le servage était le grand point ! le plus grand ! prévu parmi les vingt-quatre points, non, parmi les douze ! les douze !!! points du cadran de l’horloge. Il avait abandonné le garçon sur le cheval de bois à une mort inexorable, et il avait couru derrière la voiture tandis que la nuit tombait ; il avait eu peur. Dans cette course, il avait en un certain sens abandonné derrière lui la plus grande tâche, le servage. Dans la voiture, il n’avait cessé de se répéter que le plus important était que lui-même survive.

Et qu’avec détermination il puisse. Promulguer des décrets. Sur. Et puisse. Avec détermination.

Ce qu’il faisait maintenant n’était que le début, la morale ; il légiférait pour améliorer la morale, il légiférait pour faire apparaître l’homme bon ; non, son raisonnement était erroné, c’était le contraire. Ce n’était pas en légiférant qu’on pouvait faire disparaître l’homme mauvais. “Ce ne sont pas des lois policières qui pourront améliorer les mœurs”, lui-même avait écrit cela.

Pourtant, et il savait que c’était là sa faiblesse, il s’attardait beaucoup aux mœurs, à la morale, aux interdits, à la liberté intellectuelle.

Etait-ce parce que le reste était d’une difficulté inouïe ?

— Le servage ? la question revint en flèche, impitoyable.

— Bientôt, répondit-il.

— De quelle manière ?

— Reverdil, dit-il lentement, qui fut le précepteur du roi, avait un projet avant d'être congédié. Je lui ai écrit, lui ai demandé de revenir.

— Ce petit Juif, dit alors Rantzau d'un ton implacable et haineux, ce petit Juif répugnant. C'est donc lui qui va libérer les paysans danois. Sais-tu combien d'ennemis tu vas te faire alors ?

Struensee reposa les documents sur la table. Poursuivre cet entretien ne rimait à rien. Rantzau s'inclina en silence, pivota et se dirigea vers la porte. Mais, avant qu'il la referme derrière lui, surgit le tout dernier des visages malveillants : formé par Rantzau, qui disait être son dernier ami, et qui peut-être l'était dans une certaine mesure, Rantzau le grand théoricien et pédagogue qui le regardait maintenant d'un œil si critique, son ami, ou son ex-ami si jamais il l'avait été.

— Tu n'as plus beaucoup d'amis. Alors, c'est de la folie d'aller passer l'été à Hirschholm. Mais ton problème, c'est autre chose.

— Quoi ? demanda Struensee.

— Tu n'es pas capable de choisir les bons ennemis.

2

Il ne s'agissait pas d'une fuite, allaient-ils penser plus tard. Alors, pourquoi cette hâte furieuse, ces mouvements brusques, ces rires, ces portes qui claquaient ?

Il ne s'agissait pas d'une fuite, seulement du départ pour le merveilleux été à Hirschholm.

On chargeait. Le premier jour, seules quatre voitures devaient partir. Le reste de l'immense équipage pour le lendemain. Vivre la vie simple de la campagne exigeait une importante organisation.

Dans la première voiture, la reine, Struensee, le roi Christian VII, Moranti le page nègre et le chien du roi.

On voyageait en silence.

Christian était très calme. Il regardait ses compagnons de voyage en arborant un sourire mystérieux qu'ils ne savaient pas interpréter. Il en était sûr. Il se disait que, si la reine Caroline Mathilde ne s'était pas trouvée parmi eux en ce moment, à l'écoute, alors quatre des Sept seraient rassemblés ici même, sans témoin, dans cette voiture. Et il aurait alors pu, sans danger, demander à Struensee, à Moranti ou au chien, les trois êtres qu'il aimait, des conseils devant ces temps de difficultés écrasantes et de sacrifices qu'il savait parfaitement devoir venir.

Il le savait. De même qu'il savait que les conseils et les directives de sa Bienfaitrice, la Maîtresse de l'Univers, allaient tarder encore quelque temps.

Un château se dressait ici autrefois. C'est ainsi qu'il faut en parler : un château se trouvait ici, et c'est ici qu'il fut englouti par la révolution danoise. Il n'en reste rien.

Le château de Hirschholm était bâti sur une île. Le château, entouré d'eau, se trouvait au milieu d'un lac et, la nuit, le lac accueillait ces oiseaux endormis qu'elle aimait tant, surtout lorsqu'ils dormaient engoncés dans leurs rêves. Il avait fallu cinquante ans pour construire ce château qui n'avait été achevé qu'en 1746 ; un beau château, un château grandiose, un Versailles du Nord ; il en fut pourtant de ce château ce qu'il advient des rêves très courts : il ne vécut que le temps d'un été, l'été 1771. Puis le rêve s'acheva, et le château, resté seul et inhabité, tomba lentement en ruine.

Il ne brûla pas. Il ne subit aucun pillage. Il mourut simplement de chagrin puis cessa d'exister. Car ce fut comme si cet été d'un bonheur infini avait pestiféré le château ; c'était le château de Caroline Mathilde et de Struensee et, quand vint la catastrophe, plus personne ne voulut fouler ce sol, à ce point couvert de la contagion du péché.

Dès 1774, tous les travaux furent interrompus, au tournant du siècle, la décrépitude était totale, et, lorsque le château de Christiansborg fut ravagé par un incendie, on décida de raser Hirschholm et d'utiliser les matériaux pour reconstruire Christiansborg. Tout fut arraché. Les salons "somptueusement décorés" furent pillés et déménagés, la superbe grande salle des Chevaliers au centre du château fut détruite, pierre par pierre, les blocs de marbre enlevés. La moindre trace du couple d'amoureux devait disparaître. L'appartement de Caroline Mathilde avait eu un air de cabinet de curiosités, elle nourrissait une passion pour la culture chinoise et, cet été-là, elle avait rempli les salons de poteries et de poupées chinoises qu'elle avait fait ramener par la Compagnie des Indes orientales. C'était elle qui avait fait installer le beau poêle en faïence dans la salle d'audience de Hirschholm, celui dont le décor représentait "une dame chinoise avec son parasol". Tout fut démonté.

Le château était devenu une honte, contaminé par le bâtard et sa maîtresse, il fallait qu'il disparaisse, comme quand on efface d'une photographie un visage peu apprécié, afin que l'histoire soit débarrassée de cet objet immonde, qui n'a jamais existé, n'aurait jamais dû exister. L'île devait être purifiée de ce péché.

En 1814, toute trace du château avait disparu ; la durée de vie de celui-ci avait donc été celle d'un homme, de 1764 à 1814 ; soixante-huit ans. Le château de Hirschholm devient ainsi le seul à avoir été assimilé à un été amoureux, chargé d'amour, de mort et de l'extrême frontière de l'interdit, et qui pour cette raison s'est vu obligé de mourir et de disparaître. Aujourd'hui, il n'existe plus sur l'île qu'une petite église de style Empire, construite au XIXe siècle.

Comme une prière. Comme une dernière prière pour demander pardon au grand Dieu ; une demande de grâce pour ces péchés dont se sont rendus coupables deux êtres humains dépravés.

A part cela, rien que de l'herbe et de l'eau.

Mais les oiseaux, bien sûr, sont encore là, ceux qu'elle vit tard le soir de son arrivée au château de

Hirschholm, et qu'elle prit pour le signe qu'elle se trouvait enfin chez elle, en sécurité, parmi les oiseaux qui dormaient engoncés dans leurs rêves.

Un château se dressait ici autrefois. Elle vint ici. Elle était enceinte. Elle savait que l'enfant était de lui.

Et tout le monde le savait.

Je suis enceinte, avait-elle dit. Et nous savons que l'enfant est de toi.

Il l'avait embrassée mais n'avait rien dit.

Tout s'était passé si vite. Il avait réalisé la révolution danoise en huit mois, les réformes étaient signées et continueraient de l'être de ce nid du péché nommé château de Hirschholm, et qui pour cette raison allait plus tard être anéanti, comme on brûle la literie d'un individu mort de la peste.

Il avait déjà lancé cinq cent soixante-quatre édits durant cette première année. En fin de compte, aucun obstacle ne semblait s'y opposer. Tout était naturel et se passait facilement. La révolution fonctionnait à merveille, sa plume grattait, les édits étaient exécutés, et il faisait l'amour avec cette étrange jeune femme qui se disait reine du Danemark. Il faisait l'amour, rédigeait et signait. La signature du roi n'était plus nécessaire. Il savait que les chancelleries et les ministères grondaient de rage, mais personne n'osait l'approcher. Alors il continuait, continuait.

Révolutionnaire en chambre, se disait-il parfois. Il avait toujours méprisé cette expression. Maintenant, pourtant, tout semblait bien fonctionner à partir de son bureau. De son bureau très précisément. Et tout était exécuté.

Il ne quittait jamais son cabinet de travail, et pourtant la révolution avançait. Peut-être que toutes les révolutions devraient se passer ainsi, se disait-il. Il n'était besoin d'aucune troupe, d'aucune violence, d'aucune terreur, d'aucune menace ; seulement d'un roi fou détenant tout le pouvoir, et d'un document de passation du pouvoir.

Il se rendait compte qu'il était entièrement dépendant de ce garçon aliéné. Etait-il également dépendant d'elle ?

Quand elle avait parlé de l'enfant à naître, il avait été content, et avait immédiatement compris que la fin pouvait être proche.

Ils faisaient l'amour depuis si longtemps sans la moindre prudence.

Jamais il n'avait rencontré une femme comme cette jeune femme ; c'était invraisemblable, elle semblait méconnaître la peur et la timidité. Elle n'avait pas d'expérience et avait tout appris comme dans un seul souffle. Elle semblait aimer son propre corps, et aimer utiliser le sien. La première nuit à Hirschholm, elle s'était assise sur lui et l'avait chevauché lentement, avec plaisir, comme totalement à l'écoute des signaux secrets qu'il pouvait émettre en lui, et leur obéissant, les contrôlant. Non, il ne comprenait pas où cette jeune Anglaise de vingt ans avait appris tout ça. Et, pour finir, elle avait roulé à côté de lui, doucement, comme une chatte, et elle avait dit :

— Tu es heureux ?

Il savait qu'il était heureux. Et que la catastrophe était maintenant toute proche.

— Nous devons être prudents, avait-il répondu.

— Il est trop tard depuis longtemps, avait-elle répondu dans le noir. Je suis enceinte. Et l'enfant est de toi.

— Et la révolution danoise ? Ils vont apprendre qu'il s'agit de mon enfant.

— J'ai engendré l'enfant de la révolution avec toi, avait-elle répondu.

Il s'était levé, s'était approché de la fenêtre, avait regardé l'eau. Le crépuscule venait plus tôt, maintenant, mais on sentait une chaleur humide, et le lac qui entourait le château était couvert d'algues et d'oiseaux, et l'on sentait une odeur marécageuse, lourde, agréable mais aussi chargée de mort. Tout s'était passé si vite.

— Nous avons engendré l'avenir, l'entendit-il dire dans le noir.

— A moins que nous ne l'ayons tué, dit-il à voix basse.

— Que veux-tu dire ?

Mais il ne savait pas pourquoi il avait dit ça.

Il savait qu'il l'aimait.

Ce n'était pas seulement son corps, ses dons fantastiques pour l'amour, ce qu'il considérait comme des dons érotiques ; c'était aussi qu'elle grandissait si rapidement, que de semaine en semaine il la voyait devenir une autre, le côté explosif de cette petite Anglaise naïve qui n'allait pas tarder à être à sa hauteur, voire à le dépasser, pour devenir quelqu'un qu'il n'arrivait pas à imaginer ; jamais il n'aurait cru cela possible. Elle était décidément dotée de plusieurs visages, mais pas d'un visage d'aliéné, comme Christian. Elle ne portait pas en elle ce flambeau noir capable de déverser sur lui son obscurité meurtrière, non, elle était une inconnue qui l'attirait au moment même où il pensait l'avoir vue, mais soudain se rendait compte qu'il ne l'avait pas vue.

Il se souvint de l'avoir entendue parler de marque au fer comme on marque un animal.

Mais l'amour devait-il fonctionner ainsi ? Il ne le désirait pas.

— Je ne suis qu'un médecin d'Altona, dit-il.

— Oui ? Et alors ?

— Je me demande parfois si l'on n'a pas confié une trop grande tâche à un médecin d'Altona réticent, au cœur pur et manquant d'érudition, dit-il à voix basse.

Il lui avait tourné le dos, car c'était la première fois qu'il osait le dire, et il en avait un peu honte. Il lui avait donc tourné le dos et n'avait pas osé la regarder. Mais il l'avait dit, et s'en sentait honteux, même s'il appréciait de l'avoir dit.

Il ne voulait pas s'enorgueillir. S'enorgueillir était proche d'un péché mortel. Il avait appris cela étant enfant. Il n'était qu'un médecin d'Altona. Ça, c'était fondamental. Mais venait s'ajouter à cela la prétention : le fait d'avoir compris qu'il était détenteur d'une mission, et ne se soit pas estimé trop petit, alors qu'il aurait dû.

Les vaniteux de la Cour n'auraient pas hésité une seule seconde. Ceux qui n'étaient pas des parvenus. Qui trouvaient tout naturel d'être prétentieux, puisque tout ce qu'ils possédaient provenait d'héritages, et qu'ils ne l'avaient pas reçu du fait de leurs mérites. Pour sa part, il n'était pas prétentieux, mais inquiet.

C'était de cela qu'il avait honte. On l'appelait "le Taciturne". Cela les inquiétait peut-être. Il était taciturne, il était grand, il savait se taire, cela leur faisait peur. Mais ils ne comprenaient pas qu'en fin de compte il n'était qu'un médecin d'Altona qui, par vanité, s'était imaginé avoir une vocation.

Les autres n'avaient jamais honte. C'était pour cela qu'il avait tourné le dos à Caroline Mathilde.

Un jour, vers la fin de l'été, alors que l'enfant était né, elle entra dans son cabinet pour lui dire que Bernstorff, qu'on avait congédié et qui vivait maintenant retiré sur ses terres, devait être rappelé.

— Bernstorff ? Il nous hait, dit Struensee.

— Quelle importance ? Nous avons besoin de lui. Il faut l'amadouer, pour l'utiliser. Qu'il soit un ennemi ou pas.

Puis elle dit :

— Nous avons besoin d'une protection latérale.

Il la dévisagea. "Protection latérale" ? D'où tenait-elle ce mot ? Elle était incroyable.

3

Ce fut un été fantastique.

Ils abolissaient tout protocole, ils lisaient Rousseau, ils changeaient de style vestimentaire, ils vivaient simplement, ils vivaient dans la nature, ils faisaient l'amour, ils semblaient obsédés par le désir de concentrer tous les composants du bonheur afin de ne pas en gaspiller la moindre minute. Les visiteurs étaient choqués par la liberté de leurs mœurs qui, néanmoins, faisaient-ils remarquer avec surprise dans leurs lettres, ne s'exprimait jamais en paroles indécentes. Toutes les règles étaient abolies. Des domestiques les servaient fréquemment à table, mais pas toujours. On se répartissait la charge de la préparation des repas. On faisait des excursions, restait dehors tard le soir. Un jour, à l'occasion d'une promenade sur la plage, la reine l'avait attiré dans les dunes, lui avait défait ses vêtements, et ils avaient fait l'amour. La suite avait remarqué le sable sur leurs vêtements mais ne s'était pas étonnée. On supprimait tous les titres. La hiérarchie disparut. On s'appelait par son prénom.

Cela se passait comme dans un rêve. On s'apercevait que tout était plus simple, plus tranquille.

Voilà ce que l'on découvrait à Hirschholm : que tout était possible, et qu'il était possible de sortir de la maison de fous.

Christian aussi était heureux. Il semblait très lointain, et pourtant proche. Un soir, à table, tout heureux et souriant, il avait dit à Struensee :

— Il se fait tard, l'heure est venue pour le roi de Prusse de gagner le lit de la reine.

Tout le monde avait sursauté et, d'un ton badin, Struensee avait demandé :

— Le roi de Prusse, qui est-ce ?

— Mais vous ! avait répondu Christian, surpris.

Sa grossesse devenait de plus en plus visible, mais elle insistait pour faire des promenades à cheval dans les bois, et ne prêtait pas attention à l'inquiétude et aux objections de son entourage.

Elle était devenue une très habile cavalière. Elle ne tombait pas. Elle montait vite, sans hésitation, il la suivait, soucieux. Un après-midi, advint quand même une chute. Ce fut Struensee qui tomba. Son cheval s'était cabré, il tomba, et resta longtemps par terre, avec une jambe très douloureuse. Il finit par se lever à grand-peine.

Elle le soutint jusqu'à l'arrivée de l'aide.

— Mon amour, dit-elle, tu pensais que je pouvais tomber ? Mais je ne suis pas tombée. Je ne veux pas perdre l'enfant. C'est pour ça que c'est toi qui es tombé.

Il répondit seulement :

— La chance ne me sourit peut-être plus.

Il l'accoucha lui-même.

Sur des béquilles, devant le lit de la reine et sur des béquilles, Struensee fut témoin de la naissance de la petite fille.

Il aida l'enfant à sortir, c'était ce qu'il pensait devoir être fait, il tira son enfant pour le mettre au monde et, soudain, il en resta subjugué ; il avait déjà aidé à mettre des enfants au monde auparavant, mais ça, mais ça !!! Il s'aidait de sa béquille glissée sous l'aisselle, mais la béquille glissa et sa jambe blessée lui fit mal, du moins le supposa-t-il ensuite, bien qu'il ne s'en souvenait pas, en tout cas, il avait pleuré.

Personne ne l'avait jamais vu en larmes auparavant, et ils en parlèrent longtemps ; et pour certains, cela fut une preuve.

Mais il sanglotait. L'enfant était là. C'était la vie éternelle qui sortait d'elle, leur fille qui signifiait la vie éternelle.

Ensuite, il se maîtrisa, et fit ce qu'il devait faire. Il se rendit auprès du roi Christian VII et lui annonça que sa reine, Caroline Mathilde, venait de lui donner une héritière en accouchant d'une fille. Le roi parut indifférent, et ne souhaita pas voir l'enfant. Plus tard dans la soirée, il fit une rechute de nervosité et, en compagnie du page nègre Moranti, il s'amusa à renverser des statues dans le parc.

La petite fille fut baptisée Louise Augusta.

4

En moins de vingt-quatre heures, la Cour à Copenhague sut que l'enfant de Struensee et de la reine était né. La reine douairière convoqua immédiatement Guldberg.

Elle était en compagnie de son fils marmottant la bave aux lèvres auquel, en ce jour inquiétant, elle n'accordait aucun regard mais qu'elle tenait fermement de la main gauche. Elle commença par dire que ce bâtard nouveau-né était une honte pour le pays et pour la maison royale, mais qu'elle voulait qu'on lui fournisse une vue d'ensemble.

Elle réclamait une analyse de la situation, et il la lui donna.

Guldberg fit un exposé.

Compte tenu de l'aventure algérienne, c'est-à-dire qu'une flotte danoise envoyée en Méditerranée y avait été en grande partie coulée, la nécessité de redoter la marine de navires s'imposait. Le problème avait été présenté à Struensee qui y avait répondu par deux notes. L'une prévoyait l'interdiction de la fabrication d'eau-de-vie à base d'orge et de toute distillation privée. L'autre annonçait son intention de réduire de moitié la maison du roi, ainsi que de réduire les capacités de la flotte de guerre. Cela signifiait que le chantier naval de Holmen allait réduire son activité. Les ouvriers, surtout les matelots recrutés en Norvège, étaient furieux. Guldberg avait été plusieurs fois en contact avec eux. Une délégation était également venue le voir.

Ils lui avaient demandé son avis sur la rumeur qui disait que Struensee retenait le roi prisonnier et qu'il avait l'intention de le tuer.

Guldberg, "par gestes et mimiques", avait laissé entendre qu'il y avait du vrai, mais qu'il était important de réfléchir et de planifier les mesures pour la défense du pays et de la maison royale. Il leur avait dit que, comme eux, il était indigné par la diminution des commandes donc du travail au chantier naval.

Quant à ce fornicateur de Struensee, il priait Dieu chaque soir qu'Il le frappe de ses foudres, pour le bien du Danemark.

Ils projetaient en ce moment une révolte. Les ouvriers pensaient à une marche sur Hirschholm.

— Et une fois là-bas ? demanda la reine douairière. Comptent-ils le tuer ?

Sans le moindre sourire, Guldberg se contenta de répondre :

— La révolte d'un peuple mécontent contre le tyran est toujours imprévisible.

Et, comme accessoirement, il ajouta :

— On ne peut que l'initier, ou l'orienter.

La petite fille nouveau-née dormait, et il ne pouvait percevoir sa respiration qu'en approchant l'oreille. Il la trouvait si belle. Ainsi, en fin de compte, avait-il fini par avoir un enfant.

Tout était si tranquille cet été-là.

Oh, comme il aurait voulu qu'il en soit toujours ainsi !

Cependant, vers neuf heures du soir, le 8 septembre 1771, une voiture à cheval franchit le pont reliant la terre à l'île du château de Hirschholm ; c'était le comte Rantzau, et il désirait parler immédiatement à Struensee. Rantzau était vert de rage et disait vouloir "arriver à un accord".

— Tu es complètement fou, dit-il. Copenhague est pleine de pamphlets qui parlent ouvertement de ta liaison avec la reine. L'impudence la plus totale est de mise. Ton interdiction de distiller les a rendus furieux. Certains corps d'armée restaient fiables mais ce sont eux que tu as renvoyés dans leurs foyers. Pourquoi vous trouvez-vous ici et pas à Copenhague ? Il faut que je le sache.

— De quel côté es-tu ? demanda alors Struensee.

— J'aimerais te poser la même question. Tu sais que je suis couvert de dettes. Et c'est la raison pour laquelle – oui, la raison pour laquelle – toi, tu introduis une loi qui stipule que “le droit juridique sera exercé dans tous les conflits en matière de dettes, sans égard pour le rang social du débiteur, ni pour sa réputation personnelle”, ce qui sonne très bien, mais n’a été inventé que pour me ruiner. Ton intention ultime ! Ton intention ! De quel côté es-tu ? J’aimerais le savoir maintenant avant que… avant que…

— Avant que tout s’écroule ?

— Réponds-moi d’abord.

— Ce n’est pas pour toi que je rédige les lois. Ni pour toi que j’en change. La réponse est non.

— Non ?

— Non.

Un long silence suivit. Puis Rantzau dit :

— Struensee, tu as parcouru un long chemin depuis Altona. Incroyablement long. Où penses-tu aller, maintenant ?

— Où penses-tu aller toi-même ?

Rantzau se leva, seulement pour répondre :

— A Copenhague.

Puis il s’en alla, laissant Struensee seul. Celui-ci entra dans sa chambre, s’allongea sur son lit, et fixa le plafond, en essayant de ne penser rigoureusement à rien.

Pourtant, il pensait sans arrêt à la même chose. Et qui était : je ne veux pas mourir. Que vais-je faire ?

“Protection latérale”, avait-elle dit.

Mais c’est qu’il y en avait beaucoup, des flancs à protéger. Et puis cette fatigue !

Il n’avait pas quitté l’expédition royale à Altona. Il avait choisi de rendre visite à la réalité. Où trouverait-il les forces ?

Chapitre 12

LE JOUEUR DE FLÛTE

1

Du cercle des jeunes adeptes des Lumières qui autrefois se retrouvaient à Altona, un seul restait proche de Struensee. C'était Enevoldt Brandt.

Il était le dernier ami. Il était le joueur de flûte.

"Le petit Juif répugnant" – comme l'avait appelé Rantzau –, Elie Salomon François Reverdil, après son bannissement en Suisse, avait été rappelé. Sa correspondance avec des amis restés au Danemark durant ces années d'exil dans son pays natal avait été assidue. Son chagrin, son désespoir après ce qui s'était passé étaient immenses. Il ne comprenait pas ce que son garçon adoré avait voulu lui signifier, il ne comprenait rien ; pourtant, quand la proposition de revenir lui était parvenue, il n'avait pas hésité une seule seconde. Sa tâche allait être de présenter les projets de suppression du servage, que l'on avait autrefois suspendus.

Il s'attela cependant à d'autres tâches. Rien n'allait être comme il l'avait imaginé.

Si ses tâches furent modifiées, ce fut à cause d'un étrange incident qui rendit impossible la présence d'Enevoldt Brandt auprès de Christian. L'histoire, l'incident de l'index, allait coûter la vie à Brandt.

Cela se produisit cependant six mois plus tard.

Après "l'incident", Reverdil devint le garde du corps du roi. Auparavant, il avait été le professeur du roi, et son ami, maintenant il en était le gardien. La situation était navrée. Les loups avaient déchiré son garçon adoré, Christian était désormais devenu un autre. Rien n'était comme autrefois. Christian avait souhaité la bienvenue à son ancien professeur, mais sans chaleur, il avait parlé et marmonné comme de sous une pellicule de glace. Le prétexte utilisé pour faire revenir Reverdil, celui de la grande réforme qu'on allait enfin réaliser, celle du servage, avait disparu.

L'influence politique de Reverdil prit fin. Le servage, lui, ne prit pas fin.

Au cours de l'épisode, le roi fut légèrement blessé.

Le jour où s'était produit l'incident – "l'incident de l'index" comme on le baptisa –, ce jour-là, Struensee avait expédié à Copenhague les décrets sur les Postes régionaux d'application des ventouses, sur le Financement de la Fondation pour les enfants abandonnés, ainsi que des directives concernant la liberté de culte désormais de mise pour les réformés et les catholiques, la loi qui autorisait les sectes issues des Frères moraves à s'installer librement dans le Schleswig, ainsi que des directives concernant un projet d'instaurer une équivalence danoise aux *Real-Schule* allemandes.

Un seul courrier emportait le travail de toute une semaine. D'ordinaire, un courrier partait tous les deux jours mais, cette fois, du retard s'était accumulé.

De manière parfaitement naturelle, un détail faisait partie du grand jeu. Le petit détail, c'était les réformes. Le grand allait se révéler être l'index.

Brandt était le joueur de flûte.

Struensee l'avait rencontré du temps d'Altona, et plus particulièrement à Ascheberg. C'était l'époque où on se rendait à la cabane de Rousseau pour lire à haute voix et parler des temps qui allaient venir : celui où des hommes bons seraient à la tête des affaires et du pouvoir, où l'hydre de la réaction aurait été chassée et l'utopie réalisée. Brandt avait adopté les idées nouvelles avec beaucoup d'enthousiasme, mais elles semblaient se poser sur lui comme des papillons ; elles scintillaient puis s'en allaient en battant joliment des ailes, puis revenaient, le laissant apparemment indifférent. Il les revêtait comme des ornements. Avec joie, il s'était rendu compte que les dames de son entourage en étaient ravies, ce qui était sans doute le plus important. Struensee le tenait donc pour un artiste, peu conséquent, mais digne d'être aimé.

Les Lumières avaient pour Brandt une connotation sexuelle et donnaient des couleurs à l'existence, rendaient les nuits excitantes et variées. Pour lui, il en allait des Lumières comme des comédiennes italiennes, et surtout comme de sa pratique de la flûte.

C'était la flûte, avait pensé Struensee du temps de la cabane de Rousseau, qui le rendait supportable.

Quelque chose dans sa tranquille obsession de la flûte avait poussé Struensee à tolérer sa frivolité. La flûte indiquait qu'il y avait autre chose en l'individu ; et, de l'époque d'Altona et des soirées dans la cabane du jardin d'Ascheberg, il se souvenait moins de la relation amoureuse que Brandt entretenait avec la "politique" et l'"art" que de la solitude que les airs de flûte créaient autour de ce jeune adepte des Lumières.

Qui, pour n'importe quelle raison, aurait pu adopter n'importe quelle opinion différente.

Seul comptait le scintillement.

A leur manière, ce furent peut-être les airs de flûte de Brandt qui laissèrent leur empreinte sur ce fantastique été 1771. Et quelque chose de l'atmosphère de Hirschholm se répandit. Une atmosphère d'insouciance, de liberté et d'air de flûte forma une note sensuelle sous-jacente à cet été chaud et passionné, y compris à Copenhague. Les décrets de Struensee ouvrirent les parcs royaux au commun des mortels. Les réjouissances redoublaient, en particulier du fait de la suppression du droit de la police à contrôler les bordels. Un décret avait mis fin à l'habitude qu'avait la police de "rendre visite" de force aux bordels et aux tavernes après neuf heures du soir, pour contrôler la dépravation possible.

Ces visites avaient jusque-là été régulièrement utilisées comme moyen d'extorsion sur les clients. Pas de diminution du vice, mais une augmentation du revenu des policiers. Pour ne pas être arrêté, il fallait payer sur-le-champ.

Pour la population, la liberté d'accès aux parcs était importante.

"La profanation des parcs royaux" – c'est-à-dire toute relation sexuelle la nuit dans les parcs royaux de Copenhague – avait jusque-là été punie de l'amputation d'une phalange d'un doigt si on ne pouvait pas payer immédiatement, ce que finalement on arrivait toujours à faire. Les parcs désormais ouverts, le jardin de Rosenborg en particulier devint par ces nuits chaudes un fantastique terrain de jeux érotiques. Sur les pelouses et dans les buissons, au milieu d'une obscurité tentante et propice, se constitua un lieu de rendez-vous érotique empli de murmures, de rires, de gémissements et de frivolité, même si le jardin de Rosenborg fut vite concurrencé par le jardin de Frederiksberg, qui n'était que partiellement éclairé pendant la nuit.

Trois soirs par semaine, ce parc fut tout particulièrement ouvert aux couples masqués. Le droit du peuple à se masquer avait été décrété, y compris dans les jardins publics et la nuit. En pratique, cela signifiait le droit, moyennant un certain anonymat procuré par les masques, de copuler librement dehors.

Des masques dissimulant les visages, des sexes ouverts et des chuchotements. Jusque-là, les parcs royaux avaient été réservés aux dames de la Cour qui, avec une infinie lenteur, les traversaient, l'ombrelle au-dessus de la tête. Désormais ils étaient ouverts au public, et la nuit ! La nuit !!! Une vague passionnelle roula avec langueur sur les parcs autrefois fermés et terriblement sacrés. La Copenhague surpeuplée, avec ses bas quartiers où la promiscuité avait pour conséquence que le moindre besoin charnel se heurtait à des pièces surpeuplées dans lesquelles le désir était audible et cognait contre le désir et la honte des autres, cette Copenhague à la population entassée avait maintenant accès aux nouveaux lieux royaux de la passion.

Des parcs, la nuit, du sperme et l'odeur de passion.

La licence était dans l'air, offusquante, extraordinairement excitante, et tout le monde savait que cela était dû à la contagion du péché issu de la fornication royale. En fin de compte, c'était la faute de Struensee et de la reine. Révoltant ! si attirant !!! Mais pour combien de temps ??? C'était comme si une haleine excitante et haletante s'était posée sur Copenhague. Le temps ! bientôt passé !!!

Il fallait saisir l'occasion. Avant que les châtiments, les interdictions et la juste indignation retombent sur le pays. On aurait dit une course au temps. D'ici peu, la luxure allait être éteinte par le feu du châtiment.

Mais d'ici là ! ces brèves semaines !! d'ici là !!!

Les airs de flûte de Brandt donnaient le ton. Disparues, les interdictions de l'ancien régime piétiste contre les bals, les spectacles et les concerts le samedi et le dimanche, en période de carême et d'avent. Quand avait-on connu quoi que ce soit d'autorisé ? Comme sur un coup de baguette magique, les interdictions s'étaient envolées.

Et dans les parcs maintenant, ces ombres, ces corps, ces masques, cette passion : avec, en fond sonore, une flûte mystérieuse.

2

Brandt avait rejoint Hirschholm trois jours après les autres et, horrifié, il découvrit qu'on l'avait désigné pour être l'aide de camp du roi.

Garde d'enfant, avait-on dit. Il se retrouvait dans un château, sur une île, loin des bals masqués et des intrigues du théâtre, son rôle serait d'être témoin des jeux de scène et tirades maniaques de Christian. La situation était absurde et le mettait en rage. Il était quand même *maître de plaisir*, non ? Ministre de la Culture ! Où était la culture dans tout cela ? La garderie d'enfant royale ? Il trouvait exténuantes les promenades dans la nature. L'amour de la reine et de Struensee, il le trouvait frustrant et sans intérêt pour lui. Il était exilé loin des actrices italiennes. Il trouvait ridicules les jeux de Caroline Mathilde avec le petit garçon, et leur admiration pour la petite fille.

La Cour lui manquait, Copenhague, le théâtre. Il ne disposait plus d'aucun pouvoir. Sa tâche était de divertir le roi, dont le comportement était grotesque, comme d'habitude. Il était le gardien d'un monarque malade mental.

Ses ambitions étaient plus grandes. D'où un conflit.

Comparé aux conséquences qu'eut l'incident, ce qui se passa ne fut qu'une bagatelle comique.

Un jour, à la table du déjeuner des appartements de la reine, le roi, qui n'avait pas participé à la conversation pendant le repas mais qui, à son habitude, n'avait cessé de grommeler dans son coin, s'était levé brusquement et, d'une voix étrangement affectée, comme s'il avait été un acteur sur scène, il avait pointé un doigt sur Brandt et s'était écrié :

— L'heure est venue de vous infliger une bonne correction à coups de bâton. C'est une bastonnade que vous méritez ! Vous entendez, comte Brandt ? C'est à vous que je m'adresse !

Un grand silence tomba puis, au bout d'un moment, Struensee et la reine prirent Christian à part et lui parlèrent durement, sans que pour autant les autres puissent entendre ce qui fut dit. Le roi avait alors fondu en larmes. Ensuite, alors qu'il était encore secoué de sanglots, il avait fait signe à Reverdil, son ancien précepteur, d'approcher. Ensemble, ils avaient gagné l'antichambre, où, par ses paroles, Reverdil avait calmé et consolé le roi. Peut-être se permit-il aussi de soutenir et d'encourager Christian, compte tenu du mépris que Reverdil avait toujours éprouvé pour Brandt et de ce qu'il considérait peut-être l'éclat de Christian comme venu à point nommé.

Quoi qu'il en soit, Reverdil n'avait pas fait la morale au roi, ce qui, plus tard, lui fut reproché.

Les autres convives estimaient qu'il fallait là donner une leçon au roi, histoire d'empêcher le renouvellement de telles scènes blessantes. Sévèrement, Struensee signifia au roi que Brandt, considérant qu'il avait été raillé en public, exigeait maintenant des excuses et sa réhabilitation.

Le roi s'était alors contenté de grincer des dents et de tripoter son corps, avant de refuser.

Plus tard, après le souper, Brandt avait rejoint le roi dans son appartement. Il avait ordonné à Moranti et à la petite Phebe, servante de la reine, qui jouaient avec lui, de disparaître. Il avait ensuite fermé la porte et demandé au roi les armes qu'il choisissait pour le duel qui devait désormais être disputé.

Terrorisé, angoissé à l'idée de la mort, le roi n'avait fait que secouer la tête. Puis Brandt avait signifié que les poings pourraient suffire et Christian, qui appréciait beaucoup les luttes amicales, s'était dit qu'il pourrait s'en tirer ainsi en s'amusant. Mais Brandt, saisi brusquement d'une rage incompréhensible, avait hurlé des injures au monarque en sanglots. Le combat s'était engagé, jetant les deux lutteurs à terre ; et, comme Christian essayait de se protéger avec les mains, Brandt lui avait mordu l'index jusqu'au sang.

Brandt avait alors laissé le roi effondré et sanglotant, et s'était rendu chez Struensee pour lui dire qu'il avait obtenu réparation. Du monde avait vite été appelé pour panser le doigt de Christian.

Struensee avait interdit à tous de divulguer l'incident. Si quelqu'un s'avisait de poser des questions, la réponse serait que la vie du roi n'avait nullement été en danger, que le comte Brandt n'avait pas essayé de tuer le roi, que les luttes amicales étaient dans les habitudes du roi, qu'elles étaient un excellent exercice d'endurcissement des membres ; mais qu'il fallait néanmoins observer le plus grand silence au sujet de l'incident.

Struensee n'en était pas moins très soucieux et il dit à la reine :

— A Copenhague, la rumeur se répand que nous voulons tuer le roi. Il serait fâcheux que cet incident soit divulgué. Je n'arrive pas à comprendre ce Brandt.

Le lendemain, Brandt fut remplacé comme aide de camp par Reverdil, et disposa de plus de temps pour pratiquer la flûte. Du même coup, Reverdil n'eut pas le temps de se pencher sur le projet d'abolition du servage. Plus de temps pour jouer de la flûte, aux dépens de la politique.

Brandt oublia vite l'épisode.

Il allait avoir, plus tard, l'occasion de s'en souvenir.

3

L'automne vint tard, cette année-là ; les après-midi étaient calmes et l'on sortait en promenade, prenait le thé et attendait.

Un an plus tôt, à la fin de l'été de l'année précédente dans le jardin d'Ascheberg, tout avait été si magique, si nouveau. Maintenant, on essayait de retrouver cette sensation. Comme si on cherchait à protéger sous une cloche de verre l'été et Hirschholm ; dehors, dans l'obscurité, dans la réalité danoise, on supposait que le nombre d'ennemis augmentait. Non, on en était sûr. Les ennemis étaient plus nombreux qu'à la fin de l'été dans le jardin d'Ascheberg, quand existait encore une certaine innocence. C'était comme s'ils s'étaient trouvés sur une scène et que le cône de lumière lentement se resserrait autour d'eux. La petite famille dans la lumière et, autour d'eux, une obscurité dans laquelle ils ne voulaient pas s'avancer.

Le plus important c'étaient les enfants. Le garçon avait trois ans, et Struensee mettait en pratique tous les principes théoriques sur l'éducation des enfants qu'il avait pu formuler autrefois ; à savoir une vie saine, des vêtements naturels, des bains, le plein air et des jeux en accord avec la nature. La petite le suivrait bientôt. Pour l'instant, elle était trop petite. Elle était mignonne. La petite fille était adorable. La petite fille suscitait l'admiration de tous. La petite fille était cependant – tout le monde le savait mais personne n'en parlait – le point même sur lequel se focalisait toute la haine danoise à l'égard de Struensee.

La bâtarde. Des rapports parvenaient. Tout le monde semblait être au courant.

Struensee et la reine allaient souvent s'asseoir dans la mince bande de jardin à gauche du château, où des meubles de jardin et des parasols avaient été installés. Ils voyaient loin, jusqu'au parc de l'autre côté. Un soir, ils virent ainsi, à distance, Christian, comme toujours accompagné de Moranti et du chien, marcher le long du lac et s'amuser à renverser les statues.

Les statues se trouvaient dans cette partie-là du jardin. Elles étaient son objet permanent de rage ou d'humeur badine.

A l'aide de cordes, on avait essayé de mieux arrimer les statues, d'empêcher qu'elles soient renversées, mais cela n'avait pas fonctionné. Ça ne rimait à rien. On n'avait qu'à les remettre en place après les ravages du roi, sans même essayer de réparer les dommages et les morceaux brisés ; les déformations survenues lors de quelque accès de mélancolie du roi.

Struensee et la reine contemplèrent longtemps sans rien dire le combat du roi contre les statues.

Tout cela ne leur était maintenant que trop familier.

— Nous sommes habitués à cela, dit Caroline Mathilde, mais nous devons interdire à toute personne extérieure à la Cour de le voir.

— Tout le monde le sait.

— Tout le monde sait, mais cela ne doit pas être dit, répliqua Caroline Mathilde. Il est malade. On dit à Copenhague que la reine douairière et Guldberg projettent de l'interner dans un hospice. Alors, ce sera la fin pour nous deux.

— La fin ?

— Un jour, cet élu de Dieu renverse des statues. Demain, c'est nous qu'il renversera.

— Il n'agira pas ainsi, dit Struensee. Mais sans Christian, effectivement, je ne suis rien. Et si le peuple du Danemark apprend que l'élu de Dieu n'est qu'un dément, cet élu ne pourra plus tendre sa main vers moi et dire : TOI ! Tu seras mon bras, et ma main, et TOI, tu signeras personnellement et souverainement les décrets et les lois. Il transfère l'élection de Dieu. S'il ne le peut plus, il ne reste plus que…

— La mort ?

— Ou la fuite.

— Plutôt la mort que la fuite, dit alors la reine après un instant de silence.

Des éclats de rire leur parvenaient de l'autre côté de l'eau. Moranti était maintenant lancé à la poursuite du chien.

— Un si beau pays, dit-elle. Et des gens si laids. Nous reste-t-il des amis ?

— Un ou deux, répondit Struensee. Un ou deux.

— Est-il réellement un dément ? demanda-t-elle alors.

— Non, répondit Struensee. Mais il n'est pas un homme fait d'une seule pièce.

— Ça paraît horrible, dit-elle. Un homme fait d'une seule pièce. Comme un monument.

Et, comme il ne répondait pas, elle ajouta :

— Et *toi*, l'es-tu ?

Elle avait commencé à rester auprès de Struensee quand il travaillait.

Au début, Struensee avait cru qu'elle tenait à être près de lui. Puis il avait compris que c'était le travail qui l'intéressait.

Il devait lui expliquer ce qu'il écrivait. Il commença par le faire en souriant. Puis, quand il comprit que son attitude était tout à fait sérieuse, il s'appliqua. Un jour, elle vint lui présenter une liste de gens qu'elle désirait congédier ; il commença par rire. Puis elle lui expliqua. Et il comprit. Sa liste n'était dictée ni par la haine, ni par la jalousie. Elle avait évalué la structure du pouvoir.

Son analyse l'avait surpris.

Il pensait que sa vision très claire, très brutale des mécanismes du pouvoir était née à la cour d'Angleterre. Non, dit-elle, je vivais dans un cloître. Où donc avait-elle alors appris tout cela ? Elle n'était pas de celles que Brandt appelait d'habitude, avec dédain, des "intrigantes". Struensee comprit qu'elle discernait une logique différente de la sienne.

Ce qu'il nourrissait, lui, était le rêve d'une bonne société basée sur la justice et la raison. Son obsession à elle était les instruments. C'était le maniement des instruments qu'elle appelait "le grand jeu".

Quand elle parlait de ce grand jeu, il ressentait un malaise. Il en connaissait la cause. C'était le ton des discussions, autrefois à Altona, parmi les très brillants hommes des Lumières, quand il avait compris qu'il n'était qu'un simple médecin, et s'était tu.

Il écoutait, et se taisait maintenant encore.

Un soir, elle s'était interrompue dans sa lecture à haute voix des *Pensées morales* de Holberg, pour lui dire qu'il ne s'agissait là que d'abstractions.

Que tous ces principes étaient justes, mais qu'il restait à comprendre les instruments. Il fallait qu'il voie les mécanismes, parce qu'il était naïf. Que son cœur était trop pur. Les individus au cœur pur étaient condamnés à périr. Il n'avait pas su tirer parti de la noblesse. Il fallait qu'il provoque une scission au sein des ennemis. Priver la ville de Copenhague de son indépendance administrative était idiot, et créait des ennemis inutiles. Il la fixa simplement d'un regard étonné et muet. Les réformes, poursuivit-elle, devaient être à la fois dirigées contre et vers. Ses décrets coulaient de sa plume, mais manquaient de cohérence.

Il fallait qu'il sache choisir ses ennemis, dit-elle.

Il sursauta, il reconnaissait l'expression. Il l'avait déjà entendue. Il lui demanda si elle avait discuté avec Rantzau. Je reconnais cette expression, dit-il. Tu ne l'as pas inventée.

— Si, répondit-elle, mais Rantzau a peut-être vu la même chose que moi.

Struensee resta perplexe. Keith, l'envoyé anglais, avait dit à Brandt qu'il savait pertinemment que "Sa Majesté la reine gouverne maintenant sans limites par l'intermédiaire du ministre". Brandt le lui avait répété. Etait-ce une réalité qu'il n'avait pas voulu voir ? Un jour, il avait promulgué un décret stipulant que l'église d'Amaliegade soit évacuée et transformée en hôpital pour femmes ; et il ne s'était pratiquement pas rendu compte que la proposition émanait d'elle. C'était Caroline Mathilde qui avait avancé la proposition, et lui qui l'avait mise en forme et signée, pensant qu'elle venait de lui. Mais non, elle en était bien à l'origine.

Avait-il perdu la vision d'ensemble autant que le contrôle ? Il n'était pas sûr. Il avait refoulé certaines choses en lui. Assise en face de lui de l'autre côté du bureau, elle écoutait, et commentait.

Il faut que je t'apprenne le grand jeu, lui disait-elle de temps en temps, puisqu'elle savait qu'il détestait cette expression. Une fois, faisant semblant de plaisanter, il lui avait rappelé sa devise : *"O keep me innocent, make others great."*

— C'était alors, avait-elle répondu. C'était dans autrefois. C'était il y a tellement longtemps.

"Dans autrefois", disait-elle souvent, en son danois où subsistaient des fautes. Et il y en avait beaucoup, des choses, qui se trouvaient "dans autrefois".

4

Que ce château était devenu immobile ! Comme si l'immobilité du château, du lac et des parcs était devenue une partie de l'immobilité de Struensee.

Il restait souvent assis à côté du lit de la petite fille quand elle dormait, et contemplait son beau visage. Si innocent, si beau. Combien de temps cela allait-il durer ?

— Qu'est-ce que tu as ? lui demanda un soir Caroline Mathilde avec impatience. Tu es devenu si immobile.

— Je ne sais pas.

— Tu ne sais pas ?!!

Il ne savait pas l'expliquer. Il avait rêvé de tout cela, de pouvoir tout changer, de disposer de tout le pouvoir ; mais maintenant, l'existence s'était calmée. Mourir ressemblait peut-être à ça. Abandonner, seulement, et fermer les yeux.

— Qu'est-ce que tu as ? répéta-t-elle.

— Je ne sais pas. Parfois, je rêve seulement de pouvoir dormir. M'endormir. Mourir.

— Tu rêves de mourir ? dit-elle avec dans la voix une fermeté qu'il ne reconnaissait pas. Moi, non. Je suis encore jeune.

— Oui, excuse-moi.

— Et il se trouve, continua-t-elle avec une sorte de rage contenue, que je viens juste de commencer à vivre !!!

Il ne sut que répondre.

— Je n'arrive pas à te comprendre, dit-elle alors.

Ce jour-là, une légère irritation s'était insinuée entre eux, qui se dissipa cependant quand ils se retirèrent dans la chambre de la reine.

Ils firent l'amour.

Quand ils faisaient l'amour, en cette fin d'été, il se sentait soudain saisi, après coup, d'une inquiétude incompréhensible. Il n'aurait su dire de quoi il s'agissait. Il quittait le lit, ouvrait les rideaux des fenêtres, regardait au-delà de l'eau. Il entendait une flûte, et savait que c'était Brandt. Pourquoi voulait-il toujours regarder dehors, et ailleurs, après qu'ils avaient fait l'amour ? Il n'en savait rien. Le nez contre la vitre : était-il un oiseau qui voulait sortir ? Il ne fallait pas qu'il en aille ainsi. Il devait poursuivre jusqu'au bout.

Il leur restait un ou deux amis. Un ou deux. Fuite ou mort. Voltaire lui aussi avait fait preuve de naïveté.

— A quoi tu penses ? demanda-t-elle.

Il ne répondit pas.

— Je sais, dit-elle. Tu es fier de toi. Tu sais que tu es un amant fantastique. C'est à cela que tu penses.

— Certains savent faire ça, dit-il sur un ton objectif, moi, j'ai toujours su.

Trop tard, il venait d'entendre ce qu'il avait dit, et le regrettait. Mais elle aussi l'avait entendu, en avait compris la signification, et elle commença par ne rien dire. Puis dit :

— Tu es le seul que j'ai eu. Alors je n'ai rien pour comparer. Voilà toute la différence.

— Je sais.

— A part le fou. Je l'ai oublié. D'une certaine manière je l'aime, tu sais ?

Elle contemplait son dos pour voir si elle l'avait blessé. Mais elle ne vit rien. Elle espérait l'avoir blessé. Ce serait tellement réjouissant qu'il soit blessé.

Pas de réponse.

— Il n'est pas aussi parfait que toi. Pas aussi fantastique. Il n'était pas un aussi mauvais amant que tu l'imagines. Es-tu blessé maintenant ? Il était comme un enfant, cette fois-là. C'en était presque… excitant. Je te blesse ?

— Je peux m'en aller, si tu veux.

— Non.

— Si, je veux partir.

— Quand je voudrai que tu partes, dit-elle de la même voix basse et aimable, alors tu voudras partir. Pas une seconde avant.

— Qu'est-ce que tu veux ? J'entends bien à ta voix qu'il y a quelque chose.

— Je veux que tu approches.

Il resta sur place. Il savait qu'il ne voulait pas bouger, mais qu'il allait peut-être le faire quand même.

— Je veux savoir à quoi tu penses, dit-elle après un long moment de silence.

— Je pense, dit-il, qu'avant je croyais tout contrôler. Maintenant je ne le crois plus. Qu'est-il advenu de cela ?

Elle ne répondit pas.

— Monsieur Voltaire, avec qui moi aussi j'ai échangé des lettres, commença-t-il, monsieur Voltaire s'imaginait que je pouvais être cette étincelle. Capable d'allumer un feu de prairie. Qu'est-il advenu de cela ?

— Tu l'as allumé en moi, dit-elle. En moi. Et maintenant nous allons brûler ensemble. Viens.

— Sais-tu, dit-il alors, sais-tu que tu es forte ? Et que parfois j'ai peur de toi ?

5

Quand tout allait pour le mieux, Christian pouvait jouer sans être dérangé.

Les joueurs qu'on laissait ainsi tranquilles étaient Christian, Moranti le page nègre, la petite Phebe et le chien. Ils jouaient dans la chambre du roi. Le lit étant très large, il y avait de la place pour tous les quatre. Christian avait enveloppé Moranti dans un drap qui le dissimulait entièrement, et ils jouaient à la Cour.

Moranti était le roi. Il devait s'installer ainsi enveloppé à la tête du lit et son visage devait rester caché. Il restait comme enfermé dans un cocon. Au pied du lit étaient assis Christian, Phebe et le chien. Ils représentaient la Cour et attendaient qu'on les interpelle et les commande.

Moranti distribuait des ordres. La Cour s'inclinait.

C'était si drôle. Débarrassés des perruques et des habits, ils ne gardaient que leurs sous-vêtements garnis de dentelles.

Des grognements et des ordres émanaient de celui que cachait le drap. La Cour s'inclinait alors de façon ridicule. C'était vraiment très drôle.

Quand tout allait pour le mieux. C'est ainsi que cela se passait.

Le 17 septembre, alors que Christian et ses camarades avaient pu jouer ainsi dans la journée à leur jeu du roi et de la Cour ridicule, un courrier arriva à Hirschholm, en provenance de Copenhague et porteur d'un message envoyé de Paris.

Le message contenait un poème de monsieur Voltaire au roi Christian VII. Plus tard, ce poème allait être publié sous forme d'épître 109, devenir très connu et être traduit dans de nombreuses langues. Cette fois-ci, cependant, le message était écrit à la main, il comportait cent trente-sept vers et avait pour titre *La Liberté de la presse.*

Dédié à Christian, il avait été écrit en son hommage. Voltaire avait en effet été informé que le roi du Danemark avait autorisé la liberté d'expression dans son pays. Il ne pouvait pas savoir que Christian avait glissé dans une autre forme de rêve qui ne s'appelait pas liberté mais fuite, que le garçon qui jouait avec ses petites poupées vivantes n'avait guère conscience de la réforme que Struensee avait instaurée, ni que, par ailleurs, cette liberté d'expression toute nouvelle avait pour seule conséquence qu'avaient été publiés un grand nombre de pamphlets, initiés par la réaction qui, désormais, œuvrait systématiquement à la démolition de Struensee. Dans ce climat de liberté nouvelle, les pamphlets s'en prenaient à la passion de Struensee et alimentaient les rumeurs sur ses nuits de débauche avec la reine.

Ce n'était pas là le but de la liberté. Mais Struensee s'était refusé à prendre des mesures en conséquence, d'où ce fleuve de saletés dirigé contre lui. Et Voltaire, ignorant tout cela, avait écrit un poème sur Christian. Un poème dans lequel il était question des principes que Voltaire saluait, des principes justes, qui faisaient resplendir le roi du Danemark.

S'ensuivit une très belle soirée à Hirschholm.

On avait veillé à ce que Christian interrompe ses jeux et soit habillé ; puis on se réunit pour une soirée de lecture. Struensee commença par leur lire à tous le poème. Et tout le monde applaudit à la fin de la lecture, puis tourna des regards chaleureux vers un Christian timide mais ravi. Puis on demanda à Christian lui-même de lire le poème. Il commença par refuser, puis il céda, et lut le poème de Voltaire, le lut dans ce français qu'il parlait si joliment, lentement, avec un soupçon d'accent.

Monarque vertueux, quoique né despotique,
crois-tu régner sur moi de ton golfe Baltique ?
Suis-je un de tes sujets pour me traiter comme eux,
pour consoler ma vie, et me rendre heureux ?

C'était très bien écrit. Voltaire exprimait sa joie d'apprendre que dans le Nord il était désormais permis d'écrire librement, et il se faisait le porte-parole de l'humanité pour adresser ses remerciements.

Des déserts du Jura ma tranquille vieillesse
ose se faire entendre de ta sage jeunesse ;
et libre avec respects, hardi sans être vain,
je me jette à tes pieds, au nom du genre humain.
Il parle par ma voix.

Et le beau et long poème continuait pour parler de l'absurdité de la censure et dire l'importance de la littérature, capable d'insuffler la peur chez les dirigeants, et pour dire à quel point la censure était pitoyable, elle qui jamais ne pouvait concevoir une pensée. Et à quel point il était difficile d'écraser une pensée victorieuse. *Est-il bon, tous les rois ne peuvent l'écraser !* en parlant du livre. Que la pensée soit réprimée quelque part et elle surgira quand même ailleurs, victorieuse. Haïe dans un pays, elle sera admirée dans un autre.

Qui, du fond de son puits tirant la Vérité,
a su donner une âme au public hébété ?
Les livres ont tout fait.

La voix de Christian tremblotait quand il arriva à la fin. Alors ils applaudirent encore, longuement.

Et Christian se rassit parmi eux, rayonnant de bonheur, et ils le regardaient avec chaleur, presque avec amour, et il était si heureux.

Du balcon du château, pratiquement tous les soirs de cet été-là, parvenaient des airs de flûte.

C'était Brandt, le joueur de flûte.

C'était l'air de liberté et de bonheur de cet été. La flûte au château de Hirschholm, le fabuleux château d'été qui ne vécut que cet été-là. Quelque chose allait sans doute se passer, mais on n'y était pas encore. Tout attendait. Le joueur de flûte, le dernier des amis, jouait pour eux tous, mais sans les voir.

Le roi s'amusait. La reine était penchée sur l'enfant, en un geste d'amour. Struensee restait immobile et enfermé, un oiseau avec la pointe des ailes contre la vitre, un oiseau qui avait presque abandonné.

Chapitre 13

LA RÉVOLTE DES MATELOTS

1

Non, le poème de Voltaire n'avait rien de comique. Il était l'un des plus beaux hommages à la liberté de parole qui aient été écrits.

Mais dédié à Christian, justement ? On cherchait partout l'étincelle capable de mettre le feu. Dès 1767, Voltaire lui avait déjà écrit "c'est désormais vers le nord qu'il faut aller pour trouver des idées pouvant servir de modèle ; et si ma fragilité et ma faiblesse ne m'en empêchaient pas, je suivrais le désir de mon cœur : me rendre auprès de vous, sire, et me jeter à vos pieds".

Voltaire aux pieds de Christian ! Mais la situation était bien celle-ci. Et le contexte celui-ci. Les jeunes monarques du Nord étaient des possibilités déconcertantes mais attirantes. Ainsi le prince royal suédois, le futur Gustav III, entretenait-il un contact avec les encyclopédistes. Gustav faisait l'admiration de Diderot, il lisait tout ce qui concernait Voltaire ; les petits royaumes étaient d'étranges petits foyers pour les Lumières. Ou plutôt : pouvaient le devenir.

Que pouvaient espérer les philosophes des Lumières, dans leurs exils en Suisse ou à Saint-Pétersbourg ? Avec leurs livres brûlés et leurs ouvrages régulièrement censurés. Liberté d'expression et liberté de la presse étaient la clé.

Et puis ces jeunes monarques étonnamment curieux de ces petites sociétés arriérées du Nord. La liberté d'expression avait brusquement été instaurée au Danemark. Pourquoi Voltaire, sans cesse compromis et poursuivi, n'aurait-il pas écrit un poème d'hommage à la fois désespéré et plein d'espoir ?

Comment aurait-il pu connaître la situation réelle ?

2

A l'automne 1771, la réaction surgit. Elle vint par vagues.

La révolte des matelots norvégiens fut la première vague.

Cela commença lorsque le précepteur suisse maigre et bossu, Reverdil, donna à Struensee un conseil relatif à la solution au problème algérien. Reverdil était après tout un homme sensé, pensait souvent Struensee. Mais comment utiliser les gens sensés dans cette maison de fous ? Comme gardiens de fous ?

Ce fut une erreur d'affecter Reverdil à la surveillance de Christian. Mais désormais le roi haïssait Brandt. Quelqu'un devait surveiller. Que pouvait-on faire ?

Va pour Reverdil !

Reverdil possédait néanmoins des connaissances sur la maison de fous que l'on pouvait parfois utiliser, même au cours de cette fin d'été 1771 à Hirschholm. Il reçut pour mission d'exposer "clairement et directement" les problèmes liés à l'aventure algérienne, et d'en donner des solutions possibles. Au cours de ces mois, cependant, les problèmes résultant de "l'aventure algérienne" ne cessaient de grossir, à la manière d'une avalanche. Aucune éclaircie ne se présentait, aucune clarté autre que celle de la maison de fous.

Struensee avait en effet hérité de la catastrophe. Bien avant son arrivée à la tête des affaires, une flotte danoise considérablement armée avait été envoyée à Alger. La guerre avait été déclarée. Les années passaient. La catastrophe avait fini par devenir évidente pour tout le monde. Quand le médecin personnel du roi était venu faire sa visite, la catastrophe était déjà là, il en hérita. La lueur limpide de la raison avait été obscurcie par celle de la démence. Et Struensee s'était senti impuissant.

Dans la maison de fous, il avait paru logique que le Danemark déclare la guerre à l'Algérie, et envoie une flotte en Méditerranée. La logique était oubliée depuis longtemps. Il avait été question de grand jeu du pouvoir, de Turquie et de Russie. Il paraissait aussi très logique que cette entreprise démente ait échoué.

Reverdil appréciait surtout d'être débarrassé quelques jours de la compagnie de Christian, et ses exposés sur le sujet – sujet qu'il connaissait de sa période précédente – restaient pessimistes. Que faire ?!! A part les navires coulés, les pertes en hommes d'équipage, les coûts faramineux qui menaçaient d'augmenter la dette de l'Etat et de miner toutes les réformes, à part tout cela il y avait l'amertume que cette folie récoltée en héritage aille tout ruiner.

Les analyses lucides de Reverdil étaient insupportables.

La situation était que demeurait encore en Méditerranée une petite escadre danoise, sous le commandement de l'amiral Hooglandt. Les restes de la fière armada envoyée là-bas. Cette escadre avait reçu l'ordre de pourchasser des corsaires algériens et d'attendre des renforts. Ces renforts, qui allaient rétablir l'honneur de la marine danoise, allaient partir de Copenhague, mais devaient d'abord être construits. La construction aurait lieu aux chantiers navals de Holmen. Cette nouvelle escadre serait constituée de vaisseaux de ligne, ainsi que de galiotes puissamment armées de canons et de lance-bombes avec lesquels on allait pouvoir bombarder Alger. L'escadre, selon l'Amirauté, comporterait au moins neuf bâtiments de ligne en sus des frégates, chébecs et galiotes.

Pour construire ces bateaux nécessaires, six cents matelots avaient été détachés de Norvège. Depuis quelque temps déjà, ils se trouvaient à Copenhague, désœuvrés, attendant l'ordre de travail. Petit à petit, ils s'énervaient. Leurs salaires tardaient à venir. Les putains demandaient cher et, sans salaire, pas de putains. L'eau-de-vie gratuite ne les avait pas calmés, elle avait, par contre, causé de graves dégâts dans les tavernes de Copenhague.

Les matelots norvégiens, de plus, étaient très fidèles au roi ; par tradition, ils appelaient le monarque danois "Petit Père", et ils avaient appris en Norvège à utiliser cette expression quasi mythique quand il fallait menacer un dirigeant local norvégien de l'intervention du pouvoir central.

Ces matelots norvégiens avaient été indignés par les rapports mentionnant que Petit Père avait été séquestré par l'Allemand Struensee. Les pamphlets récemment libérés et en pleine floraison avaient bien accompli leur mission. Le lit sacré de Petit Père avait été souillé. Tout n'était que catastrophe. Pas de travail. Les putains réticentes. Pour couronner le tout, la faim avait fait son apparition. Pas de putains, pas de salaire, pas de travail, Petit Père menacé ; la fureur avait grandi.

Reverdil était assez catégorique et conseillait qu'on mette fin à l'aventure algérienne. Struensee l'avait écouté. Aucun vaisseau ne serait construit. Mais les matelots étaient toujours là, et refusaient d'être réexpédiés en Norvège.

C'était avec eux que Guldberg était en relation. En octobre, ils décidèrent de marcher sur Hirschholm.

Aucun doute là-dessus : les rapports étaient angoissants, la fin paraissait proche.

Les rapports concernant la marche des matelots insurgés parvinrent immédiatement à Hirschholm. Struensee les entendit sans rien dire, puis il alla voir la reine.

— Dans quatre heures, ils seront ici, annonça-t-il. Ils vont nous tuer. Nous n'avons que quinze soldats à leur opposer, de beaux uniformes mais rien de plus. Sans compter qu'ils se sont sans doute déjà enfuis. Personne ne pourra empêcher les matelots de nous tuer.

— Que faisons-nous ? demanda-t-elle.

— Nous pouvons nous enfuir en Suède.

— C'est lâche, dit-elle. Je n'ai pas peur de mourir, et je ne vais pas mourir.

Elle posa sur lui un regard qui accrut la tension entre eux.

— Moi non plus, je n'ai pas peur de mourir, dit-il.

— De quoi as-tu peur, alors ? dit-elle.

Il connaissait la réponse, mais il se tut.

Il avait remarqué que les mots "peur" ou "crainte" apparaissaient maintenant toujours dans leurs conversations. Quelque chose dans cette "peur" le ramenait à son enfance, il y avait de cela longtemps, "dans autrefois" comme elle disait souvent en son danois étrange.

Pourquoi le mot "peur" surgissait-il si souvent en ce moment précis ? Etait-ce le souvenir de ce conte qu'il avait lu étant enfant, l'histoire du garçon qui parcourait le monde pour apprendre à ressentir la peur ?

C'était un conte, il s'en souvenait. Ça parlait d'un être sage, intelligent, humaniste, que sa peur paralysait. Mais ce garçon intelligent avait un frère. Comment était-il, ce frère ? Le frère était sot, et énergique. Mais il ne parvenait pas à ressentir la peur. Il n'avait pas la capacité de ressentir la peur. Le héros du conte, c'était lui. Il s'en allait de par le vaste monde pour apprendre à connaître la peur, mais rien n'arrivait à lui inspirer la crainte.

Il était invulnérable.

Qu'était-ce que "la peur" ? Etait-ce la capacité de voir ce qui était possible, et impossible ? Etaient-ce les antennes, les signaux avertisseurs en son for intérieur, ou était-ce la terreur paralysante qu'il soupçonnait capable de tout détruire ?

Il avait dit qu'il ne craignait pas de mourir. Et il vit immédiatement que cela la rendait furieuse. Elle ne le croyait pas et, dans son scepticisme, il y avait une touche de mépris.

— En fait, tu le souhaites, dit-elle alors de manière très surprenante à Struensee. Moi, par contre, je ne veux pas mourir. Je suis trop jeune pour mourir. Et je ne le désire pas. Et je n'ai pas abandonné.

Il trouva cela injuste. Mais il savait qu'elle venait de toucher un point sensible.

— Nous devons nous décider rapidement, dit-il pour éviter de répondre.

Seuls les gens faits d'une seule pièce ne savaient pas ressentir la peur. Le frère sot, incapable d'éprouver de la crainte, avait vaincu le monde.

Les individus au cœur pur étaient condamnés à la perte.

Elle prit une rapide décision pour eux deux.

— Nous restons ici, dit-elle sèchement. Je reste ici. Les enfants restent ici. Tu fais comme tu veux. Fuis en Suède si tu veux. Je suis sûre que cela fait assez longtemps que tu as envie de fuir.

— Ce n'est pas vrai.

— Alors, reste.

— Ils vont nous assassiner.

— Bien sûr que non.

Elle quitta ensuite la pièce pour mettre au point l'accueil des matelots insurgés.

3

Plus tard, Struensee allait considérer ce moment comme le plus humiliant. Rien de ce qui s'était passé ensuite n'avait été aussi horrible.

Tout s'était bien passé, pourtant.

La reine Caroline Mathilde, accompagnée par sa suite, avait franchi le pont et, au bout, avait salué les matelots insurgés. Elle leur avait parlé. Elle leur avait fait une impression extrêmement charmante et ravissante. Elle les avait chaleureusement remerciés de leur hommage, et s'était tournée vers le roi Christian qui restait silencieux, trois pas derrière elle, tremblant d'angoisse mais totalement muet et sans ses spasmes et gestes habituels ; en son nom, elle s'était excusée pour son mal de gorge et la forte fièvre qui l'empêchaient de s'adresser à eux.

Elle n'avait pas fait la moindre allusion à Struensee, et s'était contentée d'être charmante.

Elle les avait assurés des faveurs et de la bienveillance du roi, avait vigoureusement démenti les rumeurs malveillantes qui disaient que les navires ne seraient pas mis en chantier. Trois jours plus tôt, le roi avait décidé que deux nouveaux vaisseaux de ligne seraient construits aux chantiers navals de Holmen, afin de renforcer la flotte contre les ennemis du pays. Tout le reste n'était que mensonges. Elle avait regretté le retard dans le paiement de leurs salaires, avait compati avec eux qui avaient faim et soif après une si longue marche, avait expliqué que dans les communs on avait préparé à leur intention une collation constituée de porcs entiers rôtis et de bière, leur avait souhaité bon appétit, et les avait assurés que son plus cher désir était de visiter la belle Norvège, dont on disait que les vallées et les montagnes étaient superbes, et dont elle avait déjà si souvent entendu parler.

Dont elle avait "dans autrefois" si souvent entendu parler, comme elle avait dit.

Les matelots avaient lancé un puissant hourra pour le couple royal et s'étaient dirigés vers la collation.

— Tu es complètement folle, lui dit-il. Deux nouveaux vaisseaux de ligne ! Il n'y a pas d'argent, et à peine pour leurs salaires. Ce n'est que du vent, c'est impossible. Tu es complètement folle.

— Je ne suis pas folle, répondit-elle. Je deviens au contraire de plus en plus avisée.

Il se tint la tête entre les mains.

— Jamais je ne me suis senti aussi humilié, dit-il. Es-tu vraiment obligée de m'humilier ?

— Je ne t'humilie pas, répondit-elle.

— Si, tu m'humilies, dit-il.

De la berge de la rive d'en face, ils entendaient les beuglements sauvages des matelots norvégiens insurgés de plus en plus ivres, et qui n'étaient plus insurgés mais fidèles à leur roi. Ils n'avaient pas vu Struensee. Peut-être n'existait-il pas. La nuit promettait d'être longue. Il y avait suffisamment de bière, demain ils s'en retourneraient, la révolte était matée.

Elle s'assit alors près de lui, et lui caressa doucement les cheveux.

— Et je t'aime, chuchota-t-elle. Je t'aime tellement. Mais je n'ai pas l'intention d'abandonner. De mourir. D'abandonner. Il n'y a que ça. Rien que ça. Je n'ai pas l'intention d'abandonner.

4

Guldberg avait informé la reine douairière et le prince héritier – bave aux lèvres comme d'habitude – du développement de la révolte. Elle l'avait écouté, avec un visage de pierre.

— Vous avez échoué, dit-elle ensuite à Guldberg. Et nous avons peut-être fait un mauvais calcul. La petite putain anglaise est plus coriace que ce que nous pensions.

Il n'y avait pas grand-chose à dire, et Guldberg, comme pour s'esquiver, s'était contenté de dire que Dieu était de leur côté et qu'Il ne manquerait pas de les assister.

Puis ils étaient restés longtemps silencieux. Guldberg avait observé la reine douairière et, une fois encore, il avait été ému par l'immense amour qu'elle éprouvait pour son fils, qu'elle tenait toujours par la main, comme si elle ne voulait pas le laisser aller librement. C'était incompréhensible, mais elle l'aimait. Et elle s'imaginait vraiment, avec un désespoir froid qui effrayait Guldberg, que ce fils arriéré serait un jour l'élu de Dieu, qu'on allait lui octroyer tout pouvoir sur ce pays, qu'il était possible de faire abstraction de la simplicité de son apparence, de sa tête difforme, de ses tremblements, de ses litanies ridicules apprises par cœur, de ses pirouettes ; on aurait dit qu'elle faisait totalement abstraction de l'apparence extérieure pour voir une lumière intérieure qui, jusqu'à présent, n'avait pas eu le droit de briller.

Elle voyait la lumière de Dieu briller dans cette enveloppe insignifiante, elle le voyait comme l'élu de Dieu et considérait que leur tâche actuelle était uniquement de lui préparer le chemin. Pour que la lumière puisse apparaître. Et, comme si elle avait compris et entendu les pensées de Guldberg, elle passa la main sur la joue du prince héritier, la sentit poisseuse, sortit un mouchoir en dentelle, essuya la bave sur la mâchoire et dit :

— Oui, Dieu nous assistera. Et je discerne la lumière de Dieu aussi dans sa pauvre apparence.

Guldberg chercha sa respiration, fort. La lumière de Dieu dans sa pauvre apparence ! C'était de son fils qu'elle parlait ! Mais il savait que cela s'appliquait à lui aussi. Les derniers, les plus humbles portaient la lumière de Dieu en eux. Il chercha sa respiration, cela fit un bruit de sanglot ; mais ça ne pouvait pas en être un.

Il se ressaisit. Puis il entreprit de rendre compte des deux plans qu'il avait imaginés, et qui devaient être mis en œuvre, l'un après l'autre, si la révolte des matelots échouait, ce qui malheureusement était déjà le cas ; mais les plus humbles et les plus insignifiants, possesseurs malgré tout de la lumière intérieure de Dieu, sauraient poursuivre leur lutte pour la pureté.

5

Le soir même, Rantzau fut dépêché à Hirschholm afin d'y réaliser le petit plan, celui qui allait suivre la révolte des matelots norvégiens.

Ce plan était on ne peut plus simple ; Guldberg revendiquait que les plans simples pouvaient parfois réussir, ceux qui incluaient très peu de personnes, pas de grands rassemblements de troupes, pas de masses, seuls quelques rares élus.

Le plan simple incluait les deux amis de Struensee : Rantzau et Brandt.

En secret, ils s'étaient retrouvés dans une auberge à deux kilomètres de Hirschholm. Rantzau avait expliqué que la situation était critique, le passage à l'acte nécessaire. L'interdiction de distiller de l'alcool chez soi avait beau être sage, elle était idiote. Le peuple manifestait dorénavant dans la rue. Le renversement de Struensee n'était qu'une question de temps. Le chaos régnait, des pamphlets circulaient dans tous les coins, des satires, des railleries à l'égard de Struensee et de la reine. Partout ça bouillonnait.

— Il s'imagine être un homme du peuple, avait dit Brandt avec amertume, et ils le haïssent. C'est incroyable ce qu'il a fait pour eux, mais ils le haïssent. Le peuple dévore son bienfaiteur. Il le mérite, pourtant. Pourquoi fallait-il qu'il fasse tout en même temps !

— L'impatience des hommes bons, avait répondu Rantzau, est pire que la patience des hommes mauvais. Tout, tout ! je lui ai tout appris. Mais pas ça.

Rantzau expliqua le plan. Brandt devait annoncer au roi que Struensee et la reine projetaient de le tuer. Il fallait par conséquent qu'on le sauve. Le roi était la clé. Pourvu seulement qu'il se trouve à Copenhague, hors du contrôle de Struensee. Le reste serait simple.

— Et ensuite ?

— Ensuite, Struensee devra mourir.

Le lendemain, le plan échoua ; et cela d'une manière si absurde et si comique que jamais personne n'aurait pu imaginer un tel déroulement.

Les choses se passèrent ainsi :

Vers cinq heures de l'après-midi, le roi fut atteint d'un accès de colère inexplicable. Il courut sur le pont en s'éloignant du château et en criant qu'il voulait se noyer. Lorsque Struensee arriva en courant, le roi tomba soudain à genoux, s'agrippa à la jambe de Struensee et, en larmes, lui demanda si c'était vrai qu'il devait mourir. Struensee essaya de le calmer en lui caressant la tête et le front, mais Christian devint encore plus inquiet, et demanda une nouvelle fois si c'était vrai.

— Que veut dire Votre Majesté ? demanda Struensee.

— Est-ce vrai que vous voulez me tuer ? demanda le roi en gémissant. N'êtes-vous pas l'un des Sept ? Répondez-moi, n'êtes-vous pas l'un des Sept ?

Cela commença ainsi. Les deux hommes sur le pont. Et le roi l'avait appelé par son nom, plusieurs fois de suite.

— Struensee ? chuchota-t-il. Struensee, Struensee, Struensee ?

— Qu'avez-vous, mon ami ? demanda alors Struensee.

— Est-ce vrai, ce que Brandt m'a confié ?

— Que vous a-t-il confié ?

— Il veut me conduire en secret à Copenhague. Après la tombée de la nuit. Ce soir !!! Pour vous empêcher de me tuer. Ensuite, ils veulent vous tuer. Est-ce vrai, que vous voulez me tuer ?

Voilà comment les choses se passèrent, comment échoua le petit plan très simple. Ils n'avaient pas compris que Struensee faisait partie des Sept. Ils n'avaient pas envisagé un autre contexte, d'où leur échec, et la révélation de leur naïveté. La volonté du roi avait anéanti leur complot.

Seul Struensee comprit, mais seulement après avoir demandé :

— Pourquoi me racontez-vous, si vous pensez que je veux vous tuer ?

A quoi Christian avait seulement répondu :

— Brandt était l'ennemi de Catherine-aux-Bottines. Il la salissait. Alors qu'elle est la Maîtresse de l'Univers. C'est pourquoi je le hais.

Voilà comment les choses se passèrent quand le deuxième plan échoua.

Il convoqua Brandt pour l'interroger, et celui-ci avoua immédiatement.

Sans en avoir reçu l'ordre, Brandt tomba à genoux.

Telle fut la situation dans le salon de gauche, à côté du cabinet de travail de Struensee au château de Hirschholm. C'était un jour de la fin de novembre : Brandt était à genoux, la tête penchée, et Struensee lui tournait le dos, comme s'il n'avait pas la force de regarder son ami dans cet état.

— Je devrais te faire tuer, dit-il.

— Oui.

— La révolution mange ses enfants. Mais si elle te mange toi aussi, alors il ne me restera aucun ami.

— Non.

— Je ne veux pas te tuer.

Un long silence suivit ; Brandt était toujours à genoux, en attente.

— La reine, reprit ensuite Struensee, veut retourner à Copenhague le plus vite possible. Aucun de nous ne nourrit grand espoir, mais elle veut y retourner. C'est ce que désire la reine. Je n'ai aucun autre souhait. Viendras-tu avec nous ?

Brandt ne répondit pas.

— Quel silence, autour de nous, dit alors Struensee. Tu peux nous quitter, si tu veux. Tu peux te rendre auprès de… Guldberg. Et de Rantzau. Et je ne te ferai aucun reproche.

Brandt ne répondit pas à cela, mais se mit à sangloter violemment.

— Nous sommes à une croisée des chemins, dit Struensee. Une croisée des chemins, c'est ce qu'on dit. Que comptes-tu faire ?

Un très long silence suivit, puis Brandt se leva lentement.

— J'irai avec toi, dit Brandt.

— Merci. Emporte ta flûte. Tu joueras pour nous dans la voiture.

Le jour suivant, avant de monter dans les voitures, ils se réunirent pour discuter un moment, en prenant le thé, dans le salon du fond.

Un feu avait été allumé dans la cheminée, mais à part cela il n'y avait aucune lumière. Ils étaient prêts pour le départ. Il y avait le roi Christian VII, il y avait la reine Caroline Mathilde, il y avait Enevoldt Brandt et Struensee.

Rien que la lumière du feu dans la cheminée.

— Si nous pouvions vivre une autre vie, finit par demander Struensee, si une nouvelle vie nous était offerte, une nouvelle possibilité, que voudrions-nous être alors ?

— Peintre sur verre, dit la reine. Dans une cathédrale en Angleterre.

— Comédien, répondit Brandt.

— Un homme qui sème dans un champ, dit le roi.

Puis plus personne ne parla.

— Et toi ? demanda la reine à Struensee. Que voudrais-tu être ?

Mais il se contenta de regarder longuement ses amis, ce dernier soir à Hirschholm, se leva, puis dit :

— Médecin.

Et ensuite :

— La voiture est là.

Dans la nuit, ils partirent pour Copenhague.

Ils étaient tous quatre dans la même voiture : le roi, la reine, Brandt et Struensee.

Les autres suivraient plus tard.

La voiture, une silhouette dans la nuit.

Brandt jouait de sa flûte, très doucement, une sorte de messe funèbre ou de plainte ou, pour l'un d'entre eux, d'hymne à la Maîtresse de l'Univers.

Cinquième partie

BAL MASQUÉ

Chapitre 14

LE DERNIER REPAS

1

Maintenant, Guldberg le voyait de plus en plus nettement, on pouvait interpréter les tourbillons du fleuve.

L'expérience des analyses du *Paradis perdu* de Milton lui avait servi. Cela l'avait habitué à interpréter les images et, en même temps, à prendre un recul critique par rapport à elles. L'image d'un flambeau qui jette une obscurité sombre – l'image que Struensee donnait de la maladie de Christian – pouvait, primo : être rejetée puisqu'elle manquait de logique mais, secundo : être acceptée comme image des Lumières.

Il écrit que cette vision d'une métaphore révèle la différence entre le poète et le politicien. Le poète crée l'image erronée, sans se poser la moindre question. Le politicien, lui, perce à jour et crée un domaine d'utilisation tout à fait surprenant pour le poète.

Ainsi le politicien devient-il l'assistant du poète, et son bienfaiteur.

La lumière noire du flambeau pouvait de cette manière être perçue comme l'image des Ennemis de la Pureté, ceux qui parlaient des Lumières, qui parlaient de la lumière, mais qui créaient l'obscurité.

Le manque de logique crée donc une critique du manque de logique. La saleté de la vie résultait d'un rêve de lumière. Voilà comment il interprétait l'image.

Il était en mesure de donner un exemple tiré de sa propre expérience.

Il s'était rendu compte que la contagion du péché pouvait l'atteindre lui aussi. Il s'agissait de la contagion du désir. Sa conclusion : la petite putain anglaise était probablement le flambeau noir.

A l'Académie de Sorø, Guldberg avait enseigné l'histoire des pays nordiques. Il l'avait enseignée avec grand plaisir. Il considérait l'influence étrangère à la Cour comme une maladie, méprisait la langue française, qu'il maîtrisait pour sa part à la perfection, et il rêvait de faire un jour l'objet d'une biographie. Elle aurait pour titre *Le Règne de Guldberg*, et elle commencerait par la formule typique des sagas islandaises.

"Guldberg était le nom d'un homme." Voilà ce que serait la première phrase.

Les premiers mots devaient donner un ton. Il serait question d'un homme qui avait conquis son honneur. Pas un homme qui montait en s'emparant de l'honneur des autres, comme dans les sagas islandaises, mais en défendant les héros, les grands. Il considérait l'élu de Dieu comme un héros, l'un des grands. Même si le corps était humble.

Il fallait défendre l'honneur du roi. La tâche lui revenait. Guldberg avait exercé à l'Académie de Sorø, jusqu'au jour où la contagion piétiste s'y était implantée. Quand la puanteur des Frères moraves et des piétistes y était devenue par trop insupportable, il avait abandonné sa vocation de professeur, une fois que sa thèse sur Milton avait créé les conditions nécessaires à sa carrière politique. Il avait aussi abandonné sa tâche d'historien, après cependant avoir publié une suite d'études historiques. La plus remarquée avait été sa traduction du *Panégyrique de Trajan* de Pline le Jeune, à laquelle il avait ajouté un texte d'introduction à la constitution romaine.

Il avait commencé à la naissance de l'histoire, et s'était arrêté à Pline. Pline était le créateur de l'honneur de Trajan, et son défenseur.

Plinius était le nom d'un homme.

Guldberg était néanmoins un homme passionné. Il haïssait la petite putain anglaise avec une intensité qui devait être celle de la passion charnelle. Quand il avait appris sa dépravation, il avait été saisi d'une fureur et d'une excitation qu'il n'avait jamais connues auparavant. Le corps dont le roi, le choisi par Dieu, devait se servir était maintenant percé par une sale verge allemande. A la plus grande innocence et la plus grande pureté était uni le plus grand vice. Le corps sacré de la reine était maintenant la source du plus grand péché. Cela l'excitait et il haïssait son excitation. Il avait l'impression de perdre le contrôle. La haine et la passion s'unissaient en lui, et jamais il n'avait rien connu de semblable.

Extérieurement, pourtant, aucun changement. Il parlait toujours de sa voix basse et calme. Et tous furent troublés quand, lors des projets pour le coup de grâce, il se mit soudain à parler d'une voix très forte et presque stridente.

Il lui fallait, comme dans les sagas islandaises, défendre l'honneur du roi. Mais quand le flambeau avait-il commencé à jeter son obscurité en son âme à lui ? Il considérait cela comme le tournant de la saga. Peut-être était-ce le jour où la petite putain anglaise s'était penchée vers lui et, en chuchotant, avait posé sa question honteuse sur le désir et le tourment. Comme s'il s'était trouvé à l'écart du désir et du tourment ! Mais ensuite il se souvenait de sa peau, qui paraissait si blanche, et si attirante, et de ses seins.

Une fois, une nuit, il avait pensé à elle avec tant d'intensité, à sa trahison à l'égard du roi, et à sa haine envers elle, qu'il avait touché sa verge, et avait alors été saisi par un plaisir tel que le jaillissement du sperme avait été irrésistible. La honte qu'il en avait ressentie était devenue pratiquement insupportable. Il était tombé à genoux et, au milieu des sanglots, avait longuement demandé à Dieu tout-puissant d'avoir pitié de lui.

Cette fois-là, il avait compris qu'il n'existait qu'une voie. La contagion du péché l'avait atteint lui aussi. Le temps était venu de l'éradiquer.

Le foyer de la contagion n'était pas Struensee. C'était la petite putain anglaise, la reine Caroline Mathilde.

Le petit plan avait échoué. Le grand, le troisième par conséquent, ne devait pas échouer.

2

La voiture du couple royal arriva au château de Frederiksberg vers minuit et, comme ils n'avaient pas été annoncés, leur retour ne souleva au début aucune agitation. Puis la rumeur se répandit vite, et ce fut la pleine agitation.

Ensuite, l'agitation calmée, un très grand et très désagréable calme s'installa.

La reine douairière avait convoqué Rantzau et Guldberg.

Pour commencer, elle avait demandé de quelles preuves très précisément on disposait ; pas seulement des rumeurs de la dépravation de la reine, mais des preuves.

Guldberg avait alors rendu compte des éléments.

Deux des femmes de chambre, celles qui quotidiennement étaient en charge du nettoyage de l'appartement de la reine, l'avaient espionnée dès avant le séjour à Hirschholm. Elles avaient tantôt introduit de la cire dans le trou des serrures, tantôt glissé de petits bouts de papier dans les fentes des portes. Au matin, elles avaient trouvé la cire partie ou les bouts de papier tombés. Tard le soir, elles avaient répandu de la farine devant la porte et dans l'escalier qui menait à la chambre de la reine. Le lendemain matin, elles avaient examiné les empreintes qui s'y trouvaient et, sans hésitation, elles avaient pu constater que ces traces provenaient de Struensee. Elles avaient examiné le lit de la reine et constaté un grand désordre, des draps emmêlés et l'indice que plus d'une personne y avait couché. Manifestement, Christian n'avait pas pu être cette personne. On avait trouvé dans le lit des taches que leur décence féminine leur interdisait de nommer. Sur des mouchoirs et des serviettes, elles avaient trouvé le même type de taches, comme d'un liquide séché. Un matin, elles avaient trouvé la reine nue dans son lit, encore endormie, et ses vêtements jetés en désordre par terre.

Les preuves étaient innombrables.

Ce qui s'était alors passé ne manquait cependant pas d'être surprenant. L'une de ces dames de la Cour avait été prise de regrets, ou d'une fausse compassion et, en larmes, elle avait avoué à la reine qu'elle savait, et pourquoi, et ce qu'elle avait fait. La reine était devenue folle de rage, elle avait menacé de la renvoyer sur-le-champ, avait éclaté en pleurs mais – et le plus stupéfiant était ceci – au milieu d'allusions, elle avait reconnu ses agissements coupables, avant de lui recommander de garder le silence. Ensuite, la reine, en proie à la force des sentiments, avait ouvert son cœur à ses femmes de chambre. Sa Majesté leur avait demandé si elles-mêmes avaient un jour éprouvé de l'amour ou des sentiments pour quelqu'un ; "car, quand on éprouvait de tels sentiments, on devait suivre cette personne en tout, fût-ce jusqu'au supplice et à la roue, oui, s'il fallait, même jusqu'en enfer".

A part cela, les cochonneries avaient continué, comme si de rien n'était, ou comme si, dans son orgueil, la reine avait totalement négligé le danger qu'elle ne pouvait manquer de savoir exister. C'était surprenant.

Pourtant continué. Pourtant négligé le danger. C'était, vraiment, incompréhensible.

Guldberg supposait qu'elle n'avait rien dit à son amant allemand. Qu'est-ce que cette rusée petite putain anglaise avait réellement en tête ? Il était difficile de le comprendre. La plus grande naïveté, et la plus grande force de volonté.

Elle aurait dû comprendre comment ça allait se terminer. Une semaine plus tard, la servante, en larmes encore une fois, avait effectivement tout rapporté à Guldberg.

Il y avait donc des preuves. Et il existait un témoin prêt à se manifester lors d'un procès.

— Cela signifie, dit la reine douairière songeuse, qu'il pourra être condamné en toute légalité.

— Et la reine ? demanda alors Guldberg.

Elle ne répondit pas, comme si la question ne la concernait pas, ce qui étonna Guldberg.

— Il sera tué en toute légalité, continua-t-elle, pensive, comme si elle goûtait les mots. Légalement, nous allons trancher sa main et sa tête, le couper en morceaux, couper le membre qui a sali le Danemark, supplicier son corps, et l'étendre sur la roue. Et je vais personnellement…

Rantzau et Guldberg l'avaient regardée avec surprise, et Rantzau finalement avança :

— Assister à tout ?

— Assister à tout.

— Et la reine ? demanda une nouvelle fois Guldberg, surpris que la reine douairière se préoccupe ainsi du sort de Struensee mais néglige celui de la petite putain anglaise, origine de tout. Mais la reine douairière se tourna seulement vers Rantzau et, un étrange sourire aux lèvres, elle dit :

— Pour la reine nous procéderons ainsi que vous, comte Rantzau, qui avez été l'ami personnel de Struensee depuis Altona, et y avez partagé ses opinions, vous qui avez aussi été l'ami et le confident enjôleur de la reine mais qui vous êtes maintenant repenti et avez confessé votre péché envers la gloire de Dieu et du Danemark, vous aurez la tâche délicate d'arrêter la reine. Et vous regarderez alors profondément dans ses beaux yeux fautifs, comme deux vieux amis se regardent, et vous lui annoncerez que tout est fini. Voilà ce que vous allez dire. Tout est fini.

Rantzau ne répondit pas.

— Et, ajouta-t-elle, vous n'allez pas aimer ça. Mais ce sera votre seul châtiment. Les récompenses seront néanmoins nombreuses. Mais cela, vous le savez déjà.

3

Christian venait de moins en moins souvent voir Struensee.

L'usage était désormais que la signature du roi n'était plus nécessaire. Struensee suffisait. Néanmoins, une fois au cours de cette période, Christian s'était rendu auprès de Struensee pour, comme il le dit, lui faire part d'un message important.

Struensee avait prié le roi de s'asseoir, et avait pris le temps de l'écouter.

— Ce matin, avait dit Christian, j'ai reçu un message de la Maîtresse de l'Univers.

Avec un petit sourire apaisant, Struensee l'avait observé avant de demander :

— Et d'où provient ce message ?

— De Kiel.

— De Kiel !?? Et que dit-elle dans son message ?

— Elle dit, avait répondu Christian, qu'Elle est ma Bienfaitrice, et que je suis sous Sa protection.

Il était resté très calme, ne se tordait pas les mains, ne se lançait dans aucune de ses litanies habituelles, n'était pas pris de tremblements.

— Mon ami, avait dit Struensee, j'ai beaucoup à faire en ce moment, et je discuterais volontiers de cela, mais nous devons le remettre à plus tard. Et puis, nous sommes tous sous la protection de Dieu tout-puissant.

— Le Dieu tout-puissant, avait répliqué le roi, n'a pas de temps pour moi. Mais ma Bienfaitrice la Maîtresse de l'Univers m'a dit, dans son message, que quand personne d'autre n'a le temps, ou quand Dieu est trop occupé à Ses affaires, Elle dispose toujours de temps pour moi.

— Eh bien tant mieux, avait dit Struensee. Et qui donc est la Maîtresse de l'Univers ?

— Elle est celle qui dispose de temps, avait répondu le roi.

4

Le plan final, celui qui ne devait pas échouer, exigeait une validation légale.

Abattre "le régime sanglant et dépravé" de Struensee, avait exposé Guldberg à la reine douairière, nécessitait de dévoiler l'abject projet de coup d'Etat que Struensee et la petite putain anglaise avaient fomenté ensemble. Le projet de Struensee était d'assassiner le roi Christian VII du Danemark.

Ce projet n'existait évidemment pas, mais pouvait en théorie être monté, et mis en œuvre.

Guldberg rédigea par conséquent ce projet de Struensee. Il en fit ensuite une copie certifiée et détruisit l'original ; on utiliserait ce document pour persuader les indécis. L'enjeu était de prévenir un abject coup d'Etat.

Ce projet, rédigé par Guldberg, mais attribué à Struensee, était d'une logique claire et séduisante. Il stipulait que le 28 janvier 1772 était le jour prévu par Struensee pour lancer sa révolution. Le roi Christian VII serait, ce jour-là, obligé d'abdiquer, la reine Caroline Mathilde serait nommée régente, et Struensee serait nommé régent.

Telles étaient les lignes directrices.

Au projet, qui apparaissait comme authentique, Guldberg avait ajouté un commentaire qui permettrait d'expliquer aux hésitants la nécessité d'une riposte rapide.

"Il ne faut perdre aucun temps, avait écrit Guldberg, car qui n'hésite pas à obtenir la régence par la force n'hésitera pas plus devant un crime encore pire. Que le roi soit tué, et Struensee pourra s'octroyer le lit de la reine Caroline Mathilde, et le prince royal sera alors soit éliminé, soit maté par une éducation stricte, et laisserait alors la place à sa sœur, celle qui de manière trop manifeste est le fruit de leurs amours éhontées. Sans cela, quelle raison Struensee aurait-il d'abolir la loi qui interdisait à une femme d'épouser le complice de son adultère ?"

Le temps était compté. Il était important d'agir vite, et le plan devait être tenu secret.

Le 15 janvier, on se réunit chez la reine douairière ; Guldberg y rédigea alors l'ordre d'arrestation que le roi serait obligé de signer.

Le 16 au matin, les plans furent de nouveau examinés, quelques petites modifications furent apportées, et décision fut prise de réaliser le coup la nuit suivante.

La nuit allait être longue. D'abord le dîner. Puis le thé. Après cela, le bal masqué. Ensuite : le coup d'Etat.

5

Reverdil – le petit professeur suisse, le petit Juif qui cachait son prénom, celui que Christian VII avait tant aimé, celui qui avait été congédié de la Cour puis rappelé, le biographe, le mémorialiste, l'homme très prudent des Lumières, le précepteur bienséant –, Reverdil s'installait tous les matins quelques heures à sa table de travail pour préparer au mieux son grand projet de libération des paysans du servage.

La mission lui avait été attribuée par Struensee. Il s'agirait du point culminant de l'œuvre de réforme.

Nombre de lois et de directives de Struensee, six cent trente-deux à ce jour, étaient importantes. La six cent trente-troisième allait être la plus importante. Reverdil en serait le rédacteur ; le fait ne serait pas écrit dans les livres d'histoire, mais lui-même le saurait. C'était suffisant.

Il était au travail aussi ce matin-là, le dernier du règne de Struensee, et planchait sur le grand texte concernant la libération. Il ne l'acheva pas. Il n'allait jamais l'achever. Il écrit que, ce matin-là, il se sentait tout à fait calme, et ne se doutait de rien. Il n'écrit pas qu'il était heureux. Dans ses Mémoires, il n'utilise pas le mot "heureux", en tout cas pas en parlant de lui-même.

Il reste un écrivain anonyme dont le grand texte, celui sur la libération, reste inachevé.

Avant de l'avoir compris, le dernier jour avant l'écroulement, il est cependant heureux. Le projet est si vaste, l'idée si juste. Travailler sur un tel projet était si juste, y compris la veille de l'écroulement. Tandis qu'il travaillait, il était heureux.

Plusieurs années plus tard, quand il rédige ses souvenirs, il n'utilise pas le mot "heureux", en tout cas pas pour parler de lui-même.

Un effet, sans doute, de sa timidité.

Il reste continuellement critique à l'égard de Struensee qui "avance trop vite". Pour sa part, il estime cependant possible une libération prudente. Il est timide, prudent, aucune obscurité d'un flambeau noir intérieur n'obscurcit son rêve. Il croit savoir, avec le recul, comment tout aurait dû se passer.

On aurait dû observer une grande modération.

6

Ce matin-là, il "ne songe pas à malice". Rarement il semble avoir songé à malice, seulement avoir nourri de l'inquiétude pour ceux qui avançaient trop vite.

A quatre heures de l'après-midi, il dîne en compagnie de ceux du cercle restreint, auquel il appartient malgré tout. "Jamais la reine n'avait fait impression plus joyeuse, ni n'avait participé à la conversation avec autant d'amabilité."

Il s'agit du dernier repas.

La documentation sur ce repas est conséquente. Onze personnes y participaient : le couple royal, Mme la générale Gähler, les comtesses Holstein et Fabritius, Struensee et Brandt, le Grand Maréchal de la Cour Bjelke, l'écuyer Bülow, le comte Falkenskjold et Reverdil. On mangeait dans "le salon blanc" de la reine. La pièce avait été baptisée ainsi du fait des boiseries blanches, alors que certains des murs étaient tendus de velours rouge. Les ornements sculptés étaient dorés. Le plateau de table était en granit de Norvège. Au-dessus du poêle était accroché le tableau, large de deux aunes, du peintre français Pierre, intitulé *La Persévérance de Scipion*. Vingt-deux bougies éclairaient la pièce. Contrairement à l'étiquette en vigueur précédemment qui voulait que les hommes soient placés à la droite du monarque et les dames à sa gauche, on était placé en alternance. Une mesure radicale. Un tirage au sort avait été effectué pour le placement. Le service était fonction des directives de Struensee, le "nouvel ordre" datant du 1er avril 1771 stipulant que le nombre de serviteurs était réduit de moitié. Malgré cela, les serviteurs étaient au nombre de vingt-quatre. Le dîner royal se déroulait néanmoins "en retrait", ce qui signifiait que le personnel demeurait dans la cuisine ou dans la pièce attenante et qu'un seul serviteur à la fois était admis pour apporter un plat. Le repas était constitué de neuf plats, de quatre salades et de deux "relèves" des plats principaux au choix.

Comme l'a noté Reverdil, la reine avait été charmante. Un moment, la conversation avait glissé sur la princesse "dépravée" de Prusse, répudiée par son époux et pour l'heure emprisonnée à Szczecin. La reine avait brièvement constaté que cette princesse en captivité pouvait néanmoins marcher la tête haute "pour avoir conçu sa liberté intime".

C'est tout. Quand on était passé à table, la nuit était déjà tombée. Les bougies ne pouvaient éclairer que partiellement la pièce. Brandt et Struensee étaient tous deux restés étrangement silencieux. Reverdil note qu'ils soupçonnaient peut-être quelque chose, ou avaient reçu un message.

Ils n'en tirent cependant aucune conclusion. Aucune action, rien que l'attente, et un charmant dîner. A part cela, tout comme à l'ordinaire. Un petit cercle, bien réduit. Des bougies, et la nuit alentour. Et la reine, très charmante, ou désespérée.

A sept heures, le même soir, mais après le dîner, Reverdil, fait curieux, avait rendu visite à la reine douairière.

Ils avaient conversé une heure durant. Il ne remarque rien d'inquiétant chez la reine douairière qui pourtant, quelques heures plus tôt seulement, avait ordonné que le coup d'Etat soit effectué la nuit même, un coup qui comportait l'arrestation de Reverdil. Ils avaient conversé très agréablement, et pris un thé.

Dehors, il faisait très froid, et le vent soufflait en tempête. Sans rien se dire, ils avaient regardé les mouettes que la tempête rejetait devant leurs fenêtres. La reine douairière avait dit qu'elle les plaignait car elles ne comprenaient pas l'inutilité de leur lutte contre les vents. Après coup, Reverdil interpréta cela comme une métaphore. Elle cherchait, pensa-t-il, à lui donner un avertissement : la tempête allait le balayer lui aussi, s'il n'abandonnait pas alors qu'il était encore temps pour voler dans le sens de l'irrésistible.

Pas contre le vent.

Il n'avait pas compris. Il avait seulement dit qu'il admirait les mouettes dans leur situation. Elles n'abandonnaient pas, elles persévéraient, alors même que la tempête les rejetait en arrière.

Plusieurs années plus tard, peut-être ajouta-t-il à sa réponse une note biblique. Il était timide. Il n'était pas homme à contredire. Il était l'immobile, penché sur ses documents, tantôt exilé, tantôt rappelé, celui qui, gardant un silence affligé, avait vu les loups déchirer son garçon adoré, et celui qui estimait que les Lumières devaient venir telle une aurore très lente et très prudente.

Au dîner, Struensee et la reine avaient été assis côte à côte, et sans vergogne ils s'étaient tenu la main. Le roi n'avait rien objecté. Le roi semblait paralysé par ses réflexions.

Reverdil, assis en face du roi, avait pu à loisir l'observer au cours du dîner. Il en avait ressenti "un profond chagrin". Il s'était souvenu de la manière dont celui-ci l'avait accueilli un jour, lui avait été confié : ce jeune garçon sensible et extrêmement intelligent qu'il avait un jour côtoyé. L'individu qu'il voyait maintenant n'était qu'une ombre grise et apathique, un très vieil homme, en apparence paralysé par une terreur dont personne ne connaissait la raison.

Christian n'avait que vingt-deux ans.

Ensuite, ils avaient quitté le dîner pour se préparer pour le bal masqué. Reverdil était sorti de la pièce en dernier. Brandt marchait devant lui. Il s'était alors tourné vers Reverdil, pour lui dire avec un étrange petit sourire :

— Je crois que nous sommes très près de nous trouver à la fin de notre intermède. Il ne doit plus rester beaucoup de temps.

Reverdil n'avait demandé aucune explication. Ils s'étaient séparés là.

7

Le plan était très simple.

Guldberg avait toujours été convaincu que la simplicité glissée dans des plans complexes en assurait justement le succès. On allait s'emparer de la personne du roi. On allait aussi s'emparer de la personne de Struensee. Ces deux-là ne pourraient opposer aucune résistance, estimait-on, ni causer de difficultés.

La troisième personne dont on allait s'emparer était celle de la reine.

Sur ce point demeurait une inquiétude difficile à préciser. Maîtriser la reine ne présenterait aucune difficulté. Elle ne devait cependant, sous aucun prétexte, pouvoir entrer en rapport avec le roi. Le roi ne devait être exposé à aucune espèce d'influence. Il fallait l'obliger à admettre qu'il courait dorénavant un terrible danger, à savoir que Struensee et la reine prévoyaient de le tuer. Mais que Christian regarde les beaux yeux de la petite putain anglaise, et il en viendrait peut-être à hésiter.

La petite putain anglaise était celle qui présentait le plus grand risque. Tout commençait et se terminait par cette jeune femme. Guldberg, tout seul, avait compris cela. Et pour cette raison allait l'anéantir ; et plus jamais la contagion du désir ne l'atteindrait. Plus jamais, pleurant dans l'obscurité de la nuit, le sperme du plaisir collant à son corps, il ne serait forcé de s'agenouiller.

La nuit. Froid intense.

La tempête qui, au cours de la journée, avait soufflé de l'est, s'était calmée vers le soir. L'humidité s'était transformée en verglas, et Copenhague était recouverte d'une pellicule de glace.

Tous les mémoires et les biographies parlent d'un grand calme cette nuit-là.

Pas de tempête. Pas de bruits de troupes qui prennent position. Pas d'oiseaux rejetés en arrière par la tempête.

Il existe des listes des aliments qui furent commandés pour ce dernier repas. Six oies, trente-quatre anguilles, trois cent cinquante escargots, quatorze lièvres, dix poules ; la veille avaient en outre été commandés du cabillaud, du turbot et des grives.

De manière très naturelle, en excès au cours de ces heures, fut pris le dernier repas de la révolution danoise, avec la participation de vingt-quatre serviteurs seulement.

Ils retournèrent à leurs appartements au château. Ils s'habillèrent pour un bal masqué.

Christian, Struensee et la reine se rendirent au bal dans une même voiture. Struensee restait très silencieux, et la reine le remarqua.

— Tu ne dis pas grand-chose, dit-elle.

— Je cherche une solution, je n'en trouve pas.

— Alors j'aimerais, dit-elle, que demain nous rédigions une lettre de ma part à l'impératrice de Russie. Contrairement à d'autres souverains, elle est éclairée. Elle veut le progrès. Elle est une amie possible. Elle est au courant de ce qui a été accompli au Danemark cette dernière année. Elle l'apprécie. Je peux m'adresser à elle en tant que femme des Lumières à une semblable. Nous pouvons peut-être susciter une alliance. Nous avons besoin de grandes alliances. Nous devons voir grand. Ici, nous n'avons que des ennemis. Catherine peut devenir une de mes amies.

Struensee se contenta de la regarder.

— Tu vois loin, dit-il. La question est de savoir si nous avons le temps de voir loin.

— Il faut que nous levions les yeux, répliqua-t-elle sèchement. Sans quoi nous sommes perdus.

Lorsque leurs Altesses royales, accompagnées de Struensee, arrivèrent au Théâtre de la Cour, le bal avait déjà commencé.

Chapitre 15

LA DANSE DE MORT

1

Brusquement, Struensee se souvint de la représentation de *Zaïre*, avec Christian dans le rôle du Sultan.

Cela s'était passé au Théâtre de la Cour. N'était-ce pas juste après le retour à Copenhague, après le long voyage en Europe ? Peut-être un mois plus tard ; il avait oublié, mais il se souvint brusquement de Christian dans le rôle. Ce mince et frêle corps d'enfant, avec sa diction si nette, ses pauses si étrangement vivantes et ses phrasés si mystérieux, évoluant là, dans le décor stylisé, parmi des comédiens français, comme pour une lente danse rituelle, avec ses étranges mouvements de bras qui semblaient tout à fait naturels sur cette scène, dans cette pièce de théâtre, alors qu'autrement, dans l'horrible réalité de la vie de Christian, ils semblaient totalement affectés.

Il avait été parfaitement intelligible. A vrai dire, le meilleur de tous ces comédiens. Etrangement calme et crédible, comme si cette scène, cette pièce et cette profession de comédien avaient été pour lui le vrai naturel, et le seul possible.

Christian n'avait jamais su distinguer la réalité de la représentation. Pas à cause d'un défaut d'intelligence, mais à cause des metteurs en scène.

Lui-même, Struensee, était-il devenu un metteur en scène pour Christian ? Il était venu en visite, avait obtenu un rôle, et en avait attribué un autre à Christian. Il aurait pu y avoir un meilleur rôle pour le pauvre garçon terrorisé. Struensee aurait peut-être dû écouter plus attentivement, cette fois-là. Peut-être Christian avait-il eu un message à délivrer, exactement comme les comédiens, par l'intermédiaire du théâtre ?

C'était il y avait si infiniment longtemps. Presque trois ans.

Pour l'heure, le 16 janvier 1772, Christian dansait un menuet. Il avait toujours été un bon danseur. Son corps était léger, comme celui d'un enfant, et il était en mesure d'évoluer sur les règles établies de la danse, mais néanmoins avec liberté. Pourquoi n'avait-il pas pu devenir danseur ? Pourquoi personne n'avait-il vu qu'il était un comédien, ou un danseur, ou n'importe quoi sauf un souverain élu de Dieu ?

A la fin, ils dansaient tous. Ils portaient leurs costumes, et leurs déguisements ; la reine aussi dansait. C'était ici, au Théâtre de la Cour, à l'occasion d'un bal masqué, qu'elle avait donné le premier signe à Struensee.

Ce devait être au printemps. Ils avaient dansé et elle n'avait pas cessé de le regarder, le visage si intensément marqué qu'on aurait dit qu'elle s'apprêtait à lui dire quelque chose. La raison en était peut-être que Struensee lui avait parlé comme à un être humain, et qu'elle lui en était reconnaissante. Peut-être y avait-il autre chose. Oui, voilà. Ensuite, elle l'avait entraîné avec elle, ils s'étaient soudain retrouvés dans un couloir. Elle avait jeté un rapide coup d'œil autour d'elle, puis elle l'avait embrassé.

Pas un mot. L'avait seulement embrassé. Et puis ce petit sourire mystérieux qu'il avait pris au début pour l'expression de la ravissante innocence d'une enfant, mais que juste après, brusquement, il avait compris être le sourire d'une femme adulte, et un sourire qui disait : je t'aime. Et ne t'avise pas de me sous-estimer.

Ils étaient tous là, hormis la reine douairière et Rantzau.

Tout était parfaitement normal. Au bout d'un moment, le roi avait cessé de danser pour aller s'installer à une table de cartes et jouer au loup, entre autres avec le général Gähler. Depuis qu'il avait laissé la danse, qui pour un temps l'avait rendu vivant, le roi semblait brusquement être retombé dans l'absence et la mélancolie. Il jouait sans réfléchir, sans argent sur lui, comme d'habitude, et il perdit trois cent trente-deux rixdales, que le général dut lui avancer, et qu'après la catastrophe ce malheureux ne put jamais se faire rembourser.

Dans une autre loge se trouvait le général Köller, responsable de la partie militaire du coup d'Etat imminent. Il jouait au tarot avec Berger, intendant de la Cour. Le visage de Köller était impassible. Pas question d'y lire la moindre émotion.

Tout le monde était en place, sauf la reine douairière et Rantzau.

Les masques étaient les déguisements habituels. Celui de Struensee, un demi-masque représentant un bouffon en pleurs. Par la suite, on raconta qu'il portait un masque représentant une tête de mort.

C'est faux. Son masque représentait un bouffon en larmes.

Le bal prit fin vers deux heures.

Plus tard, tous s'accordèrent pour trouver ce bal masqué parfaitement monotone. Considérant la célébrité qu'allait acquérir ce bal, et son importance, il est étrange de les entendre tous dire que rien ne s'y était passé. Rien. Tout le monde était normal, avait dansé, et n'attendait rien.

Struensee et la reine avaient dansé trois danses ensemble. Tout le monde avait remarqué leurs visages au sourire calme, et leur conversation insouciante.

De quoi avaient-ils parlé ? Plus tard, ils ne s'en souvinrent pas.

Struensee vécut toute la soirée dans une étrange sensation de distance, ou de rêve éveillé, comme s'il avait déjà vécu cette situation, et maintenant la rêvait, en courtes séquences qui se répétaient. Dans son rêve, tout bougeait avec une infinie lenteur, avec des bouches qui s'ouvraient et se fermaient, mais sans un bruit, comme de lents mouvements sous l'eau, peut-être. Comme s'ils flottaient dans l'eau, et que la seule chose qui revenait sans cesse était le souvenir du roi jouant le Sultan dans *Zaïre*, et ses mouvements, ses gestes étrangement suppliants, qui ressemblaient presque à ceux d'un comédien, mais en plus sincères, comme les gestes de quelqu'un qui se noie, et sa bouche qui s'ouvrait et se fermait, apparemment pour laisser passer un message, mais rien ne sortait. Et puis, l'autre partie de ce rêve éveillé : la reine, dont le visage s'était approché du sien, et qui l'avait embrassé avec une infinie tendresse, puis avait reculé d'un pas, et le petit sourire disait qu'elle l'aimait mais qu'il ne devait pas la sous-estimer, car ceci n'était que le début de quelque chose de fantastique, qu'ils étaient tout près d'une frontière, et que là, à la frontière, se trouvaient à la fois le plus grand plaisir et la mort la plus attirante, et que jamais, jamais ils n'allaient le regretter s'ils passaient ensemble cette frontière.

Et l'on aurait dit que ces deux êtres, Christian le comédien, et Caroline Mathilde qui avait promis plaisir et mort, se confondaient dans cette danse de mort au Théâtre de la Cour.

Il la raccompagna.

Deux dames d'honneur allaient avec eux. Dans le couloir, devant la chambre de la reine, il lui baisa la main, sans un mot.

— Allons-nous dormir, cette nuit ? demanda la reine.

— Oui, mon amour. Cette nuit, du sommeil. Cette nuit, il faut dormir.

— Quand nous voyons-nous ?

— Toujours, dit-il. Pour toute l'éternité.

Ils se regardèrent, et elle leva la main vers sa joue, et la toucha, en esquissant un sourire.

Ce fut la dernière fois. Ensuite, jamais plus il ne la revit.

2

A deux heures trente, une demi-heure après que les musiciens avaient cessé de jouer, des cartouches à balles furent distribuées à la deuxième compagnie de grenadiers du régiment de Falster, et les soldats furent regroupés sur certaines positions.

Toutes les issues du château étaient tenues.

Le chef des opérations du coup d'Etat, le colonel Köller, qui une heure auparavant terminait sa partie de tarot avec Berger, l'intendant de la Cour, confia à deux des lieutenants un ordre écrit de la main de la reine douairière, commandant l'arrestation d'une suite de personnes dont les noms étaient mentionnés. Le texte stipulait entre autres que "considérant que Sa Majesté le roi désire se mettre en sûreté, de même que l'Etat, et punir certaines personnes de son entourage, Elle nous a confié la réalisation de ces opérations. Nous vous ordonnons par conséquent, colonel Köller, d'accomplir au nom du roi ce qui est Sa volonté. Sa Majesté souhaite en outre qu'une garde soit mise en faction à toutes les issues des appartements de la reine régente." La missive était signée par la reine douairière, ainsi que par le prince héritier, et elle avait été rédigée par Guldberg.

La clé des opérations était de s'assurer rapidement de la personne du roi, et de celle de la reine, en les gardant séparés. Rantzau jouait là un rôle décisif. Il avait cependant disparu.

Le comte Rantzau venait d'être atteint de nervosité.

Rantzau habitait le palais royal qui était séparé du château de Christiansborg par un canal – palais appelé aujourd'hui *Prinsens palæ*, le palais du prince –, et personne ne l'avait vu de toute la journée. Pourtant, tandis que le bal masqué battait son plein, un messager avait été arrêté à l'entrée du Théâtre de la Cour. L'homme, extrêmement nerveux, avait fait une impression bizarre. Il disait apporter un message important du comte Rantzau à Struensee.

Le messager avait été retenu par les gardes conjurés, et l'on avait appelé Guldberg.

Sans demander aucune permission, et en dépit des protestations du messager, Guldberg s'était violemment emparé de la lettre, l'avait ouverte, l'avait lue. Il y était écrit que Rantzau désirait parler à Struensee avant minuit et "dites-vous bien que si vous n'arrangez pas cette rencontre, vous le regretterez amèrement".

C'était tout. Mais c'était clair et net. Le comte Rantzau souhaitait trouver une solution à un dilemme, une autre sortie au terrier de renard.

Guldberg avait lu, et fait un de ses rares sourires.

— Ce petit Judas désire probablement devenir propriétaire terrien sur l'île de Lolland en récompense. Il ne le deviendra pas.

Il avait fourré la lettre dans sa poche, et ordonné qu'on éloigne le messager et le mette sous bonne garde.

Trois heures plus tard, tous les conjurés étaient en place, les troupes étaient prêtes, mais Rantzau avait disparu. Accompagné de six soldats, Guldberg se rendit alors en toute hâte au domicile de Rantzau. Il l'y trouva, tout habillé, assis dans son fauteuil, une tasse de thé devant lui et fumant sa pipe.

— Vous nous manquez, dit Guldberg.

Rantzau avait la jambe posée sur un tabouret et, d'un air nerveux et peiné, il indiqua son pied. Il souffrait, dit-il, d'un accès de goutte, son orteil était gonflé, il pouvait à peine poser le pied. Il regrettait amèrement cet état de cause, était inconsolable, mais cela l'empêchait définitivement d'accomplir sa tâche.

— Espèce de lâche, dit Guldberg d'une voix calme et sans essayer d'atténuer cette manière très impolie de s'adresser au comte. Tu essaies de te défiler.

Guldberg était définitivement passé au tutoiement.

— Non ! Non ! protesta Rantzau désespéré, je me tiens à notre accord, mais ma goutte, c'est épouvantable…

Guldberg ordonna aux soldats de quitter la pièce. Quand ils furent seuls tous les deux, il sortit la lettre, la tint entre le pouce et l'index comme si elle sentait mauvais, et dit seulement :

— J'ai lu ta lettre, espèce de rat. Pour la dernière fois, es-tu avec nous, ou contre nous ?

Livide, Rantzau fixait la lettre, et il comprit que désormais les alternatives étaient réduites.

— Bien sûr que je suis avec vous, dit alors Rantzau. Peut-être pourra-t-on m'emmener jusqu'à ma tâche… dans une chaise à porteurs…

— Parfait, dit Guldberg. Et moi, je vais garder cette lettre. Il n'est pas nécessaire qu'à part moi qui que ce soit la connaisse. A une condition, cependant. C'est que toi, une fois ce nettoyage effectué et le Danemark sauvé, tu n'ailles pas m'irriter. Tu ne comptes pas m'irriter dans l'avenir, n'est-ce pas ? Cela m'obligerait à montrer cette lettre à d'autres, tu comprends ?

Il y eut un moment de silence, puis Rantzau dit à voix basse :

— Bien entendu. Bien entendu.

— Jamais ?

— Jamais, jamais.

— Parfait, dit Guldberg. Comme ça, nous savons à quoi nous en tenir l'un par rapport à l'autre à l'avenir. Il est bon d'avoir des alliés fiables.

Guldberg rappela ensuite les soldats et ordonna à deux d'entre eux de porter le comte Rantzau jusqu'à sa position au porche nord. Ils le portèrent par-delà le pont mais, ensuite, Rantzau leur dit qu'il voulait bien essayer de marcher par ses propres moyens, malgré les douleurs insoutenables, puis il boitilla jusqu'à son poste de commandement au porche nord.

3

A quatre heures trente, au matin du 17 janvier 1772, on passa à l'action.

Deux groupes de grenadiers, l'un commandé par Köller, l'autre par Beringskjold, entrèrent par effraction et simultanément chez Struensee et chez Brandt. On trouva Struensee calmement endormi ; il s'assit dans le lit, regarda les soldats d'un œil surpris et, lorsque le colonel Köller le déclara en état d'arrestation, il demanda à voir le mandat d'arrêt.

On ne le lui montra pas, puisqu'il n'en existait pas.

Il les regarda alors avec apathie, se vêtit lentement du strict nécessaire, et les suivit sans un mot. Il fut monté dans un fiacre, et conduit à la salle de garde de la Citadelle.

Brandt, lui, ne demanda même pas à voir le mandat d'arrêt. Il demanda seulement la permission d'emporter sa flûte.

Lui aussi fut mis dans un fiacre.

On réveilla le commandant de la Citadelle, qui n'avait pas été prévenu, mais qui exprima sa joie d'accueillir ces deux personnes. Tous semblaient étonnés que Struensee ait abandonné si facilement. Il restait assis dans la voiture, les yeux baissés sur ses mains.

Comme s'il s'y était préparé.

Un des nombreux dessins qui furent réalisés plus tard, représentant l'arrestation de Struensee, décrit un acte beaucoup plus violent.

Un courtisan éclaire la pièce avec un chandelier à trois branches. Par la porte défoncée, des soldats affluent pointant leurs fusils, les baïonnettes au canon et pointées menaçantes vers Struensee. Le colonel Köller se tient devant le lit, il brandit avec autorité le mandat d'arrêt dans sa main gauche. Par terre traîne le masque du bal, un masque de tête de mort. Des vêtements sont éparpillés dans la pièce. L'horloge indique quatre heures. Les étagères sont encombrées de livres. Un pupitre avec le nécessaire à écrire. Et Struensee dans le lit, assis, vêtu seulement d'une chemise de nuit, qui tend les deux mains dans un geste de désespoir, pour signifier qu'il capitule, ou priant le Dieu tout-puissant qu'il a toujours renié de le prendre en pitié, en cet instant de détresse, lui pauvre pécheur dans le plus grand désarroi.

Mais cette image ne reflète pas la réalité. Il se laissa docilement emmener, comme un agneau à l'abattoir.

Pas question évidemment d'arrêter le roi.

Pour ce qui concerne le roi Christian VII, il en allait au contraire comme si on le sauvait d'une tentative d'assassinat, raison pour laquelle il suffirait qu'il signe les documents qui, juridiquement, légitimeraient les diverses arrestations.

On oublie facilement qu'il était un souverain désigné par Dieu.

Ils entrèrent en nombre dans sa chambre plongée dans l'obscurité. Il y avait la reine douairière, son fils Frédéric, Rantzau, Eichstedt, Köller et Guldberg, ainsi que sept grenadiers de la garde royale qui cependant, à cause de la réaction hystérique du roi et de sa peur incontrôlée quand il vit les soldats et leurs armes, reçurent l'ordre d'aller attendre de l'autre côté de la porte.

Christian s'imagina qu'on allait l'assassiner, et il se mit à crier et pleurer comme un enfant. Le chien, son schnauzer qui cette nuit-là encore avait dormi dans son lit, s'était mis à aboyer furieusement. On finit par réussir à faire sortir le chien. Moranti, le page nègre, qui avait dormi roulé en boule au pied du lit, terrorisé, alla se terrer dans un coin.

On ignora les demandes du roi qui voulait garder le chien contre lui dans le lit.

On réussit enfin à calmer le monarque. Sa vie n'était pas en danger. Ils n'allaient pas le tuer.

Ce qu'on lui raconta renouvela cependant ses pleurs. La raison de cette visite nocturne, expliqua-t-on, était l'existence d'une conspiration contre la personne du roi. Struensee et la reine voulaient attenter à sa vie. On désirait maintenant le sauver. Raison pour laquelle il devait signer un certain nombre de documents.

Guldberg en avait rédigé les brouillons. On guida Christian, en robe de chambre, vers un bureau. Là, il lui fallut signer dix-sept documents.

Il n'arrêtait pas de sangloter, et son corps et sa main tremblaient. Devant un de ces documents, pourtant, il parut s'illuminer. Il s'agissait du mandat d'arrêt de Brandt.

— Voilà la punition, murmura-t-il, pour avoir voulu outrager la Maîtresse de l'Univers. La punition.

Personne, à part Guldberg peut-être, ne dut comprendre ce qu'il voulait dire.

4

Rantzau était celui qui était chargé d'arrêter la reine.

Cinq soldats et un sous-lieutenant l'accompagnaient et, le mandat d'arrêt signé par le roi à la main, il entra dans la chambre de la reine. L'une des dames d'honneur y avait été dépêchée pour réveiller la reine car, comme il l'écrit dans son rapport : "le respect m'interdisait de me présenter devant le lit de Sa Majesté" ; le sous-lieutenant Beck, pour sa part, fait une description plus animée de ce qui se passa. La reine ayant été réveillée par la dame d'honneur, elle s'était précipitée dehors, vêtue seulement de sa chemise de nuit et, folle de rage, elle avait demandé à Rantzau ce qui se passait. Ce dernier s'était contenté de présenter le mandat du roi.

Dessus était écrit : "J'ai estimé nécessaire de vous envoyer à Kronborg, considérant que votre comportement m'y oblige. Je regrette profondément cette décision, à laquelle je suis obligé, et souhaite que vous vous repentiez avec sincérité."

Signé : Christian.

Elle froissa alors le mandat et cria à Rantzau qu'il allait regretter ça, puis demanda qui d'autre était arrêté. On ne lui répondit pas. Ensuite, elle se précipita dans sa chambre, suivie de Rantzau, du sous-lieutenant Beck et de quelques soldats. Tout en fulminant de rage contre Rantzau, elle arracha sa chemise de nuit, courut nue à travers la pièce pour trouver ses vêtements. Rantzau, tout en s'inclinant, dit alors avec toute l'élégance qui le caractérisait :

— Votre Majesté devrait m'épargner, et ne pas m'exposer à la magie de son opulence.

— Ne reste pas là à me reluquer, espèce de sale crapaud flagorneur ! s'écria alors la reine, cette fois-ci dans sa langue maternelle, l'anglais ; mais à cet instant, la caméristе, Mlle von Arensbach, arriva en courant porteuse d'un jupon, d'une robe et d'une paire de souliers, et la reine s'habilla en toute hâte.

Elle ne cessa pas pour autant d'invectiver furieusement Rantzau qui, un moment, fut obligé de se protéger avec sa canne des coups assenés par la reine. Pour se protéger seulement, la canne qu'il avait emportée pour mieux soutenir son pied, justement atteint cette nuit-là d'un accès de goutte, circonstance que la reine furieuse ignorait totalement.

Dans son rapport, Rantzau affirme que, pour des raisons de discrétion, et pour ne pas souiller Son Altesse royale de ses regards, il tint sans cesse son chapeau devant son visage, jusqu'à ce que la reine soit entièrement vêtue. Le sous-lieutenant Beck affirme cependant que lui-même, Rantzau et les quatre soldats observèrent tout du long la reine dans sa nudité causée par la confusion et la rage, et qu'ils contemplèrent tout son habillage. Il détaille aussi les habits que la reine enfila.

Elle ne pleurait pas, mais ne cessait d'injurier Rantzau et – fait qu'il souligne tout particulièrement dans son rapport à la Commission d'Inquisition –, il avait été particulièrement indigné par “sa manière méprisante de mentionner le roi”.

Dès qu’elle fut habillée – elle avait seulement glissé ses pieds nus dans les souliers, sans enfiler de bas ce qui choqua tout le monde –, elle était sortie de la chambre en courant, et on n’avait pu l’arrêter. Elle avait couru jusqu’à l’étage du dessous, où elle avait essayé de pénétrer dans la chambre de Struensee. Un garde était cependant là en faction, qui l’informa que le comte Struensee avait été mis aux arrêts et conduit à la salle de garde. Continuant alors à chercher de l’aide, elle s’était rendue à l’appartement du roi.

Rantzau et les soldats ne l’en avaient pas empêchée.

Elle semblait en possession de forces inouïes, et son absence de pudeur, sa nudité et sa rage les avaient effrayés.

Elle avait immédiatement compris ce qui s’était passé. Ils avaient totalement affolé Christian. Et néanmoins Christian restait sa seule chance.

Elle arracha la porte de sa chambre, et découvrit immédiatement la petite forme accroupie sur le lit du côté du mur, et elle comprit. Il s’était enveloppé dans le drap, s’était caché dessous entièrement, dissimulant son visage, son corps et ses jambes, et s’il n’y avait eu le mouvement de balancement mal assuré, on aurait pu croire que n’était posée là qu’une statue emballée, blanche et recouverte de draps froissés.

Comme une momie blanche, se balançant nerveusement et sans assurance, frémissante, et pourtant exposée là devant elle.

Rantzau s’était arrêté à la porte, et il fit signe aux soldats de rester dehors.

Elle s’approcha de la petite momie blanche et tremblante sur le lit.

— Christian, cria-t-elle. Je veux te parler ! Maintenant !

Pas de réponse, rien que les tressaillements sous le drap blanc.

Elle s'assit sur le bord du lit, et essaya de parler calmement, de maîtriser ses halètements et sa voix.

— Christian, dit-elle à voix très basse pour que Rantzau, près de la porte, ne puisse l'entendre, peu m'importe ce que tu as signé, ça ne fait rien, on t'a trompé, mais tu dois sauver les enfants ! Tu dois sauver les enfants, bon Dieu ! A quoi est-ce que tu as pensé ? Je sais que tu m'entends, tu dois entendre ce que je te dis, je te pardonne ce que tu as signé, mais *tu dois sauver les enfants ! sinon ils vont nous enlever les enfants et tu sais ce que c'est, toi, tu sais ce qui arrive, tu dois sauver les enfants !*

Elle se tourna brusquement vers Rantzau toujours près de la porte et hurla DISPARAIS SALE RAT C'EST LA REINE QUI TE PARLE !!! puis elle se tourna de nouveau vers Christian et reprit son chuchotement suppliant : Oooh, Christian, tu crois que je te hais, mais ce n'est pas vrai, en réalité, je t'ai toujours aimé, *c'est la vérité, c'est la vérité écoute-moi je sais que tu écoutes* ! j'aurais pu t'aimer si on nous en avait laissé la possibilité, mais ça n'a jamais pu se faire dans cette saloperie de maison de fous, DANS CETTE MAISON DE FOUS COMPLÈTEMENT DÉMENTE !!! hurla-t-elle à l'adresse de Rantzau puis, chuchotant à nouveau : Nous aurions pu vivre si bien, ailleurs, rien que nous, ça aurait pu marcher, Christian, si seulement ils ne t'avaient pas forcé à me couvrir comme une truie, ce n'était pas ta faute, ce n'était pas ta faute, mais *tu dois penser aux enfants Christian et cesse de te cacher je sais que tu m'écoutes* ! CESSE DE TE CACHER mais je suis un être humain, pas une truie, et tu dois sauver la petite, ils veulent la tuer, je le sais, seulement parce qu'elle est l'enfant de Struensee et tu le sais aussi TU LE SAIS et tu n'as jamais protesté, tu le voulais aussi, tu le voulais toi-même, je voulais seulement que ça te fasse un peu mal aussi pour que tu sentes que j'existe, que tu voies, seulement un peu, alors nous aurions pu, Christian, nous aurions pu, mais *tu dois sauver les enfants*, c'est vrai, je t'ai toujours bien aimé, nous aurions pu vivre si bien,

Christian, tu entends ce que je dis Christian, RÉPONDS CHRISTIAN tu dois me répondre CHRISTIAN tu t'es toujours caché et il ne faut pas que tu te caches pour moi MAIS RÉPONDS ENFIN CHRISTIAN !!!

Puis elle arracha le drap qui couvrait son corps.

Mais ce n'était pas Christian. C'était le petit page noir Moranti, qui la fixait de ses grands yeux écarquillés de terreur.

Elle le fixa en retour, comme paralysée.

— Allez la chercher, dit Rantzau aux soldats.

Quand elle passa devant Rantzau au niveau de la porte, elle s'arrêta, le regarda longuement dans les yeux, et dit très calmement :

— Dans le dernier cercle de l'enfer, là où séjournent les traîtres, tu connaîtras les tourments éternels. Et cela me réjouit. C'est la seule chose qui me réjouisse vraiment en cet instant.

Et à ceci, il ne sut rien répondre.

Elle put emmener la petite dans la voiture qui la conduisait à Kronborg. Il était neuf heures du matin lorsqu'ils sortirent de Copenhague par la porte nord. Ils empruntèrent la Voie royale, et ainsi passèrent devant Hirschholm, mais le dépassèrent.

Dans la voiture, pour la surveiller, ils avaient fait monter la dame d'honneur qu'elle détestait le plus.

Caroline Mathilde donna le sein à sa fille. Alors seulement elle put se laisser aller à pleurer.

La rumeur se répandit vite et, pour faire connaître que le roi avait été sauvé d'une tentative d'assassinat fomentée par Struensee, Guldberg donna l'ordre que le roi se montre.

On fit venir un carrosse en verre, tiré par six chevaux blancs et encadré par douze courtisans à cheval. Pendant deux heures et demie, on parcourut les rues de Copenhague. Dans le carrosse ne se trouvaient cependant que Christian et le prince héritier Frédéric.

Le prince héritier rayonnait de bonheur, la bouche grande ouverte il bavait comme d'habitude, et agitait la main vers le peuple en délire. Christian restait tassé dans un coin du carrosse, livide de terreur, et il regardait ses mains.

Des acclamations immenses.

5

Cette nuit-là, Copenhague explosa.

Ce fut le cortège triomphal avec les six chevaux blancs et le roi terrorisé, sauvé et on ne peut plus humilié, qui déclencha tout. Soudain, tout devint absolument évident : il y avait eu une révolution, et celle-ci avait été matée, la brève incursion du médecin personnel du roi dans le vide du pouvoir était terminée, la révolution danoise était finie, l'Allemand était en prison, l'Allemand avait été mis aux fers, l'ancien régime, à moins que ce ne soit le nouveau, était renversé, et on savait qu'on se trouvait à l'exact point de rupture de l'histoire ; et la folie se déchaîna.

Cela commença par de simples émeutes de foules ; les matelots norvégiens qui, il y avait quelques mois de cela, s'étaient paisiblement retirés de Hirschholm après la rencontre avec la charmante petite reine, ces matelots norvégiens comprirent qu'il n'existait plus ni règle ni loi. La police et les soldats semblaient avoir déserté les rues, le chemin des bordels et des tavernes était ouvert. On commença par les bordels. Pour cela, on invoqua que les Etres Vils qui, menés par Struensee, avaient été si près d'ôter la vie à Petit Père avaient aussi été les Protecteurs des Bordels.

Le régime des bordels était terminé. L'heure de la vengeance avait sonné.

Car Petit Père, le roi, le Bon Souverain qu'ils avaient toujours invoqué, là-bas en Norvège, comme leur ultime protecteur, Petit Père avait été sauvé. Maintenant Petit Père était là, il avait ouvert les yeux et rejeté ses faux amis malveillants, l'heure était donc venue de nettoyer les bordels. Ces cinq cents matelots-là marchaient en tête, et personne ne les en empêcha. Puis le feu se communiqua partout, et le peuple surgit, les pauvres, ceux qui n'avaient jamais rêvé d'une révolution mais à qui on offrait maintenant le temps agréable de la violence, sans punition, sans raison. Le droit de se révolter était accordé, mais sans but, sinon une référence à la pureté. Pour réintroduire la pureté, il fallait violer le péché. Les vitres de bordels furent brisées et les portes enfoncées, les meubles jetés dehors, les nymphes furent violées gratuitement et s'enfuirent à demi nues dans les rues. En une journée, plus de soixante bordels furent mis à sac, détruits, brûlés, et dans la foulée quelques maisons et quelques femmes parfaitement décentes furent aussi ravagées, par erreur, emportées par la vague de folie collective qui parcourut Copenhague durant ces quelques jours et nuits.

On aurait dit que la pruderie piétiste trouvait là son éjaculation collective, et faisait jaillir son sperme sur la Copenhague décadente de Struensee. On commença, c'était caractéristique, par l'Allemand Gabel, qui avait été responsable du débit d'alcools dans le jardin de Rosenborg, ce jardin ouvert au public par le décret de Struensee et qui, durant le long été et l'automne chaud de 1771, était devenu le centre de débauche de la population de Copenhague. La maison de ce Gabel était considérée comme le centre de la débauche, l'endroit d'où s'étendait la contagion du péché. Struensee et sa clique y avaient certainement forniqué, il fallait la nettoyer. Gabel s'en tira pour sa part avec la vie sauve, mais les marchands furent réellement chassés du Temple. Le château lui-même restait sacré, ne devait pas être touché, pas forcé, mais les attaques se portèrent sur les intermédiaires entre le château et la Cour. La maison des comédiennes italiennes servit de cible suivante ; elle fut nettoyée. Certaines des comédiennes ne furent pas violées, car on disait que Petit

Père les avait utilisées ; elles étaient donc dans une certaine mesure devenues des objets sacrés. D'autres, par contre, furent tout spécialement violées, en une sorte d'hommage à Petit Père ; de toute façon les raisons de la violence n'avaient aucune logique, plus rien n'avait de logique. C'était comme si la haine à l'égard de la Cour, autant que le respect pour la Cour, avait déclenché un grand viol furieux et confus de Copenhague ; quelque chose s'était passé là-haut parmi les régnants, quelque chose d'infâme et d'immoral, et maintenant le nettoyage était permis, alors on nettoyait, on était autorisé à souiller et à nettoyer, et l'alcool était libre, donc pris, et puis on exigeait une vengeance, envers quelque chose, peut-être envers une iniquité vieille de mille ans, ou envers l'affront commis par Struensee, lui qui était devenu le symbole de tous les affronts. Le palais de Schimmelman fut nettoyé, pour des raisons assez obscures, apparemment liées cependant à Struensee et au Péché. Et brusquement Copenhague tout entière devint un enfer où l'on buvait, brisait et violait. Partout des incendies, des rues couvertes de verre brisé. Pas une seule des centaines de tavernes n'en sortit indemne. La police était introuvable. Aucun soldat en faction. Comme si les conjurés, la reine douairière et son clan victorieux avaient voulu dire : dans une grande fête passionnelle de la vengeance, le péché de cette capitale du Danemark doit maintenant être brûlé.

Dieu le permettait. Dieu utilisait cette licence débridée du peuple comme outil pour nettoyer les bordels, les tavernes et tous les nids de débauche qu'avaient utilisés ceux qui avaient détruit la moralité et l'honnêteté.

Cela dura deux jours et deux nuits. Puis les émeutes retombèrent lentement, comme par épuisement, ou chagrin. Quelque chose avait pris fin. On s'était vengé de ce qui avait eu lieu. Le règne des criminels des Lumières était terminé. Cet épuisement, pourtant, contenait un grand chagrin, il n'y aurait plus de parcs ouverts et illuminés, et le théâtre et les réjouissances seraient interdits, la pureté allait régner, et la crainte de Dieu ; il fallait qu'il en soit ainsi. Rien ne serait plus très drôle. Mais ceci était nécessaire.

Une sorte de deuil. Voilà le mot. Une sorte de deuil juste et conçu comme punition. Et le nouveau régime, celui de la décence, n'allait pas punir le peuple pour ce deuil vengeur mais étonnamment désespéré.

Au troisième jour, les gendarmes sortirent dans les rues, et tout rentra dans l'ordre.

La reine avait été emmenée à Kronborg sous l'étroite surveillance de huit dragons. Dans la voiture, rien que la reine, la petite fille, et l'unique dame d'honneur qui constituait désormais sa suite.

L'officier resta assis à côté du cocher, constamment sabre au clair.

Le commandant von Hauch dut réchauffer en toute hâte quelques pièces de ce vieux château de Hamlet. L'hiver avait été glacial, avec une suite de tempêtes venues du détroit, et le commandant avait été pris au dépourvu. La reine n'avait rien dit, mais elle n'avait pas cessé de tenir la petite serrée contre son corps, enveloppant leurs deux corps de son manteau de fourrure qu'elle ne quitta jamais.

Le soir, elle resta longtemps devant la fenêtre sud, le regard tourné ainsi vers Copenhague. A un seul moment, elle dit quelque chose à sa dame d'honneur. Elle lui demanda d'où venait l'étrange lueur, faible et changeante, qui éclairait le ciel au sud.

— Ça, dit la dame d'honneur, c'est Copenhague illuminée, parce que le peuple célèbre la fin de l'oppression de Struensee et de sa clique.

La reine se retourna alors brusquement et gifla la dame d'honneur. Puis elle fondit en larmes, demanda pardon, mais retourna ensuite devant la fenêtre, l'enfant endormie serrée contre elle, et elle fixa longuement l'obscurité, et la faible lueur de Copenhague illuminée.

Chapitre 16

LE CLOÎTRE

1

S'il pliait les jambes et se baissait tout doucement, il sentait à peine les chaînes ; longues d'environ une aune et demie, elles lui permettaient de bouger. A vrai dire, elles étaient inutiles, car comment aurait-il pu s'enfuir, *comment pouvons-nous nous enfuir de ton regard et où puis-je trouver refuge Doux Seigneur Dieu en cet instant de détresse* – les vieilles tirades des lectures à haute voix de la Bible avec son père, Adam Struensee, surgissaient à nouveau, absurde, comment pouvait-il s'en souvenir ? C'était il y avait si longtemps, mais le tourment des chaînes agissait plus dans son esprit, il s'était assez rapidement habitué à la douleur physique. Il s'était efforcé de rester poli. L'important était de rester calme, et de ne pas montrer de désespoir, ou de critique. Il se le répétait pour s'en persuader : ils avaient été respectueusement objectifs et l'avaient bien traité, il se devait de le reconnaître ; mais la nuit, quand le froid s'insinuait à l'intérieur, comme si sa terreur durcissait en lui tel un bloc de glace, la nuit il n'avait plus la force d'être positif et bienveillant. Alors il n'avait plus la force de feindre. Cela lui arrivait aussi dans la journée, quand il regardait le plafond parfaitement absurde où les gouttes d'eau se rassemblaient pour une attaque puis pour finir se détachaient et passaient à l'assaut, alors ses mains tremblaient sans qu'il puisse les contrôler, alors venait une torture pire que le fait de ne pas savoir, qu'était-il arrivé à Caroline Mathilde et à l'enfant ? allait-elle pouvoir la sauver ? *Oh Toi le Dieu qui n'existes pas, qui n'existes pas, je te le demande : vont-ils m'imposer l'examen sévère et vont-ils alors enfoncer des aiguilles dans mes bourses et arriverai-je à supporter ?* à part cela, tout était très satisfaisant, la nourriture était bonne, savoureuse même, le service de l'hôtel de police très bienveillant et il ne se voyait en aucune façon amené à critiquer ou à se plaindre du traitement qui lui était appliqué, et il avait plutôt exprimé à la direction son étonnement devant le traitement humain qui lui était accordé mais *pourquoi n'a-t-il pas eu lieu ce voyage aux lointaines Indes orientales où l'on manque tant de médecins et si seulement je les avais quittés à Altona*, sans cesse ce rabâchage, et la nuit pareil, les cauchemars impliquant le sergent Mörl avaient commencé à surgir, exactement comme pour Christian, il avait en partie compris ce que Christian rêvait, les cauchemars sur Mörl, les cauchemars, *en fin de compte ce ne fut pas comme de reposer dans les plaies de l'Agneau mais ils avaient enfoncé des aiguilles et il avait crié, pris d'affolement et de désespoir avait raconté Christian.* Il restait cependant très calme et obligeant, et, parfois, il avait sorti aux gardiens de petites plaisanteries qu'il pensait avoir été appréciées.

Au troisième jour, Guldberg passa lui rendre visite.

Guldberg lui demanda s'il était satisfait, question à laquelle il répondit par l'affirmative. Guldberg lui présenta la liste de ses affaires qui avaient été saisies et lui demanda de la parapher si elle concordait. Il s'agit de celle, en allemand, qui commençait par *"35 stk dänische Dukaten"* (35 ducats danois), mais mentionnait en danois *"en tub tandpasta"* (un tube de pâte dentifrice), et finissait par *"Ein Haar Kam"*, un peigne à cheveux, auquel est ajouté l'étrange commentaire : "Struensee porte presque toujours ses cheveux coiffés en une natte relevée sur la nuque et maintenue par un peigne, comme une femme" ; il fit semblant de ne pas avoir vu la remarque et parapha simplement en hochant la tête.

Il n'avait pas pu emporter grand-chose lors de l'arrestation. Ils s'étaient soudain présentés dans la lumière vacillante et il s'était seulement dit : c'était inévitable. Ça devait se terminer ainsi. Il ne se souvenait même pas de comment ça s'était passé. Il était seulement resté paralysé par la frayeur.

Guldberg demanda à Struensee d'où lui venait cette plaie qu'il avait à la tête. Il ne répondit pas. Guldberg répéta sa question, puis dit que, selon les gardiens, Struensee avait tenté de s'ôter la vie en se jetant la tête la première contre le mur en pierre.

— Je connais un moyen, dit Guldberg, d'augmenter votre volonté de vivre dans cette nouvelle situation.

Il lui tendit alors un livre. Il s'agissait de la *Biographie d'un libre penseur converti*, écrit par Ove Guldberg, publié en 1760.

Struensee le remercia.

— Pourquoi ? demanda-t-il cependant après un long silence.

Puis il ajouta :

— De toute façon, je vais mourir. Nous le savons tous les deux.

— Nous le savons, dit Guldberg.

— Alors, pourquoi êtes-vous venu ?

Ce fut une rencontre très étrange.

Guldberg semblait soucieux de la bienveillance de Struensee, il se faisait du souci pour l'apathie dont le prisonnier faisait preuve. Il déambulait dans la cellule, comme suppliant, comme un chien, inquiet, préoccupé, oui, on aurait dit que le propriétaire d'un chien adoré venait d'offrir une nouvelle niche à son animal, et qu'il l'inspectait, en attente. On avait apporté une chaise à Guldberg, il s'assit. Ils s'observaient.

Sans pudeur, pensa Struensee. Il m'examine sans la moindre pudeur.

— Un modeste ouvrage, dit gentiment Guldberg, que j'ai écrit du temps où j'enseignais à l'Académie de Sorø. Mais il renferme une intéressante histoire de conversion.

— Je n'ai pas peur de mourir, dit Struensee. Et je suis assez difficile à convertir.

— Ne dites pas ça, répondit Guldberg.

Juste avant de partir, il tendit une image à Struensee. Une gravure sur cuivre, représentant la fille de Caroline Mathilde et de Struensee, la princesse, âgée de quatre mois.

— Que cherchez-vous ? demanda alors Struensee.

— Pensez-y, dit Guldberg.

— Que cherchez-vous ? répéta Struensee.

Deux jours plus tard, Guldberg revint.

— Les journées sont courtes et la lumière chiche, dit Struensee. Je n'ai pas eu le temps de lire le livre. Je n'ai même pas commencé.

— Je comprends, dit Guldberg. Avez-vous l'intention de vous y mettre ?

— Je vous répète que je suis difficile à convertir, dit Struensee.

Cela se passait dans l'après-midi, la cellule était très froide, de la vapeur sortait de leurs bouches à tous les deux.

— J'aimerais, dit Guldberg, que vous regardiez très longuement le portrait de la petite fille. Une bâtarde. Mais très mignonne, et attachante.

Puis il s'en alla.

Où voulait-il en venir ?

Ces brèves visites à répétition. Mais à part ça, rien que du silence. Les gardiens ne racontaient rien, la fenêtre de la cellule était haut perchée, le livre qu'on lui avait donné était, à part la Bible, la seule chose qu'il avait à lire. En fin de compte, presque par dépit, il se mit à la lecture du traité de Guldberg.

Une histoire émouvante, presque insupportable de médiocrité grise, un discours digne d'un prêche, une action dépourvue de surprise. Il était question d'un homme entièrement bon, intelligent, intègre, populaire et aimé de tous, et de la manière dont il avait été entraîné vers la libre pensée. Puis il comprenait son égarement.

C'était tout.

A grand-peine, Struensee parcourut les cent quatre-vingt-six pages, écrites en ce danois qu'il ne lisait qu'en se forçant, et il n'y comprit rien.

Qu'est-ce que cherchait Guldberg ?

Quatre jours plus tard, celui-ci revint, demanda qu'on amène la petite chaise, s'assit et contempla le prisonnier sur son lit.

— J'ai lu, dit Struensee.

Guldberg ne répondit pas. Il resta seulement assis et parfaitement immobile puis, après un long silence, et d'une voix très basse mais distincte, il dit :

— Votre péché est immense. Votre verge a sali le trône du pays, vous devriez la couper et la jeter loin de vous avec aversion, mais vous avez aussi d'autres péchés sur la conscience. Le pays a été livré au désordre, seuls Dieu et Sa Grâce toute-puissante ont pu nous sauver. Le Danemark est sauvé désormais. Vos décrets sont révoqués dans leur totalité. Un gouvernement ferme dirige le pays. Vous allez maintenant, par écrit, avouer l'infâme et fautive intimité que vous avez entretenue avec la reine, avouer votre culpabilité. Ensuite, sous la conduite du pasteur Balthasar Münter, allemand comme vous, vous composerez par écrit une explication dans laquelle vous décrirez votre conversion, et direz à quel point vous prenez désormais position contre toutes les idées hérétiques des Lumières et confessez votre amour pour notre Sauveur Jésus-Christ.

— C'est tout ? demanda Struensee avec ce qu'il estimait être de l'ironie maîtrisée.

— C'est tout.

— Et si je refuse ?

Guldberg était assis là, petit et gris, le regardant sans cesse, et comme toujours sans cligner des yeux.

— Vous ne refuserez pas. Et, puisque vous allez être disposé à cette conversion, pour devenir par là même un pieux exemple, à l'instar de celui que je décris dans mon modeste ouvrage, je veillerai personnellement à ce que votre petite bâtarde ne soit pas blessée. Ni exécutée. Que tous ceux, et ils sont nombreux !!! qui désirent l'empêcher de prétendre au trône du Danemark n'arrivent pas à leurs fins.

Alors Struensee avait enfin compris.

— Votre fille, ajouta Guldberg plein d'aménité, est votre foi en l'éternité, n'est-ce pas ? N'est-ce pas là que les libres penseurs placent leur foi en la vie éternelle ? Qui n'existe qu'à travers les enfants ? Et votre vie éternelle n'existe qu'à travers cette enfant, n'est-ce pas ?

— Ils n'oseront pas tuer une enfant innocente.

— Ce n'est pas le courage qui leur manque.

Ils restèrent longtemps silencieux. Puis, avec une violence qui le surprit lui-même, Struensee s'écria :

— Et en quoi croyez-vous vous-même ? Que Dieu a élu Christian ?! ou le prince héritier baveux ??!

Sur quoi, avec un calme absolu, Guldberg répondit :

— Puisque vous allez mourir. Sachez que je ne partage pas votre opinion selon laquelle ces "pauvres Altesses minables" – c'est bien ce que vous sous-entendez, non ! – ne seraient pas incluses dans la Grâce de Dieu. Sachez que mon opinion est que ces petits êtres ont aussi une tâche qui leur a sans doute été attribuée exclusivement. Pas à des êtres beaux, admirés, passionnés et orgueilleux comme vous. Qui les considèrent comme de pauvres minables.

— Loin de moi cette idée !!! s'exclama alors violemment Struensee.

— Et ! et que Dieu m'a donné pour tâche de les protéger des représentants du Mal, dont vous faites partie. Et que ma tâche, ma tâche historique, est de sauver le Danemark.

A la porte, il avait ajouté :

— Pensez-y. Demain on vous montrera les machines.

Ils le conduisirent aux salles où étaient rangées les machines, celles utilisées lors des "interrogatoires sévères".

Un capitaine des gardes fit office de guide, et expliqua soigneusement le fonctionnement des divers instruments. Il mentionna aussi des cas où l'accusé, après quelques minutes seulement de traitement, était disposé à coopérer, mais il précisa que le règlement imposait que tout interrogatoire sévère entamé se poursuive jusqu'au bout. C'étaient les règles, et il importait que les deux parties les connaissent : sinon, on courait toujours le risque que l'interrogé s'imagine pouvoir immédiatement interrompre la torture s'il le désirait. Mais ce n'était pas à l'interrogé qu'il revenait de décider de la durée de l'interrogatoire sévère. Celui-ci ne pouvait pas être abrégé une fois qu'il avait commencé, même pas par des aveux complets ; telle était la décision de la commission des interrogatoires, et elle était fixée à l'avance.

Après la visite de l'exposition des instruments, Struensee fut reconduit dans sa cellule.

Dans la nuit qui avait suivi, il était resté éveillé et, par moments, il s'était mis à pleurer.

La longueur des chaînes l'empêchait de se précipiter contre le mur, tête la première.

Il était totalement pris au piège, et il le savait.

Le lendemain, on lui demanda si un certain pasteur Münter pouvait lui rendre visite, un directeur de conscience qui s'était dit prêt à lui servir de guide et à noter le récit de sa conversion.

Struensee répondit que oui.

Dans sa cellule, on affecta à Brandt le pasteur Hee. Brandt se déclara immédiatement disposé à coopérer pleinement à un écrit de conversion ainsi qu'à une déclaration publique de totale conversion, dans laquelle il témoignerait de son repentir et se jetterait dorénavant aux pieds de Jésus-Christ notre Sauveur.

Sans qu'on le lui ait demandé, il se déclara aussi désireux de prendre position contre toutes les idées des Lumières, et tout particulièrement les pensées défendues par un certain Voltaire. Pour ce qui concernait ce monsieur, il pouvait en parler avec d'autant plus de raisons qu'il avait eu l'occasion, ceci avant le voyage en Europe du roi, de rendre visite à Voltaire, et qu'il avait habité chez lui pendant quatre jours. Ils n'avaient cependant pas abordé les idées des Lumières, mais en étaient restés à des discussions sur l'esthétique au théâtre, sujet qui intéressait bien plus Brandt que la politique. Le pasteur Hee ne désira pas obtenir davantage d'informations sur ces entretiens à propos de théâtre, mais il se dit plus intéressé par l'âme de Brandt.

Brandt, par ailleurs, estimait qu'il avait peu de raisons d'être condamné.

Dans une lettre à sa mère, il l'assure que "personne ne peut m'en vouloir pendant longtemps. J'ai pardonné à tous, tout comme Dieu m'a pardonné."

Les premières semaines, il passa son temps à siffler et à chanter des airs d'opéra, occupation qu'il estimait naturelle considérant son titre de "maître de plaisir", ou, selon l'expression plus tardive, de "ministre de la Culture".

Après le 7 mars, on lui rendit sa flûte traversière, et il ravit tout le monde en jouant sa musique.

Il considérait que sa libération n'était qu'une question de temps, et dans une lettre, écrite en prison, au roi Christian VII, il sollicita un poste dans l'administration préfectorale, "fût-il modeste".

Ce n'est que lorsque son avocat lui annonça que le premier point d'accusation contre lui, peut-être même l'unique, était qu'il avait physiquement blessé le roi, et ainsi outragé le pouvoir royal, qu'il parut frappé d'inquiétude.

C'était l'histoire du doigt.

Un détail si anecdotique qu'il l'avait pour sa part pratiquement oublié, mais il avait effectivement mordu l'index de Christian jusqu'au sang. Et aujourd'hui cette histoire refaisait surface. Il consacra par conséquent encore plus de forces à donner forme, avec l'aide du pasteur Hee, à son abandon de la libre pensée et à son aversion des philosophes français, et ce texte de conversion allait très vite être publié en Allemagne.

Dans un journal allemand parut en particulier une critique de cette confession de Brandt signée par un jeune étudiant de Francfort, nommé Wolfgang Goethe, à l'époque âgé de vingt-deux ans, qui dit toute son indignation devant ce qu'il appelle de l'hypocrisie religieuse et part du principe que cette conversion a été le résultat de tortures ou d'autres formes de pression. Ce n'était pas vrai dans le cas de Brandt ; mais, pour illustrer son article, le jeune Goethe, qui plus tard s'indigna aussi du sort réservé à Struensee, avait fait un dessin à l'encre de Chine représentant Brandt enchaîné dans sa cellule et, debout devant lui, le pasteur Hee qui, à grands gestes, lui enseigne la nécessité de la conversion.

En légende, il y avait un court poème satirique, ou une esquisse dramatique, peut-être le tout premier poème publié par Goethe, qui disait *in extenso* :

> *Propst Hee :*
> *— Bald leuchtest du O Graf im engelheitern Schimmer.*
> *Graf Brandt :*
> *— Mein lieber Pastor, desto schlimmer.*

Ce qui n'empêchait pas que la situation était sous contrôle.

Le contrôle physique des prisonniers était efficace : pied gauche enchaîné au bras droit par une chaîne d'environ deux pieds de longueur, et cette chaîne fixée au mur par une autre chaîne très lourde. Le contrôle juridique avait également été très vite mis en place. Un tribunal d'inquisition avait été instauré le 20 janvier, puis un organe décisionnel, la Commission d'Inquisition, qui finalement allait compter quarante-deux membres.

Un problème demeurait cependant. De toute évidence, Struensee devait et allait être condamné à mort. Mais un dilemme constitutionnel perturbait l'image.

Le dilemme était la petite putain anglaise.

Elle était incarcérée à Kronborg, son fils âgé de quatre ans, le prince royal, lui avait été enlevé, et considérant qu'elle "allaitait encore" on l'autorisait à garder la petite fille avec elle. La reine était cependant d'une tout autre trempe que les autres incarcérés. Elle n'avouait rien. Et elle était malgré tout la sœur du roi d'Angleterre.

On avait tenté quelques interrogatoires préliminaires. Ils n'avaient guère été encourageants.

La reine était le vrai problème.

On avait envoyé Guldberg, et une délégation de soutien composée de trois membres de la Commission, au château de Hamlet pour voir ce qui pourrait être fait.

La première rencontre avait été très brève et très formelle. La reine avait nié catégoriquement que Struensee et elle avaient eu des relations intimes et que l'enfant était de lui. Furieuse, tout en restant très formelle, elle avait exigé de pouvoir parler à l'ambassadeur anglais à Copenhague.

A la porte, Guldberg s'était retourné pour dire :

— Je vous le demande encore une fois : l'enfant est-elle de Struensee ?

— Non, avait-elle répondu, aussi sèchement qu'un coup de fouet.

Mais, soudain, la frayeur dans ses yeux. Et que Guldberg avait vue.

Ainsi s'était terminée la première rencontre.

Chapitre 17

CELUI QUI FOULE AU PRESSOIR

1

Les premiers interrogatoires de Struensee commencèrent le 20 février. Ils durèrent de dix heures à deux heures de l'après-midi, mais ne donnèrent rien.

Le 21 février, les interrogatoires reprirent, et on informa cette fois Struensee que l'on détenait une preuve de sa relation intime et immorale avec la reine. Les témoignages étaient irréfutables, fit-on valoir. Même les serviteurs les plus fidèles avaient témoigné ; s'il s'était imaginé entouré d'un cercle d'individus protecteurs prêts à plaider sa cause, il était temps pour lui de comprendre que ce cercle intime n'existait pas. Vers la fin des longs interrogatoires du troisième jour, et Struensee ayant demandé si la reine n'allait pas bientôt ordonner qu'on interrompe cette ignoble farce, on l'informa que la reine avait été mise aux arrêts et incarcérée à Kronborg, que le roi souhaitait entamer une procédure de divorce, et qu'en aucune manière, s'il avait pu l'envisager, Struensee ne pouvait compter sur un soutien de sa part.

Struensee les regarda, comme paralysé, puis il comprit. Et il s'effondra soudain en violents sanglots incontrôlables, et demanda à être reconduit dans sa cellule pour pouvoir réfléchir à la situation.

La Commission d'Inquisition le lui refusa, bien sûr, puisque l'on estimait que, Struensee ayant été déstabilisé, il était sur le point de passer aux aveux. Alors on décida de prolonger les interrogatoires de ce jour. Les pleurs de Struensee ne s'arrêtaient pas, il était au désespoir, et puis brusquement il avoua, "dans le plus grand désespoir et la plus grande prostration", qu'il avait effectivement entretenu une relation intime avec la reine, et que des rapports sexuels *("Beiwohnung")* avaient eu lieu.

Le 25 février, il signa des aveux complets.

La nouvelle se répandit vite dans toute l'Europe.

Indignation et mépris caractérisaient les commentaires. On condamnait la manière d'agir de Struensee, c'est-à-dire ses aveux, et non sa relation intime avec la reine. Un critique français, annonçant la chose, note : "Un Français l'aurait raconté au monde entier, mais n'aurait jamais rien avoué."

De toute évidence, Struensee avait maintenant signé son arrêt de mort.

Une délégation de quatre hommes fut dépêchée à Kronborg pour informer la reine des aveux écrits de Struensee. Selon les instructions, la reine n'aurait le droit de lire qu'une copie certifiée. Ils présenteraient l'original, pour lui permettre de vérifier l'authenticité de la copie, mais en aucun cas elle n'aurait la disposition matérielle de l'original ; il lui serait présenté, mais jamais livré à sa main.

On connaissait sa détermination, et l'on craignait sa fureur.

2

Assise à sa fenêtre, elle regardait le détroit d'Øresund qui, pour la première fois qu'elle vivait au Danemark, était pris par les glaces et couvert de neige.

La neige voletait souvent en minces bancs au-dessus de la glace, et c'était assez beau. Elle avait décidé que les tourbillons de neige au-dessus de la glace étaient beaux.

A part cela, désormais, elle ne trouvait pas grand-chose de beau dans ce pays. A vrai dire, tout y était laid, d'un gris glacial, et hostile, mais elle se concentrait sur ce qui pouvait être beau. Les tourbillons de neige sur la glace étaient beaux. Par moments, en tout cas, comme ce seul après-midi, quand le soleil avait percé et pour quelques minutes tout embelli.

Les oiseaux lui manquaient, cependant. Elle avait appris à les aimer de l'époque qui avait précédé Struensee, du temps où elle restait sur la grève et les regardait "engoncés dans leurs rêves" – c'était ainsi qu'elle l'avait formulé, plus tard quand elle en avait parlé à Struensee – et que parfois ils s'envolaient et disparaissaient dans la brume basse. Imaginer que les oiseaux rêvaient était devenu très important : qu'ils pouvaient avoir des secrets, qu'ils rêvaient et pouvaient aimer, de même que les arbres pouvaient aimer, et que les oiseaux "avaient des attentes" et des espoirs, et puis soudain s'envolaient et fouettaient du bout de leurs ailes la surface gris de mercure, et disparaissaient vers quelque chose. Quelque chose, une autre vie. C'était si beau de pouvoir penser ainsi.

Seulement, maintenant, il n'y avait plus d'oiseaux.

Elle se trouvait dans le château de Hamlet, et elle avait vu jouer *Hamlet* à Londres. Un roi fou y forçait son aimée à se suicider ; et elle avait pleuré quand elle avait vu cette pièce. Et, la première fois qu'elle était venue à Kronborg, le château lui avait paru immense. Maintenant, il ne lui paraissait pas immense. Il n'était qu'une chose épouvantable dans laquelle elle se trouvait emprisonnée. Elle haïssait *Hamlet*. Elle ne voulait pas que sa vie soit écrite selon une pièce de théâtre. Ce qu'elle voulait, c'était écrire elle-même sa vie. Ophélie était morte, prisonnière de l'amour, elle-même, de quoi était-elle prisonnière maintenant ? Etait-ce, comme Ophélie, d'un amour ? Oui, c'était d'un amour. Mais loin d'elle l'idée de devenir folle et de mourir. Elle comptait bien ne jamais, jamais sous aucun prétexte, devenir une Ophélie.

Elle ne voulait pas devenir du théâtre.

Elle haïssait Ophélie, et ses fleurs dans les cheveux et le sacrifice consenti de sa vie, et son chant dément qui n'était que ridicule. Je n'ai que vingt ans ; elle se le répétait sans cesse, elle n'avait que vingt ans et elle n'était pas prisonnière d'une pièce de théâtre danoise écrite par un Anglais, et elle n'était pas prisonnière de la maladie mentale d'un autre, et elle était encore jeune.

O keep me innocent, make others great. La plainte de l'Ophélie de *Hamlet.* Tellement ridicule.

Mais les oiseaux l'avaient abandonnée. Etait-ce un signe ?

Elle haïssait aussi tout ce qui ressemblait à un cloître.

La Cour était un cloître, sa mère était un cloître, la reine douairière était un cloître, Kronborg était un cloître. Dans un cloître, on était dénué de toute qualité. Holberg n'était pas un cloître, les oiseaux n'étaient pas un cloître, monter à cheval en habit d'homme n'était pas un cloître, Struensee n'était pas un cloître. Pendant quinze ans, elle avait vécu dans le cloître de sa mère et avait été dénuée de toute qualité, maintenant elle se trouvait à nouveau dans une sorte de cloître, entre les deux il y avait le règne de Struensee. Assise à la fenêtre, elle regardait les tourbillons de neige et essayait de comprendre ce qu'avait été le règne de Struensee.

C'était grandir, avoir été une enfant qui croyait avoir quinze ans, en avoir cent, et avoir appris.

Tout s'était passé en quatre ans.

D'abord l'horreur, avec ce petit roi fou qui l'avait saillie, puis la Cour complètement folle, comme le roi, ce roi qu'il lui était pourtant arrivé d'aimer ; non, ce n'était pas le mot juste. Pas aimer. Elle l'écarta. D'abord le cloître, puis les quatre ans. Les choses alors s'étaient passées vite ; elle avait compris qu'elle n'était pas dénuée de qualités et, le plus extraordinaire, elle leur avait montré – à eux !!! – qu'elle n'était pas dénuée de qualités, et ainsi leur avait appris à ressentir la peur.

La fille qui s'en allait pour leur apprendre à ressentir la peur.

Un jour, Struensee lui avait raconté un vieux conte allemand. L'histoire d'un garçon qui ne ressentait pas la peur ; il parcourait le vaste monde "pour la peur apprendre à connaître". L'expression avait cette rigidité allemande, et ce mystère. Elle avait trouvé le conte étrange, et s'en souvenait très peu.

Mais elle se souvenait du "garçon qui s'en allait pour la peur apprendre à connaître".

Il le lui avait raconté en allemand. Le garçon qui s'en allait pour la peur apprendre à connaître. Avec sa voix, et en allemand, la phrase était belle, presque magique. Pourquoi lui avait-il raconté ça ? Avait-il voulu transmettre quelque chose qui le concernait lui-même ? Un signe secret ? Après coup, elle s'était dit qu'il lui avait parlé de lui-même. Car il y avait un deuxième garçon, dans le conte. C'était le sage, le talentueux, le bon et aimé, mais que la peur paralysait constamment. La peur de tout, de tout le monde. Tout le terrorisait. Il était bourré d'excellentes qualités, mais la peur inhibait totalement celles-ci. Le garçon talentueux restait paralysé par la peur.

Mais le Frère Borné, lui, ne connaissait pas la peur.

C'était le Borné qui gagnait.

Quelle histoire Struensee avait-il réellement voulu lui raconter ? Une métaphore de sa propre histoire ? Ou voulait-il lui parler d'elle ? Ou de leurs ennemis, et de ce que vivre signifiait ; les conditions, les conditions dont ils disposaient, mais auxquelles ils ne voulaient pas s'adapter ? Pourquoi cette bonté ridicule au service de la bonté ? Pourquoi n'avait-il pas éliminé les ennemis, exilé, muté, pourquoi ne s'était-il pas adapté au grand jeu ?

Etait-ce parce qu'il avait peur du mal, si peur qu'il n'avait pas voulu s'en salir les doigts, que maintenant il avait tout perdu ?

Une délégation de quatre hommes était venue, l'avait informée que Struensee avait été jeté en prison, et qu'il avait avoué.

Ils l'avaient sans doute torturé. Elle en était presque sûre. Alors, bien sûr, il avait tout avoué. Struensee n'avait pas besoin de parcourir le vaste monde pour la peur apprendre à connaître. Fondamentalement, il avait toujours eu peur. Elle l'avait senti. Il n'aimait même pas exercer le pouvoir. Elle ne le comprenait pas. Pour sa part, n'avait-elle pas ressenti de la joie la première fois qu'elle s'était rendu compte qu'elle pouvait inspirer la terreur ?

Mais pas lui. Quelque chose de fondamental était déréglé en lui. Pourquoi étaient-ce toujours les hommes inappropriés qui étaient choisis pour faire le bien ? Dieu ne pouvait pas en être le responsable. C'était forcément le Diable qui choisissait les instruments du bien. Alors il prenait les nobles qui savaient ressentir la peur. Et si ces bons ne savaient ni tuer ni anéantir, alors le bien restait sans défense.

Quelle horreur ! En allait-il obligatoirement ainsi ? En allait-il ainsi qu'elle-même – qui ne ressentait aucune peur, et qui aimait exercer le pouvoir, et se réjouissait de les voir avoir peur d'elle – était de ces gens qui auraient dû réaliser la révolution danoise ?

Pas d'oiseaux là, dehors. Pourquoi n'y avait-il pas d'oiseaux, maintenant qu'elle avait besoin d'eux ?

Il lui avait raconté l'histoire d'un jeune garçon qui avait tout pour lui, sauf qu'il ressentait la peur. C'était le deuxième garçon du conte qui était le héros. C'était le mauvais, le méchant, le niais, celui qui ne ressentait pas la peur, qui était le vainqueur.

Comment pouvait-on vaincre le monde si on n'était que bon, et qu'on manquait du courage d'être mauvais ? Comment alors saurait-on glisser un levier sous la maison du monde ?

Hiver interminable. Tourbillons de neige sur l'Øresund.

Quand donc cela allait-il prendre fin ?

Elle avait vécu quatre ans. Moins que cela, en vérité. Cela avait commencé au Théâtre de la Cour, quand elle avait pris sa décision, et l'avait embrassé. N'était-ce pas au printemps 1770 ? Ce qui voulait dire qu'elle n'avait vécu que deux ans.

Comme c'était rapide de grandir. Comme c'était rapide de mourir.

Pourquoi fallait-il qu'elle aime justement Johann Friedrich Struensee, alors que le bon était condamné à sombrer, et que ceux qui ne ressentaient pas la peur devaient vaincre.

"O keep me innocent, make others great."

C'était il y avait si infiniment longtemps.

3

La délégation des quatre n'avait rien obtenu.

Quatre jours plus tard, Guldberg alla la voir.

Guldberg était venu seul, il avait fait signe aux gardiens de rester dehors. Il s'assit sur une chaise et la regarda droit dans les yeux, sans arrêt. Non, ce petit homme n'était pas un Rantzau, ni un lâche ni un traître, il ne fallait pas le sous-estimer, on ne plaisantait pas avec lui. Auparavant, elle l'avait trouvé quasiment grotesque dans sa petitesse grise ; mais on aurait dit qu'il avait changé, qu'est-ce qui avait changé ? Il n'était pas insignifiant. Cet homme était un adversaire dangereux pour sa vie et qu'elle avait sous-estimé. Maintenant, il était là, assis sur sa chaise, et ne cessait de la regarder en face. Il y avait quelque chose d'étrange dans ses yeux. On disait qu'il n'en clignait jamais, mais n'y avait-il pas autre chose ? Il lui parlait à voix basse, très calmement, il lui énonçait froidement que, maintenant, Struensee ayant avoué comme on venait de l'en informer récemment, le roi souhaitait divorcer, et qu'un aveu de sa part à elle était nécessaire.

— Non, lui répondit-elle avec le même calme.

— Dans ce cas, dit-il, Struensee a porté de fausses accusations contre la reine du Danemark. Sa peine doit donc être augmentée. Nous serons par conséquent obligés de le condamner à mourir après un long supplice.

Il la regarda très calmement.

— Espèce de porc, dit-elle. Et l'enfant ?

— Il y a toujours un prix à payer, dit-il. Payez !

— Ce qui veut dire ?

— Que la bâtarde doit être séparée de vous.

Elle savait qu'elle devait conserver son calme. L'enfant était en cause, il fallait qu'elle reste calme et pense avec lucidité.

— Il y a seulement une chose que je ne comprends pas, dit-elle de sa voix la plus assurée, qui lui parut pourtant frêle et tremblante, je ne comprends pas cette soif de vengeance. Comment est fait un homme comme vous ? Par Dieu ? Ou par le Diable ?

Il la regarda longuement.

— La débauche a son prix. Et ma tâche est de vous convaincre de signer des aveux.

— Mais vous ne m'avez pas répondu, dit-elle.

— Dois-je vraiment répondre ?

— Oui. Vous le devez.

Il sortit alors très doucement un livre de sa poche, le feuilleta pensivement, chercha, puis commença à lire. C'était la Bible. A vrai dire, il avait une belle voix, pensa-t-elle soudain, mais il y avait quelque chose de terrible dans cette tranquillité, ce calme, et le texte qu'il lisait. Il s'agit, dit-il, d'Isaïe, trente-quatrième chapitre, permettez-moi d'en lire un passage, dit-il, *Car c'est une colère de Yahvé contre toutes les nations,* commença-t-il sans attendre sa réponse, *une fureur contre toute leur armée. Il les a vouées à l'anathème, livrées au carnage. Leurs victimes sont jetées dehors, la puanteur de leurs cadavres se répand, les montagnes ruissellent de sang, toute l'armée des cieux se disloque. Les cieux s'enroulent comme un livre, toute leur armée se flétrit, comme se flétrissent les feuilles qui tombent de la vigne, comme se flétrissent celles qui tombent du figuier,* et il tourna la page avec lenteur, d'un air pensif, comme s'il appréciait la musique des mots, oh mon Dieu, pensa-t-elle, comment ai-je jamais pu croire que cet homme était insignifiant ? *Car mon épée s'est abreuvée dans les cieux : Voici qu'elle s'abat sur Edom, sur le peuple voué à l'anathème, pour le punir. L'épée de Yahvé est pleine de sang, gluante de graisse, du sang des agneaux et des boucs, de la graisse des rognons de béliers,* oui, et sa voix prenait progressivement de l'ampleur et elle ne put s'empêcher de le regarder avec quelque chose qui ressemblait à de la fascination, ou de la peur, ou les deux, *leur terre est abreuvée de sang, leur poussière engluée de graisse. Car c'est un jour de vengeance pour Yahvé, l'année de la rétribution, dans le procès de Sion. Ses torrents se changent en poix, sa poussière en soufre, son pays devient de la poix brûlante. Nuit et jour il ne s'éteint pas, éternellement s'élève la fumée, d'âge en âge il sera desséché, toujours et à jamais, personne n'y passera ; [...] De nobles, il n'y en a plus pour proclamer la royauté, c'en est fini de tous ses princes. Dans ses bastions croîtront les ronces, dans ses forteresses, l'ortie et l'épine ; ce sera une tanière de chacals, un enclos pour les autruches. Les chats sauvages rencontreront les hyènes, le satyre appellera le satyre, là encore se tapira Lilith, elle trouvera le repos,* oui, il continuait de la même voix calme et intense. Ce sont les mots du prophète, je ne lis ceci que pour donner un arrière-plan aux paroles du Seigneur sur le châtiment qui frappe ceux qui cherchent l'impureté et le pourrissement, l'impureté et le pourrissement, répéta-t-il en la regardant durement, et soudain elle vit ses yeux, non, ce n'était pas qu'ils ne clignaient pas, mais ils étaient clairs, presque bleu de glace, tels ceux d'un loup, ils étaient blancs et dangereux, et c'était cela qui avait fait peur à tout le monde, non pas qu'il ne clignait pas des yeux, mais que ses yeux soient d'un bleu de glace aussi insupportable que ceux des loups, et il continua de la même voix calme : Nous arrivons maintenant au passage que la reine douairière, sur mon conseil, a recommandé pour lecture dans les églises du pays dimanche prochain, pour remercier que le pays n'ait pas eu à partager le sort d'Edom, et je vais maintenant lire le chapitre soixante-trois du prophète Isaïe, il s'éclaircit la voix, porta à nouveau son regard sur la bible ouverte et lut le texte que le peuple du Danemark allait entendre le dimanche suivant. *Quel est donc celui qui vient d'Edom, de Boçra en habit éclatant, magnifiquement drapé dans son manteau, s'avançant dans la plénitude de sa force ? "C'est moi qui parle avec justice, qui suis puissant pour sauver." Pourquoi ce rouge à ton manteau, pourquoi es-tu vêtu comme celui qui foule au pressoir ? "A la cuve j'ai foulé solitaire, et des gens de mon peuple pas un n'était avec moi. Alors je les ai foulés dans ma colère, je les ai piétinés dans ma fureur, leur sang a giclé sur mes habits, et j'ai taché tous mes vêtements. Car j'ai au cœur un jour de vengeance, c'est l'année de ma rétribution qui vient. Je regarde : personne pour m'aider ! Je montre mon angoisse : personne pour me soutenir ! Alors mon bras est venu à mon secours, c'est ma fureur qui m'a soutenu. J'ai écrasé les peuples dans ma colère, je les ai brisés dans ma fureur, et j'ai fait ruisseler à terre leur sang."*

Puis il cessa de lire, et la regarda.

— Celui qui foule au pressoir, dit-elle, comme pour elle-même.

— Vous m'avez posé une question, dit Guldberg. Et je ne voulais pas éviter d'y répondre. Maintenant, c'est chose faite.

— Et alors ? chuchota-t-elle.

— Alors, voilà.

Un instant, elle s'était dit, tandis qu'elle regardait celui qui foulait au pressoir procéder dans sa lente lecture méthodique, que c'était peut-être d'un fouleur de raisin que Struensee aurait eu besoin à ses côtés.

Calme, tranquille, avec des yeux de loup bleu de glace, un manteau taché de sang et un sens du grand jeu.

Ça l'avait presque écœurée d'avoir cette pensée. Struensee n'aurait jamais été attiré par une telle idée. C'était de se sentir elle-même attirée qui lui avait donné la nausée. Etait-elle une Lilith ?

Y avait-il en elle un fouleur de raisin ?

Puis elle se dit que non, jamais. Sinon, où tout cela mènerait-il ? Où allaient-ils même déjà maintenant ?

Pour finir, elle signa.

Rien sur les origines de la petite fille. Mais sur l'infidélité ; et elle écrivit d'une main ferme, rageuse, et sans détails ; elle avouait dans cette affaire "la même chose qu'avait avouée le comte Struensee".

Elle écrivit d'une main ferme, et pour qu'il ne soit pas lentement torturé jusqu'à ce que mort s'ensuive pour l'avoir accusée de mensonge, et ainsi d'avoir offensé le pouvoir royal, et parce qu'elle savait qu'il devait avoir une peur effroyable de cela ; la seule chose qu'elle était cependant en mesure de penser était *mais les enfants, les enfants, le garçon est grand, mais la petite, que je dois allaiter, et ils vont l'emmener, les loups vont les encercler, et comment cela va-t-il se terminer, et ma petite Louise, ils vont me la prendre, qui va l'allaiter, qui va l'entourer de son amour au milieu de ces fouleurs de raisin*.

Elle signa. Et elle savait qu'elle n'était plus la fille courageuse qui ne connaissait pas la peur. La peur avait fini par la chercher, la peur l'avait trouvée, et elle savait finalement ce qu'était la peur.

4

Keith, l'envoyé anglais, fut enfin autorisé à rendre visite à la reine emprisonnée.

Le problème avait été soulevé à plus haut niveau. Le grand jeu avait commencé, le grand jeu qui cependant ne concernait pas les deux comtes emprisonnés, pas plus que les pécheurs de second ordre qu'on avait arrêtés en même temps. Ces derniers furent relâchés et exilés, tombèrent en disgrâce ou furent gratifiés de petits fiefs, excusés et dotés de pensions.

Les pécheurs de second ordre disparurent sans faire de bruit.

Reverdil, le réformateur prudent, le précepteur de Christian, le garde d'enfant et conseiller adoré du garçon, tant que des conseils avaient encore pu être donnés, fut également exilé. Il resta consigné une semaine mais attendit en toute sérénité. Des dépêches contradictoires étaient en effet parvenues. Pour finir, une lettre d'expulsion exubérante et polie l'exhorta à retourner dans sa patrie au plus tôt, pour y trouver le calme.

Il avait compris. Il quitta très lentement le centre de la tempête car, comme il l'écrit, il ne voulait pas donner l'impression de s'enfuir. Il disparaît ainsi de l'histoire, progressivement, retenu dans sa fuite, renvoyé une nouvelle fois, maigre et bossu, triste et lucide, son espoir tenace encore en tête, il disparaît comme la très lente rougeur du soir. L'image n'est pas bonne, mais elle convient à Elie Salomon François Reverdil. Peut-être l'aurait-il utilisée, s'il avait encore décrit la lenteur en tant que vertu qu'il affectionnait : celle des révolutions prudentes, des lentes retraites, de l'aurore et du crépuscule des Lumières.

Le grand jeu ne concernait pas les personnages secondaires.

Le grand jeu concernait la petite putain anglaise, la petite princesse, la reine couronnée du Danemark, la sœur de George III, la femme des Lumières sur le trône danois, tant appréciée par Catherine de Russie ; c'est-à-dire la petite Caroline Mathilde emprisonnée, en larmes, totalement perplexe et furieuse à la fois.

Cette Lilith. Cet ange du Diable. Néanmoins la mère des deux enfants royaux, ce qui lui conférait un certain pouvoir.

L'analyse de Guldberg avait été claire comme de l'eau de roche. On avait obtenu son aveu d'infidélité. Un divorce s'imposait pour empêcher toute prétention au trône de sa part à elle ou de la part de ses enfants. Le groupe régnant autour de Guldberg était maintenant, ce dernier l'admettait, exactement dans la même situation que Struensee, à savoir totalement dépendant de la légitimation du roi aliéné. Dieu avait octroyé le pouvoir. Mais Christian était encore le doigt de Dieu qui donnait l'étincelle de la vie, de la grâce et du pouvoir à qui possédait la force de s'emparer du vide obscur du pouvoir qu'avait occasionné la maladie du roi.

Le médecin du roi était passé en visite dans ce vide, et il l'avait empli. Aujourd'hui, il n'était plus là. D'autres venaient par conséquent rendre visite à ce vide.

Dans le fond, la situation restait inchangée, quoique inversée.

Le grand jeu concernait maintenant la reine.

Christian avait reconnu la petite fille comme sienne. La déclarer bâtarde serait lui faire insulte, ce qui diminuerait la puissance de légitimation du nouveau régime. Si la fille était une bâtarde, on pouvait autoriser la mère à la garder ; il n'y avait alors aucune raison qu'on laisse la fille au Danemark. Il ne le fallait pas. Christian ne devait pas non plus être déclaré malade mental, pour les mêmes raisons ; dans ce cas, le pouvoir royal reviendrait à son fils légitime, donc indirectement à Caroline Mathilde.

Conséquence : l'infidélité devait être établie. Un divorce devait avoir lieu.

La question était de savoir comment le monarque anglais allait réagir à cette offense envers sa sœur.

D'où une période floue ; guerre ou pas guerre ? George III fit armer une escadre importante en prévision d'une attaque du Danemark si les droits de Caroline Mathilde étaient bafoués. Simultanément, pourtant, les journaux et pamphlets anglais commencèrent à divulguer des extraits des aveux de Struensee. La liberté notoire de la presse anglaise était admirable, et la fantastique histoire du médecin allemand et de la petite reine anglaise irrésistible.

Mais une guerre, pour ça ?

Il apparut, au fil des semaines, de plus en plus difficile de se lancer dans une grande guerre pour cause d'atteinte à l'honneur national. L'infidélité de Caroline Mathilde rendait incertain le soutien public. Nombre de guerres avaient démarré sur des prémisses moins importantes et plus étranges, mais cette fois, l'Angleterre hésitait.

On aboutit à un compromis. La reine échapperait à l'internement à vie prévu à Aalborghus. Le divorce serait prononcé. Les enfants lui seraient retirés. Elle serait bannie à vie du Danemark, et se verrait forcée de séjourner de plein gré mais sous contrôle dans un des châteaux des possessions allemandes de la couronne d'Angleterre, à Celle, dans le Hanovre.

Elle conserverait son titre de reine.

Le 27 mai 1772, une petite escadre anglaise, constituée de deux frégates et d'un sloop royal, faisait son entrée dans le port d'Elseneur.

Le jour même, l'enfant lui fut retirée.

Ils lui avaient annoncé la veille seulement que la remise de l'enfant aurait lieu le lendemain, mais elle l'avait compris depuis longtemps, seule l'incertitude du moment choisi l'avait emplie d'angoisse. Elle n'avait pas laissé tranquille la petite fille et l'avait sans cesse portée dans ses bras ; la fillette âgée maintenant de dix mois pouvait marcher pourvu qu'on lui tienne la main. La fillette était toujours de bonne humeur, et ces derniers jours, la reine n'avait permis à aucune des dames d'honneur de s'en occuper. L'enfant se lassant des jeux assez simples dont disposait la reine pour l'occuper, et s'occuper par la même occasion, les préoccupations vestimentaires en vinrent à jouer un rôle important. On pourrait dire un rôle presque maniaque, *j'ai avoué tout ce que j'ai fait de mal si seulement j'avais pu garder la petite et Dieu toi qui es un fouleur de raisin et je les vois venir avec leurs vêtements tachés de sang et ces loups vont maintenant s'en occuper*, mais souvent, sa manière d'habiller et de déshabiller l'enfant, tantôt parce que c'était nécessaire, tantôt inutilement, semblait être une sorte de cérémonie, ou d'exorcisme, afin de conquérir à jamais les faveurs de la petite ; dans la matinée du 27 mai, quand la reine avait vu les trois navires jeter l'ancre dans la rade, elle avait changé les vêtements de la petite une dizaine de fois, c'était absurde, et aux protestations des dames d'honneur elle n'avait opposé que de violents accès de colère et de larmes.

A l'arrivée de la délégation envoyée par le nouveau gouvernement danois, la reine perdit la tête. Elle se mit à hurler désespérément, refusa de laisser l'enfant, et seules les fermes exhortations de la délégation l'engageant à ne pas effrayer la petite innocente mais à garder au contraire dignité et résolution l'amenèrent à interrompre ses pleurs hachés, *mais cette humiliation oh si je pouvais être en cet instant un fouleur de raisin mais la fille.*

On finit par réussir à lui arracher l'enfant, sans blesser ni l'enfant ni la reine elle-même.

Ensuite, elle resta comme d'habitude à la fenêtre, le visage apparemment calme et inexpressif tourné vers le sud, vers Copenhague.

Tout était vide. Pas de pensées. La petite Louise était abandonnée à la meute de loups danois.

5

Le 30 mai, à six heures de l'après-midi, l'extradition eut lieu. Les officiers anglais, escortés par une garde de cinquante matelots anglais en armes, mirent pied à terre pour embarquer Caroline Mathilde.

La rencontre avec les soldats danois en faction à Kronborg fut étonnante. Les officiers anglais ne saluèrent pas la garde danoise selon les formes habituelles, n'échangèrent pas le moindre mot avec les courtisans ou les officiers danois, ne leur opposèrent au contraire que froideur et le mépris le plus total. Ils formèrent une garde d'honneur autour de la reine, la saluèrent avec les marques du plus grand respect, des salves furent tirées des navires.

Elle traversa le port entre des rangs de soldats anglais présentant les armes.

Puis elle monta à bord du sloop anglais qui l'emmena jusqu'à sa frégate.

La reine restait très calme et maîtresse d'elle-même. Elle discuta aimablement avec ses compatriotes qui, par leur mépris, souhaitaient montrer aux gardes danois leur désapprobation de la manière dont elle était traitée. Ils l'entourèrent de quelque chose qu'on n'aurait pu décrire en termes militaires, mais qui était peut-être de l'amour.

Ils avaient sans doute décidé qu'elle était après tout leur petite fille. Quelque chose comme ça. C'est ce qu'expriment toutes les descriptions de ce départ.

On lui avait fait du mal. Ils tenaient à montrer aux Danois leur mépris.

Elle avança, calme et déterminée, entre les rangs de matelots anglais présentant les armes. Pas de sourire, mais pas de larmes non plus. Ainsi son départ du Danemark fut-il différent de son arrivée. A l'époque, elle avait pleuré, sans savoir pourquoi. Maintenant, elle ne pleurait pas, alors qu'elle ne manquait pas de raisons ; mais telle était sa décision.

Ils vinrent la chercher, avec les honneurs militaires, affichant du mépris pour ceux qu'elle quittait, et avec amour. Voilà comment les choses se passèrent quand la petite Anglaise fut ramenée de sa visite au Danemark.

Chapitre 18

LE FLEUVE

1

Le jour de la vengeance et de Celui qui foule au pressoir allait venir.

Pourtant, quelque chose dans tout ceci, au demeurant très attirant, paraissait erroné. Guldberg ne comprenait pas quoi. Le texte du prêche avait été lu dans les églises, donnant lieu à des interprétations plus effroyables les unes que les autres ; Guldberg avait estimé juste qu'il en aille ainsi, lui-même avait choisi le texte en conséquence, un texte juste, et la reine douairière avait abondé dans son sens, le jour du jugement et de la vengeance était arrivé, *j'ai écrasé les peuples dans ma colère, je les ai brisés dans ma fureur, et j'ai fait ruisseler à terre leur sang*, les mots étaient justes, justice serait faite. Pourtant, quand il avait lu le texte à la petite putain anglaise, cela avait été horrible. Pourquoi l'avait-elle regardé de cette manière ? Elle avait introduit la contagion du péché au royaume du Danemark, il en était convaincu, elle était Lilith, *les chats sauvages rencontreront les hyènes, le satyre appellera le satyre, là encore se tapira Lilith, elle trouvera le repos*, elle méritait ceci, il savait bien qu'elle était Lilith, et elle l'avait obligé à s'agenouiller au pied de son propre lit, son pouvoir était grand, *et Seigneur, comment nous protéger de cette contagion du péché.*

Mais il avait vu son visage. Quand il avait levé les yeux du texte de la Bible, si juste et légitime, il n'avait vu que son visage et, depuis, ce visage avait tout occulté, et il n'avait pas vu Lilith mais seulement une enfant.

Cette soudaine innocence toute nue. Et puis l'enfant.

Deux semaines après la première rencontre avec la reine Caroline Mathilde, avant que soit rendu le jugement, Guldberg avait soudain été pris de désespoir. C'était la première fois de sa vie, mais il avait envie d'appeler cela du désespoir. Il ne trouvait pas d'autre terme.

Voici ce qui s'était passé.

Les interrogatoires de Struensee et de Brandt arrivaient maintenant à leur terme, la culpabilité de Struensee était certaine, la sentence ne pouvait être que la mort. Guldberg était alors allé voir la reine douairière.

Il lui avait fait part de ce qui serait le plus sage.

— Le plus sage, avait-il commencé, le plus sage d'un point de vue politique ne serait pas une condamnation à mort mais un jugement quelque peu plus clément…

— L'impératrice de Russie, l'avait interrompu la reine douairière, souhaite une grâce, il n'est nul besoin de m'en informer. Tout comme le roi d'Angleterre. Tout comme certains autres monarques atteints par la contagion des Lumières. J'ai cependant une réponse à apporter.

— Qui est ?

— Non.

Elle était restée inflexible. Elle s'était soudain mise à parler du grand incendie de prairie de la pureté, qui allait balayer le monde et tout anéantir, tout ce qui avait été le règne de Struensee. Alors, point de place pour la pitié. Puis elle avait continué ainsi, et il l'avait écoutée, tout semblait être un écho de ce que lui-même avait dit *mais oh mon Dieu n'y a-t-il donc vraiment point de place pour l'amour ou n'est-il lui-même que souillure et dépravation* et il ne put qu'acquiescer. Puis il s'était remis à parler de ce qui était sage et raisonnable, et de l'impératrice de Russie et du roi d'Angleterre, et des risques de conséquences graves, sauf que ce n'était peut-être pas ce qu'il voulait dire mais *pourquoi devons-nous nous écarter de ce qui est appelé amour, ne fait-il donc que punir comme l'amour du fouleur de raisin* et la reine douairière ne l'avait pas écouté.

Il avait senti quelque chose qui ressemblait à de la faiblesse grandir en lui et le désespérer. Telle était la cause de son désespoir.

La nuit, il était resté longuement éveillé en fixant cette obscurité dans laquelle se trouvait le Dieu vengeur, et la grâce, et l'amour, et la justice. C'était alors que le désespoir s'était emparé de lui. Il n'y avait rien, là, dans l'obscurité, il n'y avait rien, que du vide, et un grand désespoir.

Quelle sorte de vie était-ce, avait-il pensé, quand la justice et la vengeance triomphent et que, dans l'obscurité, je n'arrive pas à voir l'amour de Dieu, mais rien que du désespoir, et du vide ?

Le lendemain, il s'était ressaisi.

Il avait alors rendu visite au roi.

Christian, pour sa part, semblait avoir tout abandonné. Il avait peur de tout, restait tremblant dans son appartement, ne mangeait qu'à contrecœur la nourriture qu'on lui apportait, et ne parlait qu'au chien.

Moranti, le page nègre, avait disparu. Peut-être au cours de la nuit vengeresse, quand il avait essayé de se protéger sous un drap, comme Christian le lui avait appris, mais quand néanmoins il n'avait pas pu s'enfuir, peut-être avait-il abandonné, cette nuit-là, ou voulu retourner vers quelque chose que personne ne connaissait. Ou bien avait-il été tué au cours de la nuit où Copenhague avait explosé, quand une rage incompréhensible s'était emparée de tous et que tous avaient compris que quelque chose venait de s'achever, et que la colère devait trouver un exutoire quelconque, pour des raisons que personne ne comprenait, mais que cette colère existait et qu'il fallait que cette vengeance fût assouvie. Il avait disparu de l'histoire. Christian avait lancé des recherches, mais sans résultat.

Il ne lui restait plus maintenant que le chien.

Alarmé par des rapports sur l'état du roi, Guldberg avait voulu vérifier par lui-même ce qu'il en était du monarque. Il entra chez Christian et lui parla avec amabilité et calme, l'assurant que toutes les tentatives d'attenter à la vie de Sa Majesté étaient maintenant écartées, et qu'il pouvait se sentir en sécurité. Un moment plus tard, en chuchotant, le roi commença à "confier" certains secrets à Guldberg.

Autrefois, dit-il à Guldberg, il avait nourri certaines idées fausses, comme par exemple que sa mère, la reine Louise, avait eu un amant anglais qui était son père. Et d'autres fois, il s'était imaginé que la Grande Catherine de Russie était sa mère. Sa conviction restait cependant que, d'une manière ou d'une autre, il avait été "échangé". Il devait être l'enfant "échangé" d'un paysan. Il utilisa constamment ce mot d'"échangé", qui semblait signifier soit qu'une méprise avait eu lieu, soit qu'il avait sciemment été échangé.

Désormais, il avait cependant acquis une certitude : la reine, Caroline Mathilde, était sa mère. Qu'elle soit emprisonnée à Kronborg était pour lui particulièrement effrayant. Pourtant, manifestement elle était sa mère.

Guldberg écoutait, de plus en plus alarmé et perplexe.

A son actuelle "sécurité", ou plus exactement à l'image très certainement aliénée qu'il avait de lui-même, Christian semblait mêler des éléments du récit d'Amleth issus des *Gesta Danorum* de Saxo Grammaticus. Christian ne pouvait en effet pas connaître le *Hamlet* de Shakespeare, que Guldberg, lui, connaissait bien. La pièce n'avait pas été jouée au cours du séjour à Londres et il n'y avait pas encore eu de représentation au Danemark.

La confusion de Christian et son étrange délire sur ses origines n'étaient pas nouveaux. Depuis le printemps 1771, son état empirait. Tout le monde savait désormais qu'il vivait la réalité comme du théâtre. Mais si désormais il s'imaginait participer à une représentation théâtrale dans laquelle Caroline Mathilde était sa mère, Guldberg pouvait commencer à se demander avec inquiétude quel rôle il donnait à Struensee.

Et comment Christian lui-même comptait agir dans cette pièce de théâtre réelle. A quel texte il allait se référer, et quelle interprétation il allait suivre ? Quel rôle pensait-il s'attribuer ? Qu'un malade mental croie participer à une représentation théâtrale n'avait rien d'exceptionnel. Mais cet acteur-là ne considérait pas la réalité comme un symbole, ni telle quelle, et il n'était pas non plus dénué de pouvoir, il avait le pouvoir de faire du théâtre de la réalité. On en était encore au stade où un ordre et une directive de la main du roi devaient être obéis. Il détenait formellement tout le pouvoir.

S'il advenait qu'il aille voir sa "mère" adorée, et qu'elle le manipule, tout devenait possible. Eliminer un Rosenkrantz, un Gyldenstern ou un Guldberg n'était que trop facile.

— J'aurais aimé, dit Guldberg, pouvoir conseiller Votre Majesté dans cette question extrêmement complexe.

Christian baissa alors simplement les yeux sur ses pieds, il retira ses souliers, et dit dans un murmure :

— Si seulement la Maîtresse de l'Univers était ici. Si seulement elle était ici, et pouvait. Et pouvait.

— Pouvait quoi ? demanda Guldberg.

— Pouvait me donner de son temps, chuchota Christian.

Guldberg se retira alors. Il ordonna que la surveillance du roi soit renforcée, et qu'en aucune circonstance il ne puisse avoir de contact avec qui que ce soit sans son autorisation écrite à lui, Guldberg.

Et ce fut avec soulagement qu'il sentit que sa faiblesse passagère avait cédé, que son désespoir était parti, et qu'il pouvait désormais agir de manière sensée.

2

Selon les instructions du gouvernement, le pasteur de la paroisse allemande de Saint-Pierre, le docteur en théologie Balthasar Münter, était passé voir Struensee dans sa prison pour la première fois le 1er mars 1772.

Six semaines s'étaient écoulées depuis la nuit où Struensee avait été arrêté. Et lentement il s'était effondré. Il y avait eu deux effondrements, le petit tout d'abord, devant la Commission d'Inquisition, quand il avait avoué et livré la reine. Puis le grand, intérieur.

Au début, après l'effondrement dans le tribunal d'inquisition, il n'avait rien ressenti, sinon du désespoir, et un vide, mais ensuite la honte était venue. Une honte et une culpabilité qui s'étaient emparées de lui comme un cancer et le rongeaient de l'intérieur. Il avait avoué, il avait exposé la reine à la plus grande humiliation ; qu'allait-il advenir d'elle, maintenant ? Et de l'enfant. En proie au plus intense désarroi, il n'avait pu parler avec personne, il n'avait à sa disposition que la Bible et détestait l'idée de se reposer sur elle. A trois reprises déjà il avait lu le livre de Guldberg sur le libre penseur converti avec bonheur, et chaque fois l'ouvrage lui avait paru plus naïf et plus présomptueux. Mais il n'avait personne à qui parler, et la nuit et le froid étaient mordants et les chaînes grignotaient autour de ses chevilles et de ses poignets des plaies suppurantes ; mais ça ne venait pas de là.

Ça venait du silence.

Autrefois, on l'avait baptisé "le Taciturne", parce qu'il écoutait, mais maintenant il comprenait ce qu'était le silence. C'était un animal menaçant à l'affût. Les sons avaient cessé d'être.

C'était alors que le pasteur était passé.

Chaque nuit, il avait l'impression de dériver plus loin dans ses souvenirs.

Il dérivait loin, jusqu'à Altona, et plus loin encore : jusqu'à son enfance à laquelle il n'avait presque jamais voulu penser, mais maintenant ça refaisait surface. Il dérivait vers le désagréable, vers le foyer pieux et la mère qui n'avait pas été sévère mais débordante d'amour. Lors d'une des premières rencontres, le pasteur avait apporté une lettre du père de Struensee, dans laquelle son père exprimait son désespoir, "ta promotion, dont nous avons entendu parler par les gazettes, ne nous a pas réjouis", et maintenant, ajoutait-il, leur désespoir était infini.

La mère avait ajouté quelques mots sur le chagrin et la compassion ; mais le vrai sens de cette lettre était que seules une conversion totale et une soumission à Jésus-Christ notre Sauveur et à Sa Grâce pourraient le sauver.

C'était insupportable.

Assis sur une chaise, le pasteur le regardait calmement et, d'une voix mesurée, il avait décortiqué son problème en structures logiques. La compassion n'était pas absente de son attitude. Le pasteur avait remarqué ses plaies et avait été outré par ce traitement cruel, et il lui avait permis de pleurer. Mais dès que le pasteur Münter avait ouvert la bouche, Struensee avait ressenti cet étrange sentiment d'infériorité qui disait qu'il n'était pas un penseur, pas un théoricien, rien qu'un médecin d'Altona et qui avait toujours désiré garder le silence.

Et qu'il n'était pas à la hauteur.

Ce qui prévalait cependant était que ce petit pasteur, avec son visage maigre et acéré et ses yeux calmes, formulait des questions qui reléguaient le pire en retrait. Le pire n'était ni la mort, ni les douleurs, ni que peut-être on allait le torturer jusqu'à ce que mort s'ensuive. Le pire était une autre question qui le dévorait de l'intérieur, nuit et jour.

Quelle a été mon erreur ? C'était cela, la pire des questions.

Une fois, presque en passant, le pasteur avait frôlé cela. Il avait dit :

— Comte Struensee, comment pouviez-vous, de votre cabinet de travail, dans cet isolement, savoir ce qui était juste ? Pour quelle raison pensiez-vous détenir la vérité, alors que vous ne connaissiez pas la réalité ?

— J'avais travaillé, avait répondu Struensee, de nombreuses années à Altona, et je connaissais la réalité.

— Oui, avait dit le pasteur Münter après un moment de réflexion. En tant que médecin à Altona. Mais les six cent trente-deux décrets ?

Et, après un silence, il avait ajouté, presque avec curiosité :

— Qui était chargé du travail préparatoire ?

Et Struensee avait répondu, presque en souriant :

— Un fonctionnaire fidèle à son devoir prépare toujours des bases solides, fût-ce pour les plans de son propre supplice.

Le pasteur avait hoché la tête, comme s'il avait trouvé l'explication à la fois juste et évidente.

Mais il n'avait pas commis d'erreur.

De son cabinet de travail, il avait réalisé la révolution danoise, calmement et tranquillement, il n'avait pas assassiné, pas emprisonné, pas forcé, pas exilé, n'avait pas été corrompu ni n'avait récompensé ses amis ni ne s'était octroyé des avantages ni n'avait souhaité ce pouvoir pour d'obscures raisons égoïstes. Mais il avait dû commettre une erreur quand même. Et dans ses cauchemars nocturnes revenait constamment le voyage chez les paysans danois opprimés, et l'incident du garçon mourant sur le cheval de bois.

Là. Il y avait là quelque chose qui ne voulait pas lâcher prise.

Ce n'était pas le fait qu'il avait eu peur de la foule qui affluait. C'était plutôt qu'il s'agissait de la seule fois où il avait été proche d'eux. Mais il avait fait volte-face, et s'était mis à courir derrière la voiture dans la nuit et la boue.

En fait, il s'était trompé lui-même. Il avait souvent regretté de ne pas avoir achevé le voyage européen à Altona. Mais, à dire vrai, il l'avait bien interrompu dès Altona.

Il avait dessiné des visages d'hommes dans les marges de sa thèse de doctorat. Il y avait là quelque chose d'important qu'il semblait avoir oublié. Voir le mécanisme, et le grand jeu, et ne pas oublier les visages des gens. Etait-ce cela ?

Il fallait occulter ça. Le petit pasteur logique lui offrait donc une autre question. C'était la question de l'éternité, si elle existait, et il tendit la main avec reconnaissance au petit pasteur et accepta le cadeau.

Ainsi évitait-il l'autre question, la pire. Et il en éprouva de la reconnaissance.

Vingt-sept fois, le pasteur Münter alla rendre visite à Struensee dans sa prison.

Lors de la deuxième visite, il avait dit qu'il avait maintenant acquis la certitude que Struensee allait être exécuté. Le problème intellectuel qui se posait était alors le suivant : si la mort signifiait un anéantissement – eh bien, d'accord, la question était réglée. Alors l'éternité n'existait pas, ni Dieu, ni ciel ou châtiment éternel. Alors qu'importaient les directions que pouvaient prendre les réflexions de Struensee ces dernières semaines. Par conséquent ! primo : Struensee devait se concentrer sur la seule possibilité qui restait, qui était qu'il existait une vie après la mort, et secundo : examiner quelles possibilités il y avait de tirer le plus de bien de cette seule possibilité restante.

Il avait humblement demandé à Struensee s'il abondait dans le sens de cette analyse, et Struensee était resté longtemps silencieux, avant de demander :

— Et si cette deuxième possibilité est réelle, reviendrez-vous alors souvent, pasteur Münter, pour qu'ensemble nous puissions l'analyser ?

— Oui, avait dit Münter. Tous les jours. Et plusieurs heures chaque jour.

Ainsi avaient commencé leurs entretiens. Et ainsi avait commencé l'histoire de la conversion de Struensee.

Les deux cents pages et plus de l'ouvrage sur la conversion sont rédigées sous forme de questions et de réponses. Struensee lit la Bible avec assiduité, tombe sur des problèmes, désire des réponses, obtient celles-ci. *"Dites-moi, comte Struensee, que trouvez-vous de choquant, dans ce passage ? Eh bien, lorsque le Christ dit à sa mère : Femme, que me veux-tu ? il y a là selon moi un certain manque de cœur, et, si j'ose utiliser le mot, une certaine indécence."* Suit l'analyse très détaillée du pasteur, dont on ne sait trop si elle a été dictée telle quelle à Struensee ou notée par la suite. Mais des pages et des pages de réponses théologiques minutieuses. Puis une brève question, et une réponse détaillée et, en fin de journée et à la suite des notes du compte rendu, l'assurance que le comte Struensee a parfaitement compris le sujet.

De brèves questions, de longues réponses, et une entente finale. Pas un mot sur l'activité politique de Struensee.

Cette confession de conversion fut publiée, dans de nombreuses langues.

Personne ne connaît exactement le contenu des conversations. Le pasteur Münter s'attela pendant des jours, penché sur son carnet de notes. Puis l'ensemble allait être publié, et devenir très célèbre : puisqu'il s'agit des excuses d'un célèbre libre penseur et homme des Lumières.

Münter notait. La reine douairière intervint plus tard sur le texte, donna son avis et censura quelques passages.

Après cela, il put être publié.

Le jeune Goethe fut outré quand il le lut. Nombre d'autres furent outrés. Pas à cause de la conversion, mais du fait qu'elle avait été obtenue sous la torture. Cela n'était pourtant pas vrai, jamais il ne renonça à ses idées des Lumières ; mais il semblait se jeter dans les bras du Sauveur et se cacher dans ses plaies avec joie. Ceux qui parlaient d'abandon et d'hypocrisie obtenus par la torture ne pouvaient guère imaginer ce qui s'était passé en réalité ; ce calme pasteur Münter, compatissant et analysant de sa voix basse, dans son allemand doux et mélodieux, en allemand, enfin en allemand ! qui discutait avec lui et lui évitait le plus difficile : pourquoi il avait échoué dans ce monde, et qui lui parlait de l'éternité, qui représentait à la fois la légèreté et l'indulgence. Et tout cela dans la langue allemande qui, par moments, semblait ramener Struensee en arrière vers un point de départ sécurisant et chaud, incluant l'université de Halle, sa mère et ses recommandations et la piété et les lettres du père, et le fait qu'ils allaient maintenant apprendre que leur fils reposait dans les plaies du Christ, et leur joie, et Altona et les applications de ventouses et les amis de Halle et tout, tout ce qui semblait aujourd'hui perdu.

Mais qui avait existé, et que réveillaient ces jours et ces heures en compagnie du pasteur Münter, sur la chaise, devant lui, dans cette Copenhague glaciale et effrayante qu'il n'aurait jamais dû venir visiter, et où maintenant seuls ces entretiens logiques, intellectuels, théologiques de quelques heures pouvaient libérer "le Taciturne", le médecin d'Altona, de la peur qui était sa faiblesse, et en fin de compte peut-être sa force.

3

La sentence contre Struensee fut signée par la Commission le samedi 25 avril.

Le motif n'était pas qu'il avait forniqué avec la reine, mais qu'il avait systématiquement œuvré à satisfaire son ambition de régner, et avait supprimé le Conseil des ministres, et que c'était sa faute si Sa Majesté, qui aimait tant son peuple, avait perdu la confiance en son Conseil des ministres, et que Struensee en outre avait été l'instigateur d'une suite de violences, d'intérêts personnels et de mépris pour la religion, la morale et les bonnes mœurs.

Rien sur l'infidélité, à peine une obscure formule abordant "un méfait qui le rend hautement coupable de crime de lèse-majesté". Rien sur la maladie mentale de Christian.

Rien sur la petite fille. Néanmoins ce *"crimen laesae majestatis"*, et ce "hautement". La peine fut formulée en fonction de l'article premier du chapitre IV, livre 6 de la loi danoise :

"Que l'honneur, la vie et les propriétés du comte Johann Friedrich Struensee seront forfaites, en punition hautement justifiée et comme exemple et avertissement pour ses semblables, et qu'il sera dégradé de sa dignité comtale et autres qui lui auraient été accordées ; son blason comtal sera brisé par le bourreau ; à la suite de quoi la main droite de Johann Friedrich Struensee devra aussi être tranchée de son vivant, et ensuite sa tête ; son corps sera démembré et placé sur la roue, tandis que la tête et la main seront exposées sur des piques."

La peine de Brandt fut identique. La main, la tête, démembrement, exposition des parties du corps.

Les raisons des jugements différaient cependant sur un point important ; cette étrange histoire d'index étant la cause de la sentence de mort et des formes de l'exécution.

Il avait porté atteinte à la personne du roi.

Vingt-quatre heures plus tard, dans l'après-midi du 27 avril, le jugement devait être ratifié par le roi Christian VII. Sa signature était nécessaire. L'inquiétude était de mise, le risque d'une grâce existait. On avait pour cela maintenu Christian dans une activité intense, comme si on avait essayé de l'exténuer, avait voulu l'assommer à force de cérémonies, ou l'introduire de manière rituelle dans un univers théâtral où rien, surtout pas des arrêts de mort, n'avait de réalité.

Le soir du 23 avril fut donné un grand bal masqué, où il plut au roi et à la reine douairière d'accueillir personnellement tous les invités. Le 24, en présence de la famille royale, un concert fut donné au Théâtre danois. Le 25 fut prononcé le jugement de Struensee et de Brandt, et le soir le roi assistait à l'opéra *Hadrien en Syrie*. Le 27, le roi Christian, maintenant totalement épuisé et quasiment hagard, selon des témoins, fut conduit avec sa cour à un dîner à Charlottenlund, d'où il revint à sept heures du soir, signa les jugements et fut ensuite emmené à l'Opéra où, les yeux fermés la majeure partie du temps ou plongé dans le sommeil, il assista à un opéra italien.

La crainte que le roi prononce une grâce avait été très forte. Tout le monde craignait un contrecoup dans lequel beaucoup de têtes auraient roulé. L'inquiétude de l'intervention d'autres nations s'était cependant calmée après le 26 avril et l'arrivée d'un courrier en provenance de Saint-Pétersbourg et porteur d'une lettre pour le roi du Danemark.

Celle-ci fut lue avec attention.

La Grande Catherine était ennuyée, mais pas menaçante. Elle suppliait le roi que "la compassion qui est l'apanage de tous les cœurs honnêtes et sensibles" puisse lui faire "préférer le conseil de l'indulgence à celui de la sévérité et de la dureté" envers les "malheureux" qui venaient de susciter sa colère, "fût-elle totalement justifiée".

Bien entendu, on ne laissa pas lire la lettre à Christian. Le ton était doux. La Russie n'interviendrait pas.

Pas plus que le roi d'Angleterre. On pouvait éliminer les licencieux en toute tranquillité.

Le dernier problème était Christian.

Pourvu seulement que Christian, dans sa confusion, n'aille pas créer de problème, mais signe ! Sans *signum*, pas de légitimité juridique.

Tout s'était cependant très bien passé. Christian était assis à la table du conseil, marmonnant, tressaillant et confus, il ne parut se réveiller que quelques instants, pour se plaindre de la langue étrange et compliquée du très long jugement, puis s'exclama soudain que quiconque écrivait une langue aussi étrange "méritait cent coups de fouet".

Ensuite, il avait repris ses marmonnements désemparés et, sans protester, il avait signé.

Plus tard, rejoignant la voiture qui devait le conduire à l'Opéra, il arrêta Guldberg, l'attira à son côté et lui "confia" quelque chose en chuchotant.

Il confia à Guldberg qu'il n'était pas sûr que Struensee avait voulu le tuer. Mais, avança-t-il, s'il en était ainsi que lui-même, Christian, n'était pas un humain ordinaire, mais un élu de Dieu, alors sa présence *concrète* sur le lieu de l'exécution n'était pas exigée pour gracier les condamnés ! Ne suffisait-il pas qu'il ordonne à Dieu, son commanditaire, de gracier ? Etait-il obligé de se montrer lui-même, de montrer son visage ? Et, confia-t-il aussi à Guldberg, puisqu'il avait longtemps hésité pour savoir s'il était un homme, s'il était un homme de chair et de sang, peut-être un échangé dont les vrais parents étaient des paysans du Jutland, cette exécution ne pourrait-elle pas fonctionner comme une preuve, une preuve pour lui-même ! une preuve que ! que !!! si par la seule force de sa pensée, qu'il soit présent ou non à l'exécution, il arrivait à provoquer une grâce, serait alors prouvé, oui, prouvé !!! qu'il n'était pas un homme. Par contre ! si cela ne réussissait pas, il aurait de la même façon ! de la même façon ! prouvé en fin de compte qu'il était, réellement *un homme*. L'exécution deviendrait ainsi le signe qu'il espérait depuis longtemps, un signe de Dieu pour lui dire ce qu'étaient ses propres origines, et la réponse à la question de savoir s'il était réellement un homme.

Dans un chuchotement entêté, il dit cela à Guldberg et, pour finir, il ne sut plus que proférer :

— Un signe !!! Enfin un signe !!!

Guldberg avait écouté le flot de pensées confuses sans révéler ses sentiments par la moindre mimique. Il avait noté que le roi ne mentionnait plus que Caroline Mathilde était sa mère. Pour l'instant, Christian Amleth semblait avoir disparu.

— Une analyse correcte et fine, se contenta de répondre Guldberg.

Puis Christian fut emmené à l'Opéra. Guldberg le regarda longuement et pensivement partir, et juste après commença à prendre les mesures de sécurité avant l'exécution qui dès lors s'imposait.

4

On construisit le lieu des exécutions comme une scène de théâtre.

A peine le jugement signé par le roi, on entreprit la construction de l'échafaud à Østre Fælled. Une sorte de bâti carré en bois, de près de cinq mètres de hauteur ; sur le toit était érigée une plate-forme, une surélévation qui permettrait aussi bien au bourreau qu'aux victimes d'être très visibles ; les billots sur lesquels têtes et mains seraient tranchées étant tout particulièrement rehaussés.

On construisit très vite, et un petit orchestre fut détaché pour donner un air de cérémonie à ce théâtre de la mort. La nouvelle se répandit vite : au matin du 28 avril, à neuf heures, les exécutions allaient avoir lieu, et plusieurs heures avant, la foule commença à affluer. Trente mille personnes environ quittèrent Copenhague à ces heures matinales pour rejoindre, à pied, à cheval ou en voiture, Fælleden, un terrain qui s'étendait juste au nord des remparts.

Tous les soldats que comptait Copenhague étaient réquisitionnés pour cause d'exécutions. On estime que près de cinq mille hommes étaient ainsi en poste aux alentours de Fælleden, d'une part pour protéger le lieu même de l'exécution, d'autre part regroupés un peu partout sur le terrain, prêts à intervenir en cas d'émeutes éventuelles.

Les deux pasteurs, Münter et Hee, s'étaient présentés tôt le matin auprès des condamnés. Les prisonniers devaient quitter le Castelet à huit heures trente, dans un convoi protégé par deux cents soldats à pied, baïonnette au canon, et deux cent trente-quatre dragons à cheval.

Les prisonniers chacun dans un fiacre.

Durant les dernières heures de sa vie, Brandt joua de la flûte.

Il paraissait gai et sans crainte. Il avait lu le jugement, et les arguments de ce jugement, avec un sourire ; il affirmait bien connaître le cérémonial entourant cette comédie, il allait évidemment être gracié compte tenu de l'absurdité des accusations et de la disproportion entre peine et accusations. Quand on lui confisqua sa flûte avant le départ, il dit seulement :

— Je poursuivrai ma sonatine ce soir, quand cette comédie sera terminée et que je serai gracié et libre.

Quand on lui annonça qu'il allait être exécuté avant Struensee, il parut un moment perplexe, inquiet peut-être. Selon lui, dans un processus de grâce, il était plus normal que le criminel le plus important, à savoir Struensee, soit exécuté en premier, afin qu'ensuite l'innocent, à savoir lui-même, puisse tout naturellement être gracié.

Il supputait maintenant qu'ils allaient tous deux être graciés.

Il aurait préféré, dit-il en montant dans la voiture, que la grâce parvienne sur le chemin de l'échafaud, pour lui éviter d'être exposé à la vindicte de la plèbe. Il avança que sa position de *maître de plaisir*, responsable des divertissements culturels de la Cour et de la capitale, avait suscité une certaine aversion dans une grande partie de la population. Il existait chez la plèbe une grande hostilité envers la culture et, si on le graciait sur l'échafaud, il risquait d'être exposé aux réactions de la plèbe, "je cours alors le risque d'être écorché vif par cette plèbe".

L'annonce que cinq mille soldats étaient détachés pour le protéger du peuple le rassura cependant. Il était vêtu de son habit de cérémonie vert, à galons dorés, et portait par-dessus son manteau de fourrure blanche.

Les voitures avançaient très lentement.

Devant l'échafaud, au pied des marches, se trouvait l'amie et maîtresse que Brandt avait fréquentée dans les derniers temps ; Brandt la salua d'un air hardi et joyeux, et demanda aux gardes s'il fallait vraiment qu'il grimpe sur l'échafaud avant la grâce, mais on lui demanda de le faire.

Le pasteur Hee l'accompagnait.

Une fois arrivés sur l'échafaud, il donna l'absolution à Brandt. Puis il y eut lecture du jugement et le bourreau, Gottschalk Mühlhausen, s'avança, présenta le blason comtal de Brandt, le brisa et prononça les paroles d'usage "Il n'est point ici affaire de raison mais de mérite". Le pasteur Hee demanda ensuite à Brandt s'il regrettait son crime de lèse-majesté, et Brandt répondit que oui ; c'était là bien sûr la condition *sine qua non* de la grâce qui allait maintenant lui être accordée. Avant qu'elle le soit, on lui demanda d'enlever son manteau en fourrure, son chapeau, son costume d'apparat vert ainsi que le gilet ; ce qu'il fit avec une certaine irritation, estimant cela parfaitement inutile. On l'obligea ensuite à se mettre à genoux et à placer sa tête sur un billot et la main droite tendue sur l'autre billot juste à côté. Il était pâle maintenant, mais confiant encore, puisque ce devait être le moment où le mot "pardon" allait être prononcé.

A cet instant précis, le bourreau lui trancha la main droite d'un coup de hache.

Il comprit alors que l'affaire était sérieuse, tourna la tête dans un soubresaut, regarda son bras tranché d'où jaillissait le sang et se mit à hurler de terreur ; mais on le maintenait, on pressait sa tête sur le billot, et le coup de hache suivant la lui trancha du corps. Puis sa tête fut brandie en l'air et exhibée à la foule.

Un silence total régnait chez les spectateurs, ce qui étonna nombre de témoins.

Puis le corps fut déshabillé, et les parties sexuelles découpées et jetées dans le chariot stationné au pied de l'échafaud haut de cinq mètres. Ensuite, ce fut le ventre qui fut ouvert, les boyaux sortis et jetés, et le corps coupé en quatre morceaux, eux aussi jetés dans le chariot.

Brandt s'était trompé. Aucune grâce n'avait été prévue, en tout cas pas pour lui, et pas par quiconque pouvait détenir un pouvoir en ce moment.

Il y avait peut-être eu une possibilité. Mais celle-ci avait été empêchée.

La veille au soir, le roi Christian VII avait ordonné qu'on le réveille tôt. A huit heures du matin, seul et sans rien dire de ses intentions, il était sorti dans la cour du château et s'était rendu où l'on garait les voitures.

Il avait commandé une voiture avec cocher.

Il donnait une impression de nervosité, tout son corps tremblait, comme si ce qu'il faisait en ce moment l'angoissait, sans pour autant qu'il n'arrête ou abandonne. En réalité, une voiture était déjà prête, les chevaux attelés, et six soldats sous le commandement d'un officier de la garde royale escortèrent la voiture. Le roi ne manifesta aucune méfiance, il se contenta d'ordonner qu'on le conduise au lieu des exécutions à Østre Fælled.

Personne ne le contredit et la voiture, encadrée par son escorte, se mit en branle.

Pendant le trajet, il resta affalé dans un coin, comme d'habitude le regard baissé sur ses pieds ; il était pâle et semblait hagard, mais il ne releva les yeux qu'une demi-heure plus tard environ, quand la voiture s'arrêta. Il regarda alors dehors et comprit où il se trouvait. On l'avait emmené à Amager. Il se jeta sur une portière puis sur l'autre et les trouva toutes deux closes, il ouvrit une fenêtre et cria à l'escorte qu'on l'avait emmené au mauvais endroit.

Personne ne répondit, mais il comprit. On l'avait conduit à Amager. On l'avait trompé. La voiture était maintenant immobilisée à cent mètres du rivage et les chevaux furent dételés. Il demanda alors ce qui se passait ; mais l'officier de commandement s'avança vers la voiture et annonça qu'on était obligé de changer de chevaux, ceux-ci étant épuisés, et que leur voyage reprendrait dès qu'on aurait amené de nouvelles bêtes.

Sur ce, il s'éloigna au petit trot.

Les portes de la voiture étaient fermées à clé. Les chevaux avaient été dételés. Les dragons, toujours en selle, étaient allés se poster à une centaine de mètres et attendaient, en rang.

Le roi était assis seul dans sa voiture sans chevaux. Il s'arrêta de crier et retomba, effondré, sur le siège. Il regarda la plage, qui à cet endroit n'était pas recouverte de végétation, et l'eau très calme. Il savait que l'heure était venue maintenant de gracier les condamnés. Il ne pouvait pas sortir de la voiture. Ses cris n'atteignaient personne. Les dragons le voyaient faire d'étranges mouvements de bras et de mains, adressés à un Dieu qui l'avait peut-être désigné comme son fils, qui existait peut-être, qui détenait peut-être un pouvoir, qui avait peut-être le pouvoir de gracier ; mais, au bout d'un moment, son bras parut se lasser, ou bien le roi fut pris de découragement ; le bras retomba.

Christian retomba assis dans le coin de la voiture. A l'est, des nuages de pluie s'amassaient sur Amager. Les dragons attendaient en silence. Les chevaux ne venaient pas. Aucun Dieu ne se manifestait.

Peut-être comprit-il en cet instant. Peut-être perçut-il le signe. Il n'était qu'un homme, rien de plus. La pluie commença à tomber, de plus en plus lourde, bientôt peut-être les chevaux allaient-ils revenir, et peut-être alors allait-on retourner, au château peut-être, et peut-être existait-il un Dieu miséricordieux *mais alors pourquoi ne m'as-Tu jamais montré Ton visage et ne m'as-Tu pas guidé et conseillé, pas donné de Ton temps, de Ton temps, ne m'as pas donné de temps*, et maintenant cette pluie froide et de plus en plus drue.

Personne n'entendait ses cris. Pas de chevaux. Pas de Dieu. Rien que des hommes.

5

Le roi de Suède Gustav III fut couronné en 1771, en plein règne de Struensee, qu'il observait avec des sentiments très mélangés, et pas mal d'intérêt. De ce couronnement existe un tableau célèbre, peint par Carl Gustaf Pilo.

Il est intitulé *Le Couronnement de Gustav III.* Pilo avait été le professeur de dessin du jeune Christian, il vécut à la cour du Danemark durant le règne de Struensee, mais fut expulsé en 1772 et retourna à Stockholm. Il commença alors son grand tableau du couronnement de Gustav III, qu'il ne parvint jamais à terminer, et qui fut sa dernière œuvre.

Peut-être essaya-t-il de raconter quelque chose de trop douloureux.

Au centre du tableau, le roi de Suède, encore jeune. Il resplendit de dignité légitime, d'érudition, nous savons aussi qu'il est plein des idées des Lumières. Nombre d'années vont s'écouler avant qu'il change, et avant qu'il soit assassiné, au cours d'un bal masqué. Il est entouré de sa cour, aussi brillante que lui.

C'est l'arrière-plan qui est déroutant.

Le roi et sa cour ne semblent pas avoir été représentés dans une salle de trône, mais dans une forêt très sombre, des troncs puissants et sombres, comme si cette scène de couronnement se déroulait dans une forêt séculaire, en pleine nature sauvage de l'Europe du Nord.

Non, pas de piliers, pas de colonnes d'église. Des troncs d'arbres sombres, impénétrables, une forêt vierge et son obscurité menaçante avec, au centre, l'assemblée lumineuse.

Est-ce l'obscur qui est lumière, ou la lumière qui est obscurité ? On a le choix. Il en va de même pour l'histoire, on peut choisir ce que l'on voit, ce qui est lumière, ou ce qui est obscurité.

6

Struensee avait dormi calmement cette nuit-là et, quand il se réveilla, il était tout calme.

Il savait ce qui allait se passer. Il restait allongé, les yeux ouverts, fixés sur le plafond de pierre grise de la cellule, et il se concentrait sur une unique pensée. Il s'agissait de Caroline Mathilde. Il se concentrait sur leurs bons moments, et sur l'amour qu'il éprouvait pour elle, et sur le fait qu'un message d'elle lui était parvenu disant qu'elle lui pardonnait d'avoir raconté ; puis il pensa à ce qu'il avait ressenti le jour où elle lui avait annoncé qu'elle était enceinte, et que l'enfant était de lui. En vérité, il avait compris dès cet instant que tout était perdu, mais ça n'avait pas d'importance. Il avait eu un enfant, et cet enfant allait vivre, lui octroyer une vie éternelle. L'enfant allait vivre et donner naissance à des enfants, et ainsi l'éternité était-elle présente, alors plus rien n'avait d'importance.

Il pensait à cela.

Le pasteur Münter entra dans sa cellule, puis il entreprit de lui lire un passage de la Bible, mais sa voix tremblait, et il n'était plus du tout aussi logique que d'habitude. Il paraissait avoir cédé à une surprenante tempête de sentiments, qui semblait indiquer qu'il ne considérait absolument pas Struensee avec aversion mais, au contraire, qu'il tenait beaucoup à lui. Struensee lui dit cependant que, ce matin, son dernier, il désirait être entouré de silence, et entièrement se concentrer sur le sens de la vie éternelle, et qu'il serait heureux si le pasteur pouvait comprendre cela.

Le pasteur hocha vigoureusement la tête pour signifier qu'il comprenait. Ensuite, ils passèrent cette heure matinale ensemble, dans la quiétude et le silence.

Puis le départ.

Münter ne voyagea pas dans la voiture de Struensee, mais y monta quand ils furent devant l'échafaud. La voiture s'était arrêtée juste à côté et, par la fenêtre ouverte, ils purent voir Brandt monter l'échelle, et entendre les paroles du pasteur Hee et du bourreau, puis le cri de Brandt quand sa main fut tranchée par surprise, et ensuite les coups sourds du démembrement et des morceaux jetés dans le chariot au pied de l'échafaud.

Münter ne fut pas d'une grande assistance. Il entreprit de lire sa bible, mais se mit à trembler et à sangloter sans retenue. Struensee lui parla pour le calmer mais en vain. Le pasteur tremblait de tout son corps et sanglotait et, au milieu des hoquets, il essayait de bégayer des mots réconfortants de sa bible tandis que Struensee lui apportait le réconfort de son mouchoir. Au bout d'une demi-heure, le démembrement de Brandt était achevé, le bruit sourd des morceaux de corps avait cessé, l'heure était venue.

Il se tint là-haut, regardant la foule. Ils étaient si nombreux à être venus ! La foule était innombrable : ces gens à qui il était venu rendre visite, ces gens qu'il aurait aidés. Pourquoi ne l'avaient-ils pas remercié ! Néanmoins, c'était la première fois qu'il les voyait.

Maintenant, il les voyait, *j'ai vu, ô mon Dieu qui existes peut-être, une fissure dans laquelle il était mon destin de me glisser, était-ce pour eux et tout cela a-t-il été fait en vain et aurais-je dû leur demander oh mon Dieu je les vois et ils me voient mais il est trop tard maintenant et peut-être aurais-je dû leur parler et ne pas m'enfermer, et peut-être auraient-ils dû me parler mais je ne quittais jamais mon cabinet et pourquoi devons-nous nous rencontrer ainsi pour la première fois maintenant qu'il est trop tard* et ils brisèrent son blason et prononcèrent les paroles rituelles. Et le déshabillèrent. Les billots étaient encore gluants de Brandt et il pensa *c'est Brandt, ces morceaux de chair et ce sang et ces glaires qu'est-ce alors qu'un homme quand le sacré disparaît est-ce seulement des lambeaux de chair et du sang et ça c'est Brandt qu'est-ce alors qu'un homme*, ils le saisirent par les bras et, docile comme un agneau de sacrifice, il posa son cou sur le billot et sa main sur l'autre billot et il regarda droit devant lui, sur un nombre infini de visages pâles et gris et bouches bées qui le fixaient, alors le bourreau lui trancha la main d'un coup de hache.

Son corps fut alors secoué de si violents tressaillements que le bourreau, qui s'apprêtait à lui trancher la tête, manqua son but ; Struensee se dressa sur les genoux, ouvrit la bouche comme pour s'adresser à ces milliers de gens qu'il voyait maintenant pour la première fois, *je ne garde qu'une image Seigneur Jésus et c'est l'image de la petite mais si j'avais aussi pu parler à tous ceux ici qui n'ont pas compris et devant qui j'ai péché en omettant de* puis on le courba de force à nouveau sur le billot, et la deuxième fois que le bourreau leva sa hache, les derniers mots qu'il avait dits à Caroline Mathilde lui vinrent en tête dans un scintillement *pour toute l'éternité* et la hache finit par atteindre son but, et trancha la tête de l'Allemand médecin personnel du roi, achevant ainsi sa visite au Danemark.

De lourds nuages de pluie roulaient montant de l'est et, quand fut entrepris le démembrement du corps de Struensee, la pluie commença à tomber ; mais ce ne fut pas elle qui poussa la foule à quitter la place.

On quittait le lieu du spectacle comme si on en avait maintenant assez, comme si on voulait signifier : non, nous ne voulons pas voir ça, quelque chose cloche, nous ne voulions pas les choses ainsi.

Nous a-t-on mystifiés ?

Non, on ne s'enfuyait pas, on commençait seulement à marcher, d'abord quelques centaines, puis quelques milliers, puis tout le monde qui s'en allait. Comme si cela suffisait, il n'y avait rien d'amusant dans ce qu'on venait de voir, pas de joie maligne ni de vengeance, tout était devenu seulement insupportable. D'abord ils avaient formé une masse innombrable qui regardait sans rien dire ce qui se passait, pourquoi un tel silence ? puis ils se mirent en route pour le retour, lentement au début, puis de plus en plus vite, comme porteurs d'un deuil. Ils marchaient et se hâtaient vers la ville, la pluie tombait de plus en plus forte, mais ils avaient l'habitude de la pluie ; en fin de compte, c'était comme s'ils avaient été rattrapés par la compréhension de ce que signifiait ce spectacle, et ils ne le souhaitaient plus.

Etait-ce la cruauté qu'ils ne supportaient pas ? Ou bien se sentaient-ils bernés ?

Guldberg avait fait arrêter sa voiture à cinquante aunes de l'échafaud. Il n'était pas descendu de sa voiture mais avait ordonné que vingt soldats restent là pour former garde. Former garde contre quoi ? Tout s'était déroulé selon ses plans. Soudain, pourtant, quelque chose semblait avoir échappé à son contrôle et le menacer, quelque chose en rapport avec cette foule mais quoi, pourquoi quittaient-ils le spectacle, qu'y avait-il dans ces visages las, tristes et usés qui l'inquiétait tant ? Ils marchaient devant lui en une foule grise et amère, un fleuve, un convoi funèbre muet dépourvu de mots ou de sentiments mais qui semblait n'exprimer que – oui, que le deuil. Un deuil totalement silencieux et en même temps hors de tout contrôle. Ils venaient d'être témoins de la fin définitive du règne de Struensee et, en même temps, Guldberg avait le sentiment que le danger n'était pas écarté. Que la contagion du péché s'était répandue en eux aussi. Que la lueur noire du flambeau des Lumières n'était pas éteinte. Que ces idées les avaient bizarrement contaminés, bien qu'ils ne sachent pratiquement pas lire, et en tout cas ne comprenaient pas, et ne comprendraient jamais, et que par conséquent il fallait les tenir sous contrôle et les guider ; néanmoins la contagion était peut-être là quand même. Peut-être le règne de Struensee n'était-il pas terminé ; et Guldberg savait que désormais il fallait être extrêmement vigilant.

La tête tranchée, mais les idées encore là, et ce peuple qui n'avait même pas voulu rester regarder, et pourquoi étaient-ils partis ?

C'était un avertissement. S'était-il trompé quelque part ? Que pouvait-il lire sur ces visages usés et chagrinés, était-ce de la résignation ? Oui, sans doute. Il était là dans sa voiture et la foule immense l'entourait comme un fleuve, mais il ne se trouvait pas sur le rivage d'un fleuve ! au milieu ! au milieu ! et il ne savait pas comment interpréter cela.

Une extrême vigilance était de mise. Le règne de Struensee était terminé. Mais la contagion.

Les trente mille n'avaient pas salué la tête coupée par une explosion de joie. Ils s'étaient enfuis, en courant, en boitant, en traînant les gamins, loin de l'échafaud maintenant battu par une pluie de plus en plus forte. Ils ne voulaient plus voir. Quelque chose était allé de travers. Guldberg restait assis immobile dans sa voiture, bien gardé. Mais ce qui n'allait jamais quitter sa mémoire, c'était cette foule immense qui marchait en silence, cette foule comme un fleuve qui se divisait autour de sa voiture, et lui assis là, non pas sur la berge en tant qu'interprète, mais au milieu du fleuve. Et que pour la première fois il s'était senti incapable d'interpréter les tourbillons du fleuve.

De quoi étaient emplis leurs esprits ? Le règne de Struensee n'était-il donc pas terminé ?

Tout juste avant, il n'y avait de cela que trois mois, l'unanimité avait été si grande. Il se souvenait des émeutes de joie du mois de janvier. L'immense colère du peuple. Et maintenant ils étaient là, qui se taisaient, et s'en allaient, et ne manifestaient aucune joie, en un gigantesque convoi funèbre bourré d'un silence qui, pour la première fois, faisait ressentir la peur à Guldberg.

Quelque chose était-il resté, qu'on n'avait pas pu trancher ?

Le chariot était stationné au pied de l'échafaud.

Quand ce chariot, qui devait transporter les morceaux des cadavres à Vestre Fælled, où les têtes et les mains allaient être plantées sur des piques et les membres et les viscères étalés sur la roue, quand ce chariot fut finalement plein et put s'ébranler, alors le terrain était vide, à part les cinq mille soldats qui, en silence, et immobiles, gardaient sous la pluie battante le vide laissé par les trente mille personnes qui depuis longtemps avaient quitté le lieu où l'on avait cru trancher et terminer le règne de Struensee.

ÉPILOGUE

Le lendemain de l'exécution, elle l'avait apprise.

Le 30 mai, Caroline Mathilde avait ensuite été emmenée par les trois navires anglais, et conduite à Celle, dans le Hanovre. Le château, situé dans le centre de la ville, avait été construit au XVIIe siècle et était resté inhabité. C'était maintenant sa demeure. On racontait qu'elle avait conservé sa nature lumineuse, qu'elle se consacrait avec ardeur aux œuvres de bienfaisance parmi les pauvres de Celle, et qu'elle exigeait le respect du souvenir de Struensee. Elle parlait souvent de lui, en l'appelant “feu le comte”, et elle devint rapidement très aimée à Celle, où l'on en vint à penser qu'elle avait été injustement traitée.

Nombreux étaient ceux qui s'intéressaient au rôle politique qu'elle pourrait avoir. Christian, définitivement enfoncé dans sa maladie, restait roi, et le fils qu'il avait eu de Caroline Mathilde était l'héritier du trône. La maladie du roi créait maintenant, comme auparavant, un vide au centre, que d'autres que Struensee remplissaient.

Le véritable dirigeant était Guldberg. Il était devenu souverain de fait, avec le titre de Premier ministre ; cependant, dans certains cercles au Danemark, le mécontentement grondait, et des projets de coup d'Etat furent ourdis visant à réinstaller Caroline Mathilde et son enfant, et à renverser Guldberg et son parti.

Le 10 mai 1775, ces conspirations assez avancées furent cependant interrompues par le décès soudain et mystérieux de Caroline Mathilde, emportée par "une fièvre contagieuse". Les rumeurs sur un empoisonnement commandité par le gouvernement danois ne purent jamais être confirmées.

Elle n'avait alors que vingt-trois ans. Elle n'avait jamais revu ses enfants.

La révolution que Struensee avait entreprise fut rapidement suspendue ; il ne fallut que quelques semaines avant que l'ordre ancien, ou plus ancien, soit de retour. On aurait dit que ses six cent trente-deux décrets révolutionnaires, rédigés durant ces deux années qu'on appela "le règne de Struensee", n'avaient été que des oiseaux en papier, dont certains avaient atterri, tandis que d'autres volaient à ras de terre mais n'avaient pas encore eu le temps de se poser dans le paysage danois.

Le règne de Guldberg prit la suite, pour durer jusqu'en 1784, où il fut renversé. Bien évidemment, tout fut rétabli durant son règne. Et, tout aussi évidemment, rien n'allait demeurer du règne de Guldberg.

La productivité politique de Struensee fut vraiment remarquable. Quelle part, néanmoins, en devint-elle réalité ?

L'image qui ne voit en lui qu'un intellectuel à son bureau, détenteur d'un pouvoir stupéfiant, n'est pas très juste. Après le règne de Struensee, jamais le Danemark ne fut vraiment identique à ce qu'il avait été. Guldberg avait raison d'avoir des appréhensions ; la contagion des Lumières s'était incrustée, on ne pouvait pas couper le cou aux mots et aux pensées. Et l'une des réformes que Struensee n'avait pas eu le temps de réaliser, l'abolition du servage, devint réalité dès 1788, l'année précédant la Révolution française.

Struensee allait cependant continuer à vivre d'une tout autre manière.

La fille de Struensee et de Caroline Mathilde, Louise Augusta, allait être élevée au Danemark ; son frère, le seul enfant de Christian, fut un élément actif du coup d'Etat de 1784 qui renversa Guldberg et, en 1808, il succéda sur le trône à son père malade mental.

La fille connaîtra un autre destin. On la décrit comme très belle, avec une vitalité "inquiétante". Semblant partager les idéaux politiques fondamentaux de son père, elle se tint attentivement au courant des événements de la Révolution française, soutint Robespierre, et dit un jour à propos de son père que son seul défaut avait été de "posséder plus d'âme que de ruse".

C'était sans doute effectivement la bonne analyse. Sa beauté et sa vitalité la rendaient attirante, même si elle n'était pas la partenaire la plus tranquille et la plus rassurante qu'on pût imaginer dans une relation. Elle épousa le duc Frédéric Christian d'Augustenborg, qui ne lui arrivait en rien à la cheville. Elle en eut cependant trois enfants, dont une fille, Caroline Amalie, qui épousa en 1815 le prince Christian Frédéric, héritier du trône du Danemark et plus tard monarque ; ainsi tout fut-il rétabli à la cour de Copenhague. Et, de cette manière, peut-on compter beaucoup de descendants de Struensee qui se glissèrent dans les maisons royales européennes étranges et mystérieuses et bientôt en ruine dans lesquelles lui-même fut si épisodiquement un hôte indésirable. Son arrière-arrière-petite-fille, Augusta Victoria, fut l'épouse de l'empereur d'Allemagne Guillaume II et mit au monde huit enfants. Aujourd'hui, il n'est guère de maison royale en Europe, y compris celle de Suède, qui ne puisse remonter jusqu'à Johann Friedrich Struensee, à sa princesse anglaise et à leur petite fille.

Cela n'a peut-être aucune importance, mais, si en prison Struensee put parfois nourrir un rêve génétique d'éternité, celui que la vie éternelle était de continuer à vivre au travers de ses enfants, alors son rêve fut exaucé. Il n'arriva sans doute jamais au bout du rêve d'éternité, pas plus que du regard qu'il portait sur les hommes – ce que, avec son manque de clarté théorique si caractéristique, il avait essayé de décrire comme “la machine homme”. Mais qu’était-ce, en fait, qu’un homme ? Ce qu’on pouvait autopsier ou démembrer et exposer sur des piques et des roues, et qui pouvait quand même en quelque sorte continuer à vivre ? C’était quoi, cette chose sacrée ? “Le sacré est ce qu’accomplit le sacré”, avait-il pensé : l’homme considéré comme la somme de ses choix et de ses actes existentiels. Au bout du compte, ce fut quand même autre chose, et de plus important, qui resta du règne de Struensee. Pas la biologie, pas seulement les actes, mais un rêve des possibilités de l’homme, cette chose plus sacrée encore et plus difficile à cerner, ce qui exista tel un air de flûte et qui s’entêta à rester du règne de Struensee, et qui ne se laissa pas décapiter.

L’envoyé anglais Keith avait, un soir au Théâtre de la Cour en septembre 1782, fait un rapport à son gouvernement sur un incident.

Il s’agissait de la rencontre entre lui, le roi Christian VII et le Premier ministre Guldberg. Christian avait fait une allusion selon laquelle Struensee était toujours en vie ; et Keith avait noté la rage, fût-elle maîtrisée, que cela avait suscitée chez Guldberg.

Tout le monde parlait du règne de Struensee. C’était injuste. C’était injuste !!!

Ensuite, Christian avait disparu pour la soirée.

Nous ne savons pas où il se rendit précisément ce soir-là. Mais on sait où il avait l’habitude de disparaître, et qu’il disparaissait souvent. Et chez qui. Nous pouvons donc imaginer ce qu’il en fut ce soir-là : qu’il fit à pied le court trajet du Théâtre de la Cour jusqu’à une maison du centre de Copenhague, dans Studiestræde. Puis, qu’après l’incident que décrit Keith, il entra dans cette maison de Studiestræde, y fut accueilli par celle qu’il s’entêtait à appeler la Maîtresse de l’Univers, désormais de retour, qui avait toujours été la seule à qui il pouvait faire confiance, la seule qu’il ait aimée de son étrange sorte d’amour, le seul bienfaiteur qu'avait jamais connu cet enfant royal maintenant âgé de trente-trois ans et que la vie avait terriblement maltraité.

C'était Catherine-aux-Bottines qui, depuis quelques années et après des séjours à Hambourg et à Kiel, était de retour à Copenhague. Elle était en ce temps-là, selon les descriptions de l'époque, grisonnante, plus étoffée, et peut-être aussi plus avisée.

On peut alors supposer que ce soir-là encore, les rituels se déroulèrent, identiques, les cérémonies de l'amour qui avaient permis à Christian de survivre tant d'années dans cette maison de fous. Il s'asseyait à ses pieds sur le petit tabouret qu'il utilisait toujours, elle lui retirait sa perruque, trempait le gant de toilette dans un bol d'eau et lui enlevait du visage toute la poudre et le maquillage ; puis elle lui peignait les cheveux tandis qu'il restait assis là, calme et fermant les yeux, sur le tabouret à ses pieds, la tête reposant sur ses genoux.

Et il savait qu'elle était la Maîtresse de l'Univers, qu'elle était sa bienfaitrice, qu'elle avait du temps pour lui, qu'elle avait tout le temps, qu'elle était le temps.

TABLE

BABEL

Extrait du catalogue

416. ALBERTO MANGUEL
Une histoire de la lecture

417. DANIEL ZIMMERMANN
Les Virginités

418. CAMILO CASTELO BRANCO
Amour de perdition

419. NIKOLAJ FROBENIUS
Le Valet de Sade

420. DON DELILLO
Americana

421. GÉRARD DELTEIL
Dernier tango à Buenos Aires

422. FRANCIS ZAMPONI
In nomine patris

423. INTERNATIONALE DE L'IMAGINAIRE N° 12
Jean Duvignaud

424. INTERNATIONALE DE L'IMAGINAIRE N° 13
Jeux de dieux, jeux de rois

425. CLAUDE PUJADE-RENAUD
Le Sas de l'absence *précédé de* La Ventriloque

426. MICHEL LIS
Le Jardin sur la table

427. MICHEL LIS ET PAUL VINCENT
La Cuisine des bois et des champs

428. FÉDOR DOSTOÏEVSKI
Le Crocodile

429. FÉDOR DOSTOÏEVSKI
Le Petit Héros

430. FÉDOR DOSTOÏEVSKI
Un cœur faible

431. NANCY HUSTON
L'Empreinte de l'ange

432. HELLA S. HAASSE
La Source cachée

433. HERBJØRG WASSMO
La Chambre silencieuse

434. FRANÇOISE LEFÈVRE
La Grosse

435. HUBERT NYSSEN
Le Nom de l'arbre

436. ANTON TCHEKHOV
Ivanov

437. ANTON TCHEKHOV
Pièces en un acte

438. GÉRARD DE CORTANZE
Les Vice-Rois

439. ALICE FERNEY
Grâce et dénuement

440. ANNE-MARIE GARAT
L'Insomniaque

441. FÉDOR DOSTOÏEVSKI
Humiliés et offensés

442. YÔKO OGAWA
L'Annulaire

443. MENYHÉRT LAKATOS
Couleur de fumée

444. ROGER PANNEQUIN
Ami si tu tombes

445. NICOLE VRAY
Monsieur Monod

446. MICHEL VINAVER
Ecritures dramatiques

447. JEAN-CLAUDE GRUMBERG
La nuit tous les chats sont gris

448. VASLAV NIJINSKI
Cahiers

449. PER OLOV ENQUIST
L'Extradition des Baltes

450. ODILE GODARD
La Cuisine d'amour

451. MARTINE BARTOLOMEI / JACQUES KERMOAL
La Mafia se met à table

452. AMADOU HAMPÂTÉ BÂ
Sur les traces d'Amkoullel l'enfant peul

453. HANS-PETER MARTIN / HARALD SCHUMANN
Le Piège de la mondialisation

454. JOSIANE BALASKO *et alii*
Le père Noël est une ordure

455. FÉDOR DOSTOÏEVSKI
Premières miniatures

456. FÉDOR DOSTOÏEVSKI
Dernières miniatures

457. CH'OE YUN
Là-bas, sans bruit, tombe un pétale

458. REINALDO ARENAS
Avant la nuit

459. W. G. SEBALD
Les Emigrants

460. PAUL AUSTER
Tombouctou

461. DON DELILLO
Libra

462. ANNE BRAGANCE
Clichy sur Pacifique

463. NAGUIB MAHFOUZ
Matin de roses

464. FÉDOR DOSTOÏEVSKI
Le Bourg de Stépantchikovo et sa population

465. RUSSELL BANKS
Pourfendeur de nuages

466. MARC de GOUVENAIN
Retour en Ethiopie

467. NICOLAS VANIER
Solitudes blanches

468. JEAN JOUBERT
L'Homme de sable

469. DANIEL DE BRUYCKER
Silex

470. NANCY HUSTON
Journal de la création

471. ALBERTO MANGUEL
Dictionnaire des lieux imaginaires

472. JOYCE CAROL OATES
Reflets en eau trouble

473. ANNIE LECLERC
Parole de femme

474. FÉDOR DOSTOÏEVSKI
Les Annales de Pétersbourg

475. JEAN-PAUL JODY
Parcours santé

476. EDUARD VON KEYSERLING
Versant sud

477. BAHIYYIH NAKHJAVANI
La Sacoche

478. THÉODORE MONOD
Maxence au désert

479. ÉRIC LEGASTELOIS
Adieu Gadjo

480. PAUL LAFARGUE
La Légende de Victor Hugo

481. MACHIAVEL
Le Prince

482. EDUARD VON KEYSERLING
Eté brûlant

483. ANTON TCHEKHOV
Drame de chasse

484. GÖRAN TUNSTRÖM
Le Voleur de Bible

485. HERBJØRG WASSMO
Ciel cruel

486. LIEVE JORIS
Les Portes de Damas

487. DOMINIQUE LEGRAND
Décorum

488. COLLECTIF sous la direction de JEAN-MICHEL RIBES
Merci Bernard

489. INTERNATIONALE DE L'IMAGINAIRE N° 14
Eros & Hippos

490. STEFANO BENNI
Le Bar sous la mer

491. FRANCIS ZAMPONI
Le Don du sang

492. JAMAL MAHJOUB
Le Télescope de Rachid

493. FÉDOR DOSTOÏEVSKI
Les Pauvres Gens

494. GUILLAUME LE TOUZE
Dis-moi quelque chose

495. HEINRICH VON KLEIST
Théâtre complet

496. VIRGINIE LOU
Eloge de la lumière au temps des dinosaures

497. TASSADIT IMACHE
Presque un frère

498. NANCY HUSTON
Désirs et réalités

499. LUC SANTE
L'Effet des faits

500. YI MUNYŎL
Le Poète

501. PATRÍCIA MELO
Eloge du mensonge

502. JULIA VOZNESENSKAYA
Le Décaméron des femmes

503. ILAN DURAN COHEN
Le Fils de la sardine

504. AMINATA DRAMANE TRAORÉ
L'Etau

505. ASSIA DJEBAR
Oran, langue morte

506. V. KHOURY-GHATA
La Maestra

507. ANNA ENQUIST
Le Chef-d'œuvre

508. FÉDOR DOSTOÏEVSKI
Une sale histoire

509. ALAIN GUÉDÉ
Monsieur de Saint-George

510. SELMA LAGERLÖF
Le Banni

511. PER OLOV ENQUIST
Le Cinquième Hiver du magnétiseur

512. DON DELILLO
Mao II

513. MARIA IORDANIDOU
Loxandra

514. PLAUTE
La Marmite *suivi de* Pseudolus

515. NANCY HUSTON
Prodige

516. GÖRAN TUNSTRÖM
Le Buveur de lune

517. LYONEL TROUILLOT
Rue des Pas-Perdus

518. REINALDO ARENAS
Voyage à La Havane

519. JOE BRAINARD
I Remember

520. GERT HOFMANN
Notre philosophe

521. HARRY MULISCH
Deux femmes

522. NAGUIB MAHFOUZ
Le Mendiant

523. ANNE BRAGANCE
Changement de cavalière

524. ARTHUR SCHOPENHAUER
Essai sur les femmes

525. INTERNATIONALE DE L'IMAGINAIRE N° 15
Les Spectacles des autres

526. FÉDOR DOSTOÏEVSKI
Les Frères Karamazov (vol. I)

527. FÉDOR DOSTOÏEVSKI
Les Frères Karamazov (vol. II)

528. ANNE GUGLIELMETTI
Le Domaine

529. STEFANO BENNI
Bar 2000

530. ALAIN GRESH ET TARIQ RAMADAN
L'Islam en questions

531. YÔKO OGAWA
Hôtel Iris

532. WILLIAM KOTZWINKLE
Le Nageur dans la mer secrète

533. YASMINE CHAMI-KETTANI
Cérémonie

534. SÉBASTIEN LAPAQUE
Georges Bernanos encore une fois

535. HANAN EL-CHEIKH
Le Cimetière des rêves

536. ALAN DUFF
L'Ame des guerriers

537. JEAN-YVES LOUDE
Cap-Vert, notes atlantiques

538. YOURI RYTKHÉOU
L'Etrangère aux yeux bleus

539. GEORGE SAND
Antonia

540. GEORGE SAND
La Marquise, Lavinia, Metella, Mattea

541. RUSSELL BANKS
L'Ange sur le toit

542. BARBARA GOWDY
Un lieu sûr

543. NAGUIB MAHFOUZ
L'Amour au pied des pyramides

544. ALEXIS WRIGHT
Les Plaines de l'espoir

545. NAOMI KLEIN
No logo

546. REZVANI
L'Origine du monde

547. CLAUDE PUJADE-RENAUD
Platon était malade

548. NANCY HUSTON
Dolce agonia

549. GÉRARD DE CORTANZE
Cyclone

550. ANNE BRAGANCE
Le Lit

551. RAYMOND JEAN
Un portrait de Sade

552. ZOÉ VALDÉS
Cher premier amour

COÉDITION ACTES SUD – LEMÉAC

Ouvrage réalisé
par l'Atelier graphique Actes Sud.
Achevé d'imprimer
en septembre 2002
par l'imprimerie Hérissey
à Evreux
sur papier des
Papeteries de la Gorge
pour le compte
d'ACTES SUD
Le Méjan
Place Nina-Berberova
13200 Arles.

N° d'éditeur : 4681
Dépôt légal
1re édition : septembre 2002
N° impr. : 92825